A Handbook of
Russian Verbs

Frank J. Miller

ISBN 10: 1-58510-213-X
ISBN 13: 978-1-58510-213-6

This book is published by Focus Publishing / R. Pullins Company, PO Box 369, Newburyport MA 01950.

18 17 16 15 14 13 12 11 10 9

0810W

CONTENTS

NOTES FOR TRANSLATIONS

I. NEGATIVE CONSTRUCTIONS

A. Negation with
the pronouns **никто́, ничто́**
the adverbs **никогда́, нигде́, никуда́, ника́к**
the pronominal adjectives **никако́й, ниче́й**

1. The verb is always preceded by the negative particle **НЕ**.
2. In normal word order ALL negative pronouns, adverbs and adjectives precede the negated verb:

> **Он ничего́ не чита́ет.**
> **Он никогда́ ничего́ не чита́ет.**
> **Никогда́ никому́ не говори́те об э́том!**

3. The negative pronouns **никто́** and **ничто́** are declined like the pronouns **кто** and **что**:

N	никто́	ничто́
A	никого́	ничего́ or ни+prep.+что
G	никого́	ничего́
P	ни о ком	ни о чём
D	никому́	ничему́
I	никем	ничём

NOTES

a. In contemporary Russian the subject pronoun ничто́ is usually replaced by ничего́:

> Ничего́ мне не меша́ет.
> Nothing bothers me.

> Ничего́ у меня́ не боли́т.
> Nothing hurts (aches) me.

b. If one of these negative pronouns is used with a preposition, the preposition is inserted after the negative particle ни and the new word is spelled as THREE separate words:

> Он никогда́ ни с кем ни о чём не говори́т.
> Он никого́ ни за что не поблагодари́л.

Note how the accusative case of **ничто́** is used with a preposition:

Они́ ни во что́ не ве́рят.
Мы ни на что́ не жа́луемся.
Я ни на что́ не наде́юсь.

4. The negative pronominal adjectives **никако́й (никако́е, никака́я, никаки́е)** and **ниче́й (ничья́, ничьё, ничьи́)** are declined like **како́й (како́е, кака́я, каки́е)** and **чей (чьё, чья, чьи)**. If one of these words is used with a preposition, it separates into three separate words:

Я ни на чью́ по́мощь не наде́юсь.
I'm not counting on anyone's help.

Я ни на каку́ю по́мощь не наде́юсь.
I'm not counting on any help (at all).

NOTE: The constructions **без никого́** and **без ничего́** are exceptional:

Он оста́лся без никого́.
He was left without anyone.

Я пью́ чай без ничего́.
I drink my tea plain (without anything in it).

B. Impersonal negative constructions with:
The negative pronouns: **не́кого** and **не́чего**
The negative adverbs: **не́когда, не́где, не́куда, не́откуда**

1. Impersonal negative constructions with the above words generally mean:
There is no X to do something, i.e.,

There's no place to go.
Не́куда идти́.

There's nothing to say.
Не́чего сказа́ть.

There's no one to talk to.
Не́ с кем говори́ть.

There's nothing to talk about.
Не́ о чем говори́ть.

There's no time to do this.
Не́когда э́то де́лать.

Since these are impersonal constructions, they are used with the verb **было** in the past tense and with the verb **будет** in the future tense:

Нечего было сказать.
There was nothing to say.

Не́ с кем будет говори́ть.
There won't be anyone to speak to.

Sentences such as:

There's nothing for me to say.
I have nothing to say.
Мне не́чего сказа́ть.

There's no place for us to go.
We have no place to go.
Нам не́куда идти́.

There's no time for me to do this.
I have no time to do this.
Мне не́когда де́лать э́то.

are synonymous and are translated into Russian by means of impersonal negative constructions.

2. The impersonal negative pronouns **некого** and **нечего** have no nominative case. They are declined as follows:

N —	—
A **некого**	**нечего** or **не́**+prep.+**что**
G **некого**	**нечего**
P **не́ о ком**	**не́ о чем**
D **некому**	**нечему**
I **некем**	**нечем**

If one of these negative pronouns is used with a preposition, the preposition is inserted after the negative particle **не** and the new word is spelled as three separate words. BUT: The accent is always on the negative particle **не**, even in the forms **не́ о ком**, **не́ о чем**:

Нам с ва́ми не́ о чем говори́ть.
There's nothing for you and me to talk about.

Ему́ там не́ с кем говори́ть по-ру́сски.
He has no one to speak Russian with.

Мне нé на что надéяться.
I have nothing to hope for.

Note that the verb in such impersonal constructions is NOT negated.

C. Caution

1. In translating sentences with negated verbs from English into Russian, beware of the words "anyone" or "anything." These words will be translated into Russian by forms of the pronouns **никтó** or **ничтó**, because the real meaning of "anyone" or "anything" in these sentences is "no one" or "nothing."

Я никогó не вúдел.
I didn't see anyone.

Никомý ни о чём не говорúте!
Don't tell anyone about anything!

The adverb "ever" in sentences with negative meanings will be translated into Russian as **никогдá**, because its real meaning is "never."

Я егó там никогдá не вúдел.
I didn't ever see him there.
I never saw him there.

Никогдá никомý ни о чём не говорúте!
Don't ever tell anyone about anything!

Words with the indefinite particles **нибудь**, **-либо**, or **-то** are almost never used in negative sentences in Russian. If such words are used in negative sentences, they bear stylistic nuances which are beyond the range of a student of intermediate Russian.

II. RUSSIAN EQUIVALENTS FOR SOME COMMON ENGLISH CONSTRUCTIONS:

A.　　　　　us　　　　**Мы все (Все мы)**
　　All of you　　**Вы все (Все вы)**
　　　　them　　　**Все они́ (Они́ все)**

These expressions decline. Be able to use them in all cases.

B.　　　　　　　　us　　　　　　**нас**
　　None (Any) of you　　**Никто́ из вас**
　　Not a single one of them　　　**них**

The **никто́** in these expressions declines:

He doesn't know any of us (you, them).
Он никого́ из нас/вас, них/ не зна́ет.

C.　　　　　us
　　Each of you
　　　　them　　　　　　　　　　　　　　**нас**
　　　　　　　　　　Ка́ждый/Ка́ждая/из вас
　　　　　　　us　　　　　　　　　　　**них**
　　Every single one of you
　　　　　　them

The word **ка́ждый/ка́ждая** in these expressions declines.

D.
　　　　　us　　　**Мы о́ба/о́бе**
　　Both of you　　**Вы о́ба/о́бе**
　　　　them　　　**Они́ о́ба/о́бе**

The numeral **о́ба/о́бе** is used constantly in the translations in this book. Learn its declension:

N	**о́ба**	**о́бе**
A	**о́ба, обо́их**	**о́бе, обе́их**
G	**обо́их**	**обе́их**
P	**обо́их**	**обе́их**
D	**обо́им**	**обе́им**
I	**обо́ими**	**обе́ими**

E.   A lot of people = мно́гие

Мно́гие зна́ют, что он дура́к.
Lots of people know he's a fool.

N мно́гие
A мно́гих
G мно́гих
P о мно́гих
D мно́гим
I мно́гими

F. A lot of things = мно́гое

Он рассказа́л нам о мно́гом.
He told us about a lot of things (lots).

N мно́гое
A мно́гое
G мно́гого
P о мно́гом
D мно́гому
I мно́гим

G. Few people, not many people, few, not many = немно́гие

Немно́гие зна́ют, что он дура́к.
Few people know that he's a fool.

немно́гие is declined like мно́гие

немно́гое = not much, a little bit, a few things
        (not used in this book)

H.   I
     You
     He, She   shouldn't have = Не на́до бы́ло+Imperfective verb
     We, They

The verb in such constructions is always imperfective, even
though the action has taken place and the result is or may be
still in force.

Не на́до бы́ло снима́ть пальто́.
I shouldn't have taken off my coat.
        (But I did, and now I'm cold / But I did, and I caught a cold.)

I. Who else, what else = **Кто ещё, что ещё**

> **Кого́ ещё вы ви́дели?**
> Who else did you see?

> **Чему́ ещё он ве́рит?**
> What else does he believe?

J. Each other = **друг дру́га**

> Note that this reciprocal compound pronoun has no nominative form.

> When this pronoun is used with a preposition, the preposition is inserted between the two parts.

> A друг дру́га /друг на дру́га/
> G друг дру́га /друг от дру́га/
> P друг о дру́ге
> D друг дру́гу /друг к дру́гу/
> I друг дру́гом /друг с дру́гом/

K.   A couple of things
     A thing or two
     A few things   = кое-что́
     Something
     Something or other

     A couple of persons
     A few persons   = кое-кто́
     One or two persons
     Someone

Note that in the declensions of these pronouns the first element— кое—does NOT change.

When these pronouns are used with a preposition, the preposition is inserted between the two parts.

N кое-что   кое-кто
A кое-что   кое-кого́
G кое-чего́   кое-кого́
P кое о чём   кое о ко́м
D кое-чему́   кое-кому́
I кое-чем   кое-ке́м

In rapid speech, the first word, кое-, is often pronounced кой-

Section 1

Review Translations

1.1 БЛАГОДАРИ́ТЬ : ПОБЛАГОДАРИ́ТЬ — TO THANK
БЛАГОДАРИ́+

кого́ за что?   Acc.+ЗА+Acc.

кого́?   Acc.

> Благодари́ть Ива́на за прия́тный ве́чер.
> To thank Ivan for a pleasant evening.

> Благодари́ть Ива́на.
> To thank Ivan.

NOTE: To be thankful for something is **быть благода́рным (призна́тельным) кому́ за что?** (Dat.+ЗА+Acc.):

> Я вам благода́рен.
> I am grateful to you.

> Я вам благода́рен за э́то.
> I am grateful to you for this.

The preposition **благодаря́** (because of, thanks to) takes a dative object (кому́-чему́?):

> Благодаря́ его́ по́мощи я сдал экза́мен.
> Thanks to (because of) his help I passed the examination.

The preposition **из-за** (because of) takes a genitive object (кого́-чего́?) and is used in instances when something undesirable takes place:

> Из-за плохо́й пого́ды мы оста́лись до́ма.
> We stayed home because of the bad weather.

ORAL DRILLS

1. Мы вам о́чень благода́рны за всё.
    Мы вас хоти́м поблагодари́ть за всё.

    Иван им о́чень благода́рен за всё.
    Иван их хо́чет поблагодари́ть за всё.

    Я вам о́чень благода́рен за всё.
    Ива́н им о́чень благода́рен за всё.

Борис и Нина всем очень благодарны за всё.
Вы им очень благодарны за всё.
Все ей очень благодарны за всё.
Я ему очень благодарен за всё.
Ваши друзья мне очень благодарны за всё.
Тётя Ляля нам очень благодарна за всё.

2. Ты забыл сказать им спасибо за подарки.
Поблагодари их за подарки!

Ты забыл сказать Ивану спасибо за подарки.
Поблагодари Ивана за подарки!

Ты забыл сказать им спасибо за подарки.
Ты забыл сказать Ивану спасибо за подарки.
Ты забыл сказать ему спасибо за подарки.
Ты забыл сказать дяде Ване спасибо за подарки.
Ты забыл сказать бабушке и дедушке спасибо за подарки.
Ты забыл сказать нам спасибо за подарки.
Ты забыл сказать тёте Паше спасибо за подарки.
Ты забыл сказать всем спасибо за подарки.
Ты забыл сказать Любови Арсеньевне спасибо за подарки.

3. Мы для него сделали много.
Но он нас ни за что не поблагодарил.

Борис для него сделал много.
Но он Бориса ни за что не поблагодарил.

Мы для него сделали много.
Борис для него сделал много.
Товарищи для него сделали много.
Ребята для него сделали много.
Эти парни для него сделали много.
Друзья для него сделали много.
Вы с Ниной для него сделали много.
Лев Петрович для него сделал много.
Любовь Петровна для него сделала много.
Юрий Павлович для него сделал много.

4. Вы нам сделали большое одолжение.
Мы вам очень благодарны.

Борис нам сделал большое одолжение.
Мы Борису очень благодарны.

Вы нам сделали большое одолжение.
Борис нам сделал большое одолжение.
Вы оба нам сделали большое одолжение.
Они все нам сделали большое одолжение.
Любовь Николаевна нам сделала большое одолжение.
Лев Петрович нам сделал большое одолжение.
Илья Ильич нам сделал большое одолжение.
Наталья Андреевна нам сделала большое одолжение.

TRANSLATIONS

1. Who did you thank for this? Who else did you thank?
2. I thanked: (all of them, both of them, each one of them).
3. They thanked: (all of us, both of us, each of us).
4. He never thanks anyone for anything.
5. Don't thank anyone for anything! There's nothing to thank them for.
6. Who should I thank for these flowers?
7. We're very grateful to you for everything you did for us.
8. Thanks for (your) help.
9. Thanks to her help we finished in time.
10. I thank you.
11. Many thanks.
12. What are you thanking us for? There's nothing to thank us for.
13. Not a single one of them said thank you.
14. Why didn't you thank anyone for that?

RELATED WORDS & EXPRESSIONS

благода́рность   gratitude
бла́го   good (noun)
благо́й   good (adj.)
  благи́е наме́рения   good intentions
благополу́чие   well being
благоро́дство   nobleness
благоустро́йство   being equipped with (modern) services and conveniences
заблаговре́менно   well in advance
дари́ть: подари́ть   give a gift
  дар   gift
  пода́рок   present

благодари́ть   to thank:

  учи́теля за по́мощь в рабо́те   your teacher for helping you with your work
  учи́теля за внима́ние   your teacher for his or her attention
  слу́шателей   your listeners
  дру́га за дове́рие   a friend for his or her trust

1.2   БОЛЕ́ТЬ:ЗАБОЛЕ́ТЬ — TO BE SICK, ILL
БОЛЕ́Й+

чем?   Inst.

  Она́ до́лго боле́ла.
  She was ill for a long time.

  Вчера́ она́ заболе́ла.
  Yesterday she fell ill.

Он боле́ет ко́рью.
He has the measles.

Он заболе́л сви́нкой.
He caught the mumps.

Боле́ть за кого́   ЗА + Acc.   to cheer for, root for

Боле́льщики боле́ют за люби́мую кома́нду.

1.2b   БОЛЕ́ТЬ:ЗАБОЛЕ́ТЬ — TO HURT, TO ACHE
БОЛЕ́+

This verb is used in the third person singular or plural only.
Note that it is second conjugation.

У меня́ боля́т у́ши.
My ears hurt (ache).

У меня́ боле́ли у́ши.
My ears hurt (ached).

У меня́ заболе́ли у́ши.
My ears began to ache.

У вас заболя́т у́ши.
Your ears will begin to hurt.

Бо́льно!
That (It) hurts!

Russians do not normally say: Мои́ у́ши боля́т, моя́ голова́ боли́т.

ORAL DRILLS

1. (Я - голова́)
   (А́нна Петро́вна - нога́)

   У меня́ весь день боли́т голова́.
   У А́нны Петро́вны весь день боли́т нога́.

   (он - но́ги)
   (я - пра́вая рука́)
   (её мать - спина́)
   (его́ оте́ц - глаза́)
   (он - ле́вое у́хо)
   (она́ - у́ши)
   (Любо́вь Петро́вна - зуб)

(я - коле́ни)
(Пётр Степа́нович - ше́я)

2. (я - голова́)
   (А́нна Петро́вна - нога́)

   Вдруг у меня́ заболе́ла голова́.
   Вдруг у А́нны Петро́вны заболе́ла нога́.

   Use the same cues as above

TRANSLATIONS

1. What is he sick with?
2. He's not sick with anything, he's only pretending.
3. He's been sick with everything.
4. What (illnesses) did you have when you were a child?
5. What do old people suffer from?
6. I had all the childhood diseases except the measles.
7. My brother has the mumps.
8. We're rooting for "Dynamo." Who are you rooting for?
9. My ears started to hurt, and I went to the doctor.
10. "What hurts you," he asked. "My ears," I replied.
11. I told the doctor that yesterday my shoulders ached.
12. Today nothing hurts me.
13. "That hurts," she cried.
14. What else were you sick with?
15. What else hurts?

RELATED WORDS

боль   pain
  больно́й   patient, sick person, sick
  больни́ца   hospital
  боля́чка   sore, sore spot (fig.)
боле́знь   illness, sickness
  боле́зненный   sickly

1.3   БОЯ́ТЬСЯ: (ПОБОЯ́ТЬСЯ) — TO FEAR, TO BE AFRAID (OF)
      БО́Й-А+СЯ

кого́-чего́   Gen.

Не бо́йся (бо́йтесь)!
Don't be afraid. Don't worry.

Боя́ться Ива́на Никола́евича и А́нны Ива́новны.
To be afraid of Ivan Nikolaevich and Anna Ivanovna.

Бояться руки́ А́нны Ива́новны.
To fear Anna Ivanovna's hand.

In colloquial Russian the accusative is used for animate feminine nouns:

Бою́сь А́нну Ива́новну.
I'm afraid of Anna Ivanovna.

cf. **слу́шаться**   (5.10)

за кого́-что́?—to fear for   ЗА + Acc.

Бою́сь за своё здоро́вье.
I fear for my health.

Бою́сь за вас.
I fear for you.

Note the following use of **боя́ться** in the third person:

Расте́ния боя́тся темноты́.
Darkness is bad for plants.

ORAL DRILLS

1. Э́та соба́ка не стра́шная.
Не бо́йся э́той соба́ки!

Э́тот экза́мен не стра́шный.
Не бо́йся э́того экза́мена!

Э́та ко́шка не стра́шная.
Э́ти лягу́шки не стра́шные.
Э́та змея́ не стра́шная.
Его́ оте́ц не стра́шный.
Э́та ло́шадь не стра́шная.
Наш зубно́й врач не стра́шный.
Твой учи́тель не стра́шный.
Э́ти тарака́ны не стра́шные.
Мой дя́дя Ва́ня не стра́шный.
Я не стра́шный.
Она́ не стра́шная.
Мы не стра́шные.
Он не стра́шный.
Они́ не стра́шные.

2. Ма́ма меня́ спроси́ла,...
Ма́ма меня́ спроси́ла, чего́ я бою́сь.

Мама спроси́ла Ива́на,...
Мама спроси́ла Ива́на, чего́ он бои́тся.

Ма́ма нас спроси́ла,...
Ма́ма спроси́ла па́пу,...
Ма́ма тебя́ спроси́ла,...
Ма́ма вас спроси́ла,...
Ма́ма их спроси́ла,...
Ма́ма всех спроси́ла,...
Ма́ма его́ спроси́ла,...
Ма́ма спроси́ла Ма́шу,...
Ма́ма спроси́ла Ми́шу,...

TRANSLATIONS

1. What are you afraid of? There's nothing to fear.
2. Are you afraid of anything?
3. Were you afraid of anything when you were a child?
4. Don't be afraid of anyone or anything.
5. Why should I be afraid of his words?
6. My dog is afraid of the water, and my cat is afraid of mice.
7. He's afraid of everyone and everything.
8. We're afraid of: a) the both of you, b) all of you, c) every single one of you.
9. I'm not afraid of a single one of them.
10. You shouldn't be afraid of us.
11. What else are you afraid of?
12. He's afraid of his own shadow.
13. Don't you be afraid either!
14. Don't be afraid of each other!

RELATED WORDS & EXPRESSIONS

боя́знь (чего?)   fear (of something)
боязли́вый   timid
боязли́вость   timidity

боя́ться   to fear, to be afraid of:

темноты́   the dark
соба́к и ко́шек   dogs and cats
живо́тных   animals
насеко́мых   insects
кри́тики   criticism
неприя́тных после́дствий   unpleasant consequences
пустяко́в   trifles
тру́дностей   difficulties
за свою́ жизнь   for one's life
за бу́дущее   for the future

1.4 БРАТЬ:ВЗЯТЬ—TO TAKE
БЕР+:ВОЗЬМ+

что у кого?   Acc.+У+Gen.

Я взял э́ти пласти́нки у дру́га.
I got (borrowed) these records from a friend.

Взять кни́гу у дру́га.
To take your friend's book.

Note the following expressions:

Брать кни́ги в библиоте́ке.
To check out books from the library.

Взять приме́р с кого́-нибу́дь.
To follow someone's example.

Взять до́ллар с кого́-нибу́дь.
To collect a dollar from someone.

Ско́лько с меня́?
How much do I owe (from me)?

ORAL DRILL

Бори́с хорошо́ говори́т по-ру́сски.
Бери́те приме́р с Бори́са!

Они́ хорошо́ говоря́т по-ру́сски.
Бери́те приме́р с них!

   Её мать хорошо́ говори́т по-ру́сски.
   Мы хорошо́ говори́м по-ру́сски.
   Её ба́бушка хорошо́ говори́т по-ру́сски.
   Он хорошо́ говори́т по-ру́сски.
   Я хорошо́ говорю́ по-ру́сски.
   Их тётя хорошо́ говори́т по-ру́сски.
   Серге́й хорошо́ говори́т по-ру́сски.
   Пётр хорошо́ говори́т по-ру́сски.

TRANSLATION DRILL

1. Whose example do you usually follow?
2. Follow: a) their, b) his, c) her example, not mine
3. I got this book from a friend.
4. Where'd you get that book?

5. I didn't take anything from anyone.
6. Don't take anyone's books!
7. What library did you get this book from?
8. Get (take) a dollar from everyone.
9. How much do: a) we, b) I, c) they owe?
10. What should I take?
11. Don't take anything from anyone!
12. You shouldn't follow: a) his, b) her, c) their, d) our example.
13. Take me with you.

RELATED WORDS

взя́тие   the taking (i.e., of a city)
взя́тка   bribe
  взя́точник, -ница   bribe taker
  взя́точничество   bribery, bribe-taking, corruption

1.5   ЗАНИМА́ТЬ:ЗАНЯ́ТЬ — TO OCCUPY, TO TAKE UP
   ЗАНИМА́Й+: ЗАЙМ +

что?   Acc.

Э́то занима́ет вре́мя.
That (this) takes up time.

1.5a   ЗАНИМА́ТЬ: ЗАНЯ́ТЬ — TO BORROW (not TO LEND)

что у кого́?   Acc. +У+Gen.

Заня́ть пять до́лларов у дру́га.
To borrow five dollars from a friend.

ORAL DRILLS

У Ива́на нет де́нег.
Ива́н займёт де́ньги у дя́ди.

У меня́ нет де́нег.
Я займу́ де́ньги у дя́ди.

  (у нас, у него́, у Петра́, у тебя́, у неё, у них)

Дя́дя ему́ дал де́ньги.
Он за́нял де́ньги у дя́ди.

Дя́дя ей дал де́ньги.
Она́ заняла́ де́ньги у дяди.

Дя́дя им дал де́ньги.
Дя́дя вам дал де́ньги.
Дя́дя ему дал де́ньги.
Дя́дя нам дал де́ньги.
Дя́дя мне дал де́ньги.
Дя́дя ей дал де́ньги.

TRANSLATION DRILL

1. Who can we borrow money from?
2. He borrowed money from: a) everyone, b) a lot of people, c) all of us, d) both of us, e) every single one of us.
3. Who else did he borrow money from?
4. I told her not to borrow money from anyone.
5. Borrow $5.00 from my uncle!
6. My son took first place.
7. Take your seats!
8. Are these seats taken?
9. Who's taken these seats?
10. I shouldn't have borrowed any money from them.
11. Don't borrow any money from anyone!

RELATED WORDS & EXPRESSIONS

заня́тие   occupation, pursuit
заня́тия   classes, studies, work
заня́тный   entertaining, amusing
занима́тельный   absorbing, entertaining
заня́то́й   busy
за́нятый   occupied
заём (займа́)   loan
взаймы́
  взять взаймы́   to borrow
  дать взаймы́   to lend

1.6a   ЖЕНИ́ТЬСЯ (Imperfective and Perfective)
TO MARRY, GET MARRIED (for a male)
ЖЕНИ́+СЯ

на ком?   НА+Prep.

Жени́ться на ру́сской.
To marry a Russian woman.

БЫТЬ ЖЕНА́ТЫМ — TO BE MARRIED

на ком?   НА+Prep.

Он жена́т на ру́сской.
He is married to a Russian woman.

ЖЕНИ́ТЬСЯ:ПОЖЕНИ́ТЬСЯ—TO GET MARRIED (for two people)
(ВЕНЧА́ТЬСЯ:ПОВЕНЧА́ТЬСЯ—TO GET MARRIED IN A CHURCH)

Они́ пожени́лись в суббо́ту.
They got married on Saturday.

ВЫХОДИ́ТЬ:ВЫ́ЙТИ ЗА́МУЖ—TO MARRY (for a female)

за кого́?   ЗА+Асс.

Вы́йти за́муж за ру́сского.
To marry a Russian man.

БЫТЬ ЗА́МУЖЕМ—TO BE MARRIED

за кем?   ЗА+Instr.

Она́ за́мужем за ру́сским.
She is married to a Russian man.

NOTE: If a man is married, he is **жена́т**; if a woman is married, she is **за́мужем**. If two people are married, they are **жена́ты**.

Он жена́т.
He's married.

Она́ за́мужем.
She's married.

Они́ жена́ты уже́ пять лет.
They've been married for five years.

ORAL DRILLS

1. Жена́ у него́ ру́сская.
   Он жена́т на ру́сской.

   Жена́ у него́ англича́нка.
   Он жена́т на англича́нке.

   (не́мка, по́лька, шве́дка, кита́янка, япо́нка, францу́женка, итальа́нка, че́шка, ру́сская, англича́нка, учи́тельница)

2. Он влюби́лся в э́ту ру́сскую.
   Он ско́ро же́нится на э́той ру́сской.

   Он влюби́лся в э́ту англича́нку.
   Он ско́ро же́нится на э́той англича́нке.

   (в э́ту не́мку, в э́ту шве́дку, в э́ту кита́янку, в э́ту япо́нку, в э́ту францу́женку, в э́ту итальа́нку, в э́ту че́шку)

3. Муж у неё ру́сский.
   Она́ за́мужем за ру́сским.

   Муж у неё англича́нин.
   Она́ за́мужем за англича́нином.

   (не́мец, кита́ец, швед, датча́нин, поля́к, грузи́н, армяни́н, испа́нец, норве́жец, каза́к, строи́тель, врач)

4. Она́ о́чень лю́бит А́нглию.
   Она́ хо́чет вы́йти за́муж за англича́нина.

   Она́ о́чень лю́бит Аме́рику.
   Она́ хо́чет вы́йти за́муж за америка́нца.

   (По́льшу, Герма́нию, Шве́цию, Да́нию, Фра́нцию, Кита́й, Финла́ндию, Ита́лию, Испа́нию)

TRANSLATION DRILL

1. Who's he marrying? Who's he married to?
2. He's not marrying anyone. He's already married.
3. a) He's, b) We've been married for a long time. Five years, I think.
4. He used to be married to the both of them, and now he's married to their cousin.
5. "How long have they been married?" "A long time."
6. "When did they get married?" "A long time ago."
7. When is she getting married?
8. Who is she marrying? Who is she married to?
9. She's not marrying anyone. She's already married.
10. "How long has she been married?" "For a long time."
11. a) She's, b) he's a widow/widower.
12. They married each other.
13. Is she married? Is he married? Are they married?

RELATED WORDS & EXPRESSIONS

жени́ть   to marry (off) a man
жени́тьба   marriage
жени́х   groom, fiance
молодожёны   newlyweds
отдава́ть:отда́ть за́муж   to give (a woman) in marriage
выдава́ть:вы́дать за́муж   to give (a woman) in marriage
заму́жество   marriage (of a woman)
заму́жняя   married (woman)
неве́ста   bride, fiancee
супру́г   spouse (masc.)
супру́га   spouse (fem.)
супру́ги   married couple, husband and wife
супру́жество   married life
обруча́ться:обручи́ться   to get engaged
обруча́льное кольцо́   engagement ring
брак   marriage
бра́чный   marital, marriage (adj.)
бракосочета́ние   wedding
дворе́ц бракосочета́ний   wedding palace

1.7   ИГРА́ТЬ:СЫГРА́ТЬ—TO PLAY
ИГРА́Й+

чтò?   Acc.

> Игра́ть роль. Игра́ть конце́рт Рахма́нинова.
> To play a role. To play a Rachmaninoff concerto.

во что?   В + Acc.

> Игра́ть в ша́шки; в ка́рты.
> To play checkers, cards.

на чём?   На + Prep.

> Игра́ть и на скри́пке и на роя́ле.
> To play both the violin and the piano.

ИГРА́ТЬ: (ПОИГРА́ТЬ)

с кем-чем?   С + Instr.

кем-чем?   Inst.

> Игра́ть с ребёнком; со спи́чками.
> To play with a child; with matches.

To toy with, fidget with, trifle with:

Она́ сиде́ла и игра́ла бу́сами.
She sat and fidgeted with her beads.

Она им про́сто игра́ла.
She was merely toying with him.

Note the idioms:

Э́то не игра́ет ро́ли.
That's of no importance.

Игра́ть на не́рвах.
To get on someone's nerves.

Игра́ть пе́рвую, втору́ю скри́пку.
To play first, second fiddle.

ORAL DRILLS

1. Вот роя́ль.
   Я не уме́ю игра́ть на роя́ле.

   Вот горн.
   Я не уме́ю игра́ть на го́рне.

   (скри́пка, труба́, а́рфа, балала́йка, гита́ра, флейта, бараба́н, гобо́й, кларне́т, тромбо́н, саксофо́н, пиани́но)

2. Он о́чень лю́бит ша́шки.
   Он мо́жет игра́ть в ша́шки весь день.

   Он о́чень лю́бит ка́рты.
   Он мо́жет игра́ть в ка́рты весь день.

   Он о́чень лю́бит: ша́хматы, те́ннис, футбо́л, волейбо́л, хокке́й, скрэ́бл, кроке́т, гольф, городки́.

TRANSLATION DRILL

1. What (game) are you playing?
2. What (instruments) do you know how to play?
3. Do you know how to play anything (instrument)?
4. They moved to the country, and now their child has no one to play with.
5. While we were talking, she was fidgeting with her earring (серьга́).
6. I don't know how to play the guitar.
7. Teach me how to play chess!
8. I want to learn how to play checkers.

9. Don't play with anyone!
10. He doesn't play with any children at all. What's the matter with him?
11. "What should I play for you?" "Moscow Nights."
12. Grandmother played roulette all night long.
13. Children should not play with matches.
14. "What else can I play for you?" "Let There Always Be Sunshine."
15. That doesn't make any difference.

RELATED WORDS

игра́ во что? на чем? game, play (ing)
игра́ слов pun, play on words
игро́к gambler
игру́шка toy
игру́шечный toy (adj.); tiny
игри́вый playful
вы́игрывать:вы́играть to win
вы́игрыш winnings
прои́грывать:проигра́ть to lose
про́игрыш loss
прои́грыватель record player
обы́грывать:обыгра́ть beat at a game

1.8   ИНТЕРЕСОВА́ТЬСЯ:ЗАИНТЕРЕСОВА́ТЬСЯ
TO BE INTERESTED IN: TO BECOME INTERESTED IN
ИНТЕРЕС-ОВА́+СЯ

кем—чем?   Inst.

Интересова́ться исто́рией, спо́ртом.
To be interested in history, sports.

NOTE: (a) **интере́с к чему́** — interest in something;
       (b) **интересова́ть:заинтересова́ть** — to interest

кого-что?   Acc.

Его́ слова́ заинтересова́ли всех.
His words interested everyone.

BUT: Все интересова́лись его́ слова́ми.

c) English "I wonder" is often rendered in Russian by the word **интере́сно:**

Интере́сно, когда́ она́ придёт.
I wonder when she'll arrive (come).

Интере́сно, придёт ли она́.
I wonder if she'll come.

d) English "attractive, good-looking" often has the Russian equivalent
интере́сный:

Кто э́та интере́сная де́вушка?
Who is that attractive girl?

ORAL DRILLS

1. Она́ проси́ла кни́ги по биоло́гии.
Она́ интересу́ется биоло́гией.

   Она́ про́сила кни́ги по ру́сской литерату́ре.
   Она́ интересу́ется ру́сской литерату́рой.

   Она́ проси́ла кни́ги по: геоме́трии, фи́зике, Пу́шкину, Го́голю, исто́рии Москвы́, эконо́мике, спо́рту, а́лгебре.

2. Вы ей понра́вились.
Она́ интересу́ется ва́ми.

   Она́ ему́ понра́вилась.
   Он интересу́ется е́ю.

   Она́ мне понра́вилась.
   Ты ей понра́вился.
   Ты ему́ понра́вилась.
   Ты им понра́вился.
   Я ей понра́вился.
   Она́ им понра́вилась.

3. Бори́с заинтересова́л всех.
Все заинтересова́лись Бори́сом.

   Ни́на заинтересова́ла всех.
   Все заинтересова́лись Ни́ной.

   Бори́с заинтересоова́л всех.
   Ни́на заинтересова́ла всех.
   Пётр и Па́вел заинтересова́ли всех.
   Любо́вь Петро́вна заинтересова́ла всех.
   Васи́лий Петро́вич заинтересова́л всех.
   Ната́лья Влади́мировна заинтересова́ла всех.
   Никола́евы заинтересова́ли всех.
   Ю́рий Васи́льевич заинтересова́л всех.
   Твой дя́дя Ко́ля заинтересова́л всех.
   Ва́ши друзья́ заинтересова́ли всех.
   Его́ сёстры заинтересова́ли всех.
   Её до́чери заинтересова́ли всех.

TRANSLATION DRILL

1. What were you interested in when you were little?
2. I'm really interested in politics.
3. He's not interested in anyone or anything.
4. She's interested in everyone and everything.
5. Nothing interests her.
6. He's been interested in her for a long time.
7. After he saw her, he really got interested in her.
8. Why are you so interested in knowing?
9. She's not beautiful, but she's quite attractive.
10. Do you wonder if they'll come?
11. She seems to have lost all interest in life.
12. I've lost interest in everything.
13. I'm always interested in everything new.

RELATED WORDS & EXPRESSIONS

интересова́ться   to be interested in:

> людьми́   people
> но́выми знако́мыми   new acquaintances
> знамени́тым поэ́том   a famous poet
> поли́тикой   politics
> нау́кой, те́хникой   science, technology
> иску́сством   art
> всем но́вым   everything new

интере́с   interest in

> к жи́зни   life
> ко всему́ но́вому   everything new
> к де́тям   children

1.9   ИСКА́ТЬ:ПОИСКА́ТЬ—TO LOOK FOR, TO SEARCH
:НАЙТИ́—TO FIND
НАХОДИ́ТЬ:НАЙТИ́—TO FIND
ИСКА́+
НАХОДИ́+:НАЙД́+

кого́-что?   Acc.

Used for concrete nouns or definite things:

> Иска́ть своё ме́сто, кварти́ру, дом.
> To look for one's place, an apartment, a house.

Я весь ве́чер иска́л э́ту кни́гу, но её не нашёл.
I looked for this/that book all evening, but I didn't/never found it.

чего́?   Gen.

Used for abstract nouns—has the additional meaning of trying to obtain:

Иска́ть ме́ста, подде́ржки, слу́чая.
To look for a job, support, a chance.

NOTE: After the verb **найти́** the Accusative case is used:

Наконе́ц он нашёл ме́сто, слу́чай.
He finally found a job, a chance.

The perfective verb **поиска́ть** means to search/look around for a bit. The perfective verb **найти́** indicates the result of searching—finding.

Note how the verb **находи́ть** may also be used:

кого́-что+каки́м (како́й, каки́ми)?   Acc. + Instr.

Я нахожу́ его́ о́чень ску́чным.
I find him very boring.

ORAL DRILL

Бори́с спроси́л нас,...
Бори́с спроси́л нас, чего́ мы в са́мом де́ле и́щем.

Бори́с спроси́л её,...
Бори́с спроси́л её, чего́ она́ в са́мом де́ле и́щет.

> Бори́с спроси́л меня́,...
> Бори́с спроси́л тебя́,...
> Бори́с спроси́л всех,...
> Бори́с спроси́л их,...
> Бори́с спроси́л нас,...
> Бори́с спроси́л его́,...
> Бори́с спроси́л меня́,...

TRANSLATION DRILL

1. Who are you looking for?
2. Don't look for him here!
3. He was looking for work, and he finally found a really good job.
4. I was looking for a chance to tell him about this.
5. Finally I found a chance to tell him about this.
6. I looked for my briefcase all day long, but I didn't find it.
7. I didn't find anything at all there.
8. Look for them in the library!
9. I told her to look for them in the library.

RELATED WORDS & EXPRESSIONS

искатель explorer, seeker
искание search (for) quest
искания strivings
ищейка bloodhound
поиски search
в поисках+(g.) in search of
обыскивать:обыскать to search, frisk
обыск a physical search
отыскивать:отыскать to search, track down
разыскивать:разыскать to search all over for
розыск inquiry, search (with questions)
уголовный розыск criminal investigation
сыскать (pfv. only) to find
сыщик detective, private eye
находка find, godsend
находчивый resourceful, quick witted
находчивость resourcefulness
находиться:найтись to be located, found
местонахождение location

искать to look for:

> **правду** the truth
> **место** a seat, place
> **удобного случая** an opportunity
> **помощи** help
> **нужную книгу** a book which you need
> **поддержки** support

искать иголку в стоге сена To look for a needle in a haystack.
искать вчерашний день To waste your time, spend it foolishly.

1.10 МЕШАТЬ:ПОМЕШАТЬ—TO DISTURB, BOTHER, HINDER, KEEP FROM
МЕШАЙ+

кому-чему   Dat.

Вы всем мешаете.
You're disturbing everyone.

Вы всем мешаете заниматься.
You're keeping everyone from studying (working).

NOTE: a) Это не помешáет.

This wouldn't do any harm (wouldn't hurt).

b) мешáть:помешáть что?—to stir

Мешáть чай, мешáть кáшу.

To stir one's tea, to stir one's kasha.

ORAL DRILLS

1. Мы хотéли éхать зá город.
Дождь нам помешáл поéхать зá город.

Борис хотéл éхать зá город.
Дождь ему помешáл поéхать зá город.

Мáма хотéла éхать зá город.
Ты хотéл éхать зá город.
Все хотéли éхать зá город.
Борис с Ниной хотéли éхать зá город.
Я хотéл éхать зá город.
Мы с Тáней хотéли éхать зá город.
Онá хотéла éхать зá город.

2. Мы хотим занимáться.
Не мешáйте нам занимáться.

Борис хóчет занимáться.
Не мешáйте Борису занимáться.

Я хочу занимáться.
Они хотят занимáться.
Онá хóчет занимáться.
Евгéний хóчет занимáться.
Пётр хóчет занимáться.
Пáвел хóчет занимáться.
Мы хотим занимáться.

TRANSLATION DRILL

1. "Just who am I bothering?" "No one."
2. Am I bothering anyone here?
3. You're bothering all of us.
4. The rain kept us from going there.
5. The noise from the street stopped us from studying.
6. Don't disturb me!
7. I'm not disturbing anyone.
8. Nothing will bother: a) her, b) me, c) us.
9. You're both disturbing me.

RELATED WORDS & EXPRESSIONS

вмéшиваться:вмешáться во что?   to interfere, intervene, meddle
вмешáтельство   interference, intervention
вмéшиваться не в своё дéло   to stick your nose in someone else's business.
помешáться (pfv. only) **на ком-чём**   to go mad (about), to go crazy or mad
помéшанный на ком-чём   mad, craze, insane, mad about someone or something
помешáтельство   madness, insanity

мешáть:помешáть:

> **занятиям разговóром**   to disturb a class with your conversation
> **товáрищу занимáться**   to keep a friend from working
> **рабóте**   to hinder work
> **плáнам**   to hinder plans

1.11   НАДÉЯТЬСЯ:(ПОНАДÉЯТЬСЯ)—TO HOPE FOR, TO COUNT ON
НАДÉЙ+СЯ

Надéюсь, что...
I hope that...

Надéюсь, что да.
I hope so.

на что?   HA+Acc.

на когó-что?   HA+Acc.

Мы все надéемся на егó пóмощь.
We're all hoping for his help.

To count on, rely on, have confidence in

Надéяться на друзéй.
To count on, rely on one's friends.

NOTE: Бýдем надéяться.
Let's hope so.

ORAL DRILLS

1. Он нам не помóжет.
   На негó надéяться нельзя.

Борис нам не помо́жет.
На Бори́са наде́яться нельзя́.

Он нам не помо́жет.
Бори́с нам не помо́жет.
Его́ друзья́ нам не помо́гут.
Мой дя́дя Ко́ля нам не помо́жет.
Любо́вь Петро́вна нам не помо́жет.
Мои́ бра́тья нам не помо́гут.
Её сёстры нам не помо́гут.
Они́ все нам не помо́гут.
Ю́рий Никола́евич нам не помо́жет.
Её мать нам не помо́жет.

2. Они́ проси́ли по́мощи у Ива́на.
Они́ наде́ются на его́ по́мощь.

Я проси́л по́мощи у Ива́на.
Я наде́юсь на его́ по́мощь.

Мы проси́ли по́мощи у Ива́на.
Ка́ждый проси́л по́мощи у Ива́на.
Он проси́л по́мощи у Ива́на.
Все проси́ли по́мощи у Ива́на.
Она́ проси́ла по́мощи у Ива́на.
Они́ проси́ли по́мощи у Ива́на.
Кто проси́л по́мощи у Ива́на?.
Ты проси́л по́мощи у Ива́на?
Вы проси́ли по́мощи у Ива́на?

3. Бори́с вам не помо́жет.
Не наде́йтесь на его́ по́мощь!

Она́ тебе́ не помо́жет.
Не наде́йся на её по́мощь!

Бори́с вам не помо́жет.
Она́ тебе́ не помо́жет.
Мы тебе́ не помо́жем.
Я вам не помогу́.
Она́ вам не помо́жет.
Бори́с тебе́ не помо́жет.
Они́ вам не помо́гут.
Бори́с и Ви́ктор тебе́ не помо́гут.

4. Мы тебе́ не смо́жем помо́чь.
Не наде́йся на нас!

Бори́с тебе́ не смо́жет помо́чь.
Не наде́йся на Бори́са!

Мы тебе́ не смо́жем помо́чь.
Бори́с тебе́ не смо́жет помо́чь.
Ю́рий Никола́евич тебе́ не смо́жет помо́чь.
Друзья́ тебе́ не смо́гут помо́чь.
Я тебе́ не смогу́ помо́чь.
Любо́вь Петро́вна тебе́ не смо́жет помо́чь.
Его́ бра́тья тебе́ не смо́гут помо́чь.

Её сёстры тебе́ не смо́гут помо́чь.
Моя́ мать тебе́ не смо́жет помо́чь.
Никто́ тебе́ не смо́жет помо́чь.

TRANSLATION DRILL

1. Just what are you hoping for, a miracle?
2. Don't count on me!
3. I'm counting on: a) all of you, b) the both of you, c) every single one of you.
4. I hope not.
5. Don't count on anyone or anything!
6. You've nothing to hope for.
7. I've no one to rely on.
8. "I'm counting on your help." "Don't count on anyone's help!"
9. They're counting on each other.
10. You shouldn't have relied on him.
11. What else could we have counted on?
12. I was counting on leaving earlier.
13. We were all hoping to see her there.
14. Whose help are you counting on?

RELATED WORDS & EXPRESSIONS

наде́жда   hope
Её зову́т Наде́жда (На́дя).   Her name is Nadezhda (Nadya).
Ве́ра, Наде́жда, Любо́вь   Faith, Hope and Charity
наде́жный   reliable, trustworthy, safe
безнаде́жный   hopeless
ненаде́жный   unreliable, untrustworthy
наде́жное ме́сто   a safe place

наде́яться   to hope for, to count on or rely on:

> на това́рищей   friends
> на по́мощь   help
> на свою́ па́мять   one's memory
> на дру́га   a friend
> верну́ться   returning
> получи́ть хоро́шую отме́тку   to receive a good grade

1.12   ПОМОГА́ТЬ:ПОМО́ЧЬ—TO HELP, ASSIST, AID
ПОМОГА́Й+:ПОМОГ+

кому́-чему́?   Dat.

кому́-чему́? чем?   Dat. + Inst.

кому́? в чём?   Dat. +B+ Prep.

Мне о́чень помо́г ваш сове́т.
Your advice helped me a great deal.

Вы мне о́чень помогли́ свои́м сове́том.
You helped me a lot with your advice.

Мать ему́ помога́ла во всём.
His mother helped him with everything.

Помоги́те!!!
Help!!!

ORAL DRILL

1. Он хо́чет поблагодари́ть вас за по́мощь.
   Вы ему́ о́чень помогли́.

   А́нна хо́чет поблагодари́ть вас за по́мощь.
   Вы А́нне о́чень помогли́.

   Я хочу́ поблагодари́ть вас за по́мощь.
   Мы хоти́м поблагодари́ть вас за по́мощь.
   Пётр хо́чет поблагодари́ть вас за по́мощь.
   Мы с Бори́сом хоти́м поблагодари́ть вас за по́мощь.
   Моя́ сестра́ хо́чет поблагодари́ть вас за по́мощь.
   Все хотя́т поблагодари́ть вас за по́мощь.
   Ка́ждый из нас хо́чет поблагодари́ть вас за по́мощь.
   Любо́вь Петро́вна хо́чет поблагодари́ть вас за по́мощь.

TRANSLATION DRILL

1. Who are you helping? Who's helping you?
2. "Who helped you with that?" "No one."
3. Aspirin will help you.
4. He never helps anyone with anything.
5. Don't ever help anyone with anything!
6. She always helps everyone with everything.
7. He helped me with: a) a lot of things, b) several things.
8. Your advice helped me most of all.
9. Who else helped you?
10. Who else did you help?
11. How can I be of help (to you)?
12. We often help each other.

RELATED WORDS & EXPRESSIONS

по́мощь   help, aid (note spelling and stress!)
помо́щник   helper

помо́щник дире́ктора/дире́ктору   director's helper
вспомога́тельный   auxiliary, helping
вспомога́тельный глаго́л   helping verb
ско́рая по́мощь   ambulance
неотло́жная по́мощь   ambulance
неотло́жка   ambulance

помога́ть:помо́чь   to help:

> де́лу   things, the cause
> больно́му   a sick person, a patient
> нужда́ющимся   the needy
> това́рищу в рабо́те   a friend with this work
> сестре́ сове́том   one's sister with advice

1.13   СПО́РИТЬ:ПОСПО́РИТЬ
TO ARGUE, DEBATE, DISCUSS: TO BET, WAGER
СПО́РИ+

о ком-чём?   O+Prep.

с кем (о ком-чём?)   C+Instr. (O+Prep.)

> Спо́рить о поли́тике.
> To argue about politics.

> Спо́рить с бра́том о поли́тике.
> To argue with one's brother about politics.

Note: Дава́йте поспо́рим, кто вы́играет.
Let's make a bet as to who will win.

ORAL DRILL

Он о́чень лю́бит поли́тику.
Он со все́ми спо́рит о поли́тике.

Оте́ц у нас о́чень лю́бит поли́тику.
Оте́ц у нас со все́ми спо́рит о поли́тике.

> Я о́чень люблю́ поли́тику.
> Брат у нас о́чень лю́бит поли́тику.
> Вы о́чень лю́бите поли́тику.
> На́ши друзья́ о́чень лю́бят поли́тику.
> Дя́дя у нас о́чень лю́бит поли́тику.
> Ты о́чень лю́бишь поли́тику.
> Мы о́чень лю́бим поли́тику.

TRANSLATION DRILL

1. "What were all of you arguing about?" "We weren't arguing about anything."
2. We'll argue about that later.
3. Do you disagree with her often?
4. I never argue with anyone about anything.
5. Why does he always argue with everyone about everything?
6. She always argues with her father and mother.
7. Don't ever argue with anyone about anything!
8. I bet him that I'd be right.
9. There was nothing they could argue about.
10. What else did they argue about?
11. It's impossible to argue with her. She's always right.
12. No one can argue with them. They're always right.
13. You shouldn't argue with each other like that.
14. Let's make a bet!

RELATED WORDS & EXPRESSIONS

спор   an argument
спóрный   disputable, debatable
спóрный вопрóс   a debatable question
проспáривать:проспóрить   to lose (a bet)
О вкýсах не спóрят   It's a matter of taste. To each his own.

спóрить   to argue:

   с друзья́ми   with friends
   друг с дрýгом   with each other
   о литератýре   about literature
   о происходя́щем   about that which is happening
   о полѝтике   about politics

1.14a   УЧИ́ТЬ:НАУЧИ́ТЬ — TO TEACH
учи́+

кого́?   Acc.

   Учи́тель ýчит шкóльников.
   A teacher teaches school children.

кого́ чемý?   Acc. + Dat.

   Он ýчит моегó сы́на рýсскому языкý.
   He teaches my son Russian.

кого́ де́лать что?   Acc. + impfv. verb

> Наконе́ц я его́ научи́л произноси́ть мя́гкое "эль."
> I finally taught him to pronounce a soft "l".

1.14b   УЧИ́ТЬ:ВЫ́УЧИТЬ
TO STUDY (in the sense of to learn); TO MEMORIZE

что?   Acc.

> Ва́ня сиде́л и учи́л стихотворе́ние. Че́рез час он его́ уже́ вы́учил.
> Vanya was sitting and learning a poem. In an hour he had already memorized it.

> Где вы учи́ли ру́сский язы́к?
> Where did you study (learn) Russian?

1.14c   УЧИ́ТЬСЯ + ГДЕ? —TO STUDY (as a student); TO BE A STUDENT

> Он у́чится в университе́те, на биологи́ческом факульте́те.
> He studies at the university, in the biology department.

1.14d   УЧИ́ТЬСЯ: НАУЧИ́ТСЯ — TO LEARN

чему́?   Dat.

> Он у́чится пра́вильному произноше́нию.
> He is learning proper pronunciation.

де́лать что?   impfv. verb

> Я учу́сь игра́ть в ша́шки.
> I am learning to play checkers.

у кого́

Он научи́лся говори́ть по-ру́сски у ста́рой графи́ни.
He learned to speak Russian from an old countess.

1.14e ПРЕПОДАВА́ТЬ — TO TEACH, INSTRUCT
(usually in an institution of higher learning)
ПРЕПОДА-ВА́+

Она́ не уме́ет преподава́ть.
She doesn't know how to teach.

что?   Acc.

Она́ преподава́ла ру́сский язы́к.
She taught Russian.

кому́?   Dat.

Она́ всю жизнь преподава́ла иностра́нцам.
She taught foreigners all her life.

Она всю жизнь преподава́ла иностра́нцам ру́сский язы́к.
She taught foreigners Russian all her life.

ORAL DRILLS

1. Он рабо́тает?
   Нет, он ещё у́чится.

   Ты рабо́таешь?
   Нет, я ещё учу́сь.

   (Она́, Ни́на, вы, твоя́ мать, твой па́па, ты, они́, она́)

2. Ма́ма неда́вно купи́ла маши́ну.
   Сейча́с ма́ма у́чится води́ть маши́ну.

   Ба́бушка и де́душка купи́ли маши́ну.
   Сейча́с ба́бушка и де́душка у́чатся води́ть маши́ну.

   (я, мы, Бори́с, на́ши друзья́, её сын, вы, ты)

3. Бори́с хо́дит в бассе́йн три ра́за в неде́лю.
   Бори́с сейча́с у́чится пла́вать.

   Мы хо́дим в бассе́йн три ра́за в неде́лю.
   Мы сейча́с у́чимся пла́вать.

   (я, на́ши друзья́, её сын, де́ти, ты, вы, я)

4. Мой брат не умеет играть в шахматы.
   Я учу́ брата игра́ть в ша́хматы.

   Её сестра́ не уме́ет игра́ть в ша́хматы.
   Она́ у́чит сестру́ игра́ть в ша́хматы.

   На́ши де́ти не уме́ют игра́ть в ша́хматы.
   Моя́ сестра́ не уме́ет игра́ть в ша́хматы.
   На́ши друзья́ не уме́ют игра́ть в ша́хматы.
   Их бра́тья не уме́ют игра́ть в ша́хматы.
   Мои́ сёстры не уме́ют игра́ть в ша́хматы.
   Ваш сын не уме́ет игра́ть в ша́хматы.
   Мои́ сыновья́ не уме́ют игра́ть в ша́хматы.
   Твои́ до́чери не уме́ют игра́ть в ша́хматы.

5. Бори́с спроси́л нас, ...
   Бори́с спроси́л нас, где мы научи́лись так хорошо́ говори́ть по-ру́сски.

   Бори́с спроси́л Ни́ну, ...
   Бори́с спроси́л Ни́ну, где она́ научи́лась так хорошо́ говори́ть по-ру́сски.

   Бори́с спроси́л меня́, ...
   Бори́с спроси́л их, ...
   Бори́с спроси́л моего́ бра́та, ...
   Бори́с спроси́л тебя́, ...
   Бори́с спроси́л всех, ...
   Бори́с спроси́л мою́ ба́бушку, ...
   Бори́с спроси́л их бра́тьев, ...
   Бори́с спроси́л хозя́ев, ...

TRANSLATION DRILL

1. "What did you learn (to do) there?" "I learned to do: a) a lot of things; b) a couple of things, but they didn't learn to do anything.
2. Where did you learn a) Russian; b) to speak Russian; c) to speak Russian so well?
3. In our school children are taught a) music; b) singing; c) drawing.
4. Teach me how to play chess!
5. Ivan is teaching me how to play chess.
6. Do you want me to teach you how to play checkers?
7. I'm studying these words because I must learn them for class tomorrow.
8. I studied Russian in school.
9. We both studied at Moscow University last year.
10. Masha's a good student, but Sasha's even better.
11. Where do you want to study when you graduate from school?
12. Every one of us wants to learn to speak Russian like a Russian.
13. He has really learned Russian well.
14. You can learn a lot from him.
15. I taught him Russian when he was a freshman in college.
16. Our mother teaches music.
17. I learned a lot of useful expressions from him.
18. You've learned your role well.
19. I didn't learn anything at all from him.
20. I just can't learn how to pronounce a soft "l".

RELATED WORDS & EXPRESSIONS

уче́ние   studies
учи́тель   teacher
  учи́тельствовать   to work as a teacher
учени́к, -и́ца   pupil
уче́бник   textbook
учёба   learning
уче́бный   academic
уча́щийся   student
учёный   scientist, scholar
  учёность   erudition

нау́ка   science
  нау́чный   scientific
  АН СССР   Academy of Sciences, USSR

преподава́ние   teaching (of something)
преподава́тель   instructor
  ста́рший преподава́тель   asst. professor

разу́чиваться:разучи́ться де́лать что?   to forget how to do something
приуча́ться:приучи́ться кого́ к чему́?   to train, inure

Век живи́, век учи́сь.
Уче́нье свет, неуче́нье тьма.
Повторе́ние — мать уче́ния.

SECTION 1   REVIEW TRANSLATIONS

1. Did you thank them for the flowers?
2. What are you thanking her for? She didn't do anything.
3. What's she sick with now?
4. We'll be rooting for you.
5. I'm afraid of your dog. She's afraid of all animals.[1]
6. We'll borrow five dollars from his brother.
7. Our team came in second (took second place).
8. Who is your friend marrying? To whom is she married?
9. "Is Linda really getting married to a Russian?" "Yes, she says that her aunt was married to a Russian and that she wants to marry one too."
10. He took two dollars from everyone.
11. From whom did you get (take) these newspapers?
12. Is your sister interested in anything besides music?
13. What were they looking for in the field near your house?
14. Is your uncle still looking for a job?
15. Are we disturbing you very much?
16. I hope that this noise won't disturb you too much.
17. I'm counting on you. Only you can help me.

18. "Will he be able to help us tomorrow?" "I hope so."
19. "Who were you arguing with for so long?" "With John, you know how he loves to argue about anything at all." [2]
20. Who taught you to lie like that?
21. He learned his role well.
22. Is your brother still a student at the university?
23. My sister's a schoolteacher, and my brother's a university instructor.
24. Who did he learn such bad words from?
25. I have been teaching in this institute for 30 years now.

1. animal   **живо́тное** (pl. **живо́тные**).
2. anything at all   **что уго́дно.**

Section 2

2.1a ГОТÓВИТЬ:ПРИГОТÓВИТЬ, ПОДГОТÓВИТЬ
TO PREPARE, GET READY, TO FIX
ГОТÓВИ +

кого́-что?   Acc.

> Мать уже́ пригото́вила у́жин.
> Mother has already prepared (fixed) supper.

Note that the perfective form пригото́вить is used in this instance.

> Э́тот институ́т гото́вит враче́й.
> This institute prepares physicians.

кого́-что?
Acc.+K+Dat.

> Репети́тор хорошо́ подгото́вил студе́нта к экза́мену.
> The tutor prepared the student well for the exam.

2.1b When used with no object, the verb гото́вить (impfv. only) also means to cook:

> Моя́ мать хорошо́ гото́вит.
> My mother cooks well.

> Вы уме́ете гото́вить?
> Do you know how to cook?

2.1c ГОТÓВИТЬСЯ:ПРИГОТÓВИТЬСЯ, ПОДГОТÓВИТЬСЯ
TO GET READY (FOR), TO PREPARE FOR

к чему́?
K + Dat.

> Мы весь день гото́вились к экза́менам.
> We prepared for our exams all day.

Я гото́вился к уро́ку. Я подгото́вился к уро́ку.
I prepared for the lesson.

Both **пригото́виться** and **подгото́виться** are used as perfective for,
гото́виться. The prefix **под-** may be used to indicate a greater degr
thoroughness in preparation.

2.1d   БЫТЬ ГОТО́ВЫМ (КО ВСЕМУ́ + DAT.)
TO BE READY/PREPARED FOR EVERYTHING
БЫТЬ ГОТО́ВЫМ (НА ВСЁ НА + ACC.) — TO BE READY FOR ANYTH

Она́ гото́ва ко всему́.
She's ready for everything (i.e., has made all the necess
preparations)

Она́ гото́ва на всё.
She's ready for anything (i.e., she is reckless, capable of dε
anything)

ORAL DRILLS

1. За́втра у них бу́дет экза́мен.
   Они́ с утра́ гото́вятся к э́тому экза́мену.

   За́втра у Петра́ бу́дет экза́мен.
   Пётр с утра́ гото́вится к э́тому экза́мену.

   (у нас, у мои́х сестёр, у твои́х друзе́й, у э́тих парне́й, у на́ших ребя́т, у его́ бɾ
   у дете́й, у меня́, у них, у их бра́та)

2. Они́ не сда́ли экза́мен, . . .
   Они́ не сда́ли экза́мен, потому́ что пло́хо подгото́вились к нему́.

   Она́ не сдала́ экза́мен, . . .
   Она́ не сдала́ экза́мен, потому́ что пло́хо подгото́вилась к нему́.

   (я, мы, она, ребя́та, Ни́на, вы, ты, их брат)

TRANSLATION DRILL

1. What are you getting ready for?
2. Don't make anything for supper! We won't be home.
3. This time I didn't prepare for any exams at all, and I received all A's.
4. I sat in my room all evening and prepared my lessons.

5. I prepared for all my classes except this one.
6. When you get ready for your departure, let us know.
7. No one prepared his or her lesson.
8. What else do we have to prepare for?
9. Get ready for their arrival! They're coming tonight.
10. Both of us prepared for the wrong exam.
11. I got ready for all my exams in three days.
12. Why isn't anyone ready yet?
13. Why isn't everything ready?
14. Why isn't anyone ready for this test?
15. I'll clean the vegetables, and you fix the meat.

RELATED WORDS & EXPRESSIONS

гото́вность   readiness
подгото́вка   preparation (for), training for
приготовле́ние   preparation (of)

гото́виться   to prepare for:

> к встре́че   a meeting
> к отъе́зду   departure
> к экза́мену   an exam
> к докла́ду, к ле́кции   a report, a lecture
> к выступле́нию   a speech, an appearance
> к соревнова́нию   a competition, a contest
> к состяза́нию   a competition, a context
> к экску́рсии   an excursion

2.2a   ЖДАТЬ:ПОДОЖДА́ТЬ—TO WAIT, TO WAIT FOR
ЖДА+

Нам сказа́ли, что на́до жда́ть.
We were told to wait.

кого́-что?   Acc.

кого́-чего́?   Gen.

With definite objects.

Я жду ма́му и сестру́.
I'm waiting for my mother and sister.

Мы стоя́ли на углу́ и жда́ли автóбус № 7.
We stood on the corner and waited for bus No. 7.

With indefinite or abstract objects.

Я бу́ду ждать ва́шего отве́та.
I'll be waiting for your answer.

Мы ещё ждём от негó письма́.
We're still waiting for a letter from him.

2.2b   ОЖИДА́ТЬ (Impfv. only)—TO EXPECT, TO AWAIT
ОЖИДА́Й+

кого́-что?   Acc.

кого́-чегó?

With definite objects:

Мы ожида́ем Ири́ну сегóдня.
We're expecting Irene today.

With indefinite or abstract objects:

Я э́того и ожида́л.
That's just what I expected.

2.2c   The verb ожида́ть can be used with an infinitive; the verb ждать cannot:

Я не ожида́л встре́тить их на конце́рте.
I didn't expect to meet them at the concert.

Мы ожида́ли услы́шать от тебя́.
We expected to hear from you.

2.2d   The imperatives погоди́/те, обожди́/те are used colloquially to mean, "Hold on a second, wait a minute!" The words minute and second, however, are not used after them.

ORAL DRILL

давно́ не писа́л.
пут от меня́ письма́.

им давно́ не писа́л.
дут от Бори́са письма́.

(вы, ты, Пётр, Лю́ба, мы, мы с тобо́й, на́ши ребя́та, мой брат, мои́ бра́тья, мои́ сёстры, твой дя́дя Ва́ня)

TRANSLATION DRILL

ιat are you waiting for? Tell him!
d just what did you expect?
're's nothing to wait for. Let's go!
.ı't wait for anyone!
n't expect anything from anyone, and everything will be all right.
:'s expecting her third child.
''re waiting for his decision.
's waiting for his wife.
: expected: a) a lot of people, b) more people.
: didn't expect this many people.
ıat else were you expecting?

RELATED WORDS & EXPRESSIONS

ние   waiting
ния   expectations
данный   unexpected
данность   surprise, unexpectedness
:ида́ния   waiting room
с нетерпе́нием   to wait with impatience, or not be able to wait
е дождусь его́.   I just can't wait for him.
 у мо́ря пого́ды   To wait for something to turn up.

2.3a   ЗАБО́ТИТЬСЯ:ПОЗАБО́ТИТЬСЯ
TO LOOK AFTER, TAKE CARE OF, HELP OUT
TO BE CONCERNED ABOUT, TO WORRY ABOUT
ЗАБО́ТИ+СЯ

___

ι-чём?   O+Prep.

Позабо́тьтесь о нём, пожа́луйста.
Show a bit of concern for him, please.
Look after him a bit, please.

Па́ртия забо́тится о наро́де.
The Party looks after the people
(takes care of the people's needs).

Вы сли́шком забо́титесь о здоро́вье.
You care too much about your health.

2.3b   ЗАБО́ТА О КОМ-ЧЁМ—(O + Prep.)
care for something, concern for

ORAL DRILL

Помоги́те мне, пожа́луйста!
Позабо́тьтесь о́бо мне, пожа́луйста!

Помоги́те Ива́ну, пожа́луйста!
Позабо́тьтесь об Ива́не, пожа́луйста!

Помоги́те нам, пожа́луйста!
(на́шим ребя́там, её де́тям, э́тим парня́м, его́ сёстрам, моему́ дя́де Ва́не, мои́м ба́бушке и де́душке, ему́, им, ей, нам)

TRANSLATION DRILL

1. He cares a lot (takes a lot of care of) his health.
2. Why doesn't anyone look after him?
3. Please take care of this!
4. You should show a bit of concern for your future.
5. Why doesn't anyone worry about his or her well being (благополу́чие)?
6. She takes good care of (shows a lot of concern for) her students.

RELATED WORDS & EXPRESSIONS

забо́тливый   thoughtful, solicitous
забо́тливость   solicitude, cure, concern

забо́титься:позабо́титься   to care about:

    о де́тях   children
    о друзья́х   friends
    о здоро́вье   one's health
    о поря́дке   about order, neatness
    о семье́   one's family
    о бу́дущем   the future
    о дисципли́не   discipline

2.4a ЗАНИМА́ТЬСЯ:ЗАНЯ́ТЬСЯ—TO DEVOTE ONE'S ATTENTION TO SPEND TIME ON
ЗАНИМА́Й+СЯ:ЗАЙМ+СЯ

кем-чем?   Inst.

Она́ занима́ется то́лько собо́й (свои́ми детьми́).
She devotes all her attention to herself (her children)

2.4b ЗАНИМА́ТЬСЯ:ЗАНЯ́ТЬСЯ—TO WORK WITH, DEVOTE ONESELF TO

с кем-чем?   C+Inst.

Она́ всю жизнь занима́лась со слепы́ми.
She worked with the blind all her life.

2.4c ЗАНЯ́ТЬСЯ (pfv. only)
TO TAKE CARE OF, START DOING SOMETHING

чем?   Inst.

Я сам э́тим займу́сь.
I'll take care of this (that) myself.

2.4d ЗАНИМА́ТЬСЯ (impfv. only)—TO STUDY, WORK, OCCUPY ONESELF

чем?   Inst.

Я сиде́л в свое́й ко́мнате весь день и занима́лся.
I sat in my room all day and studied (worked).

Я всё у́тро занима́лся матема́тикой.
I studied (worked on) math all morning.

Чем вы сейча́с занима́етесь?
What are you studying (working on, doing) right now?

NOTES

1. The plural noun **заня́тия** (Иду́ на заня́тия, был на заня́тиях, пришёл с заня́тий) is often the equivalent of the English word class (or classes). The noun **учёба** (учёба в университе́те) is an equivalent of the English noun study (such as study in the university). English tuition is **сто́имость учёбы** (в университе́те) in Russian.

2. The verb **изуча́ть : изучи́ть** is used to indicate studying something seriously, usually with the intent of mastering it. It must always be used with a direct object. If you want to say that someone studies a lot, or all the time, use the verb **занима́ться**.

3. The verbs **занима́ться** and **учи́ться** both mean to study. **Занима́ться** means to study in the sense of to work. **Учи́ться** means to study in the sense of to be a student. **Учи́ть** is generally used to indicate studying something in school, and **изуча́ть** is used to indicate studying something in an institute of higher learning. Note the difference in the use of these verbs in the following sentences.

Он мно́го занима́ется
He studies a lot (i.e., works a lot).

Он хорошо́ у́чится.
He studies well (i.e., learns well, gets good grades).

Он учи́л англи́йский язы́к в шко́ле.
He studied (took) English in school.

Он изуча́л англи́йский язы́к в университе́те.
He studied English (or majored in English) at the university.

Note how **изуча́ть : изучи́ть** are also used to indicate studying something thoroughly:

изучи́ть вопро́с   to study a question
изучи́ть результа́ты о́пыта   to study the results of an
experiment
изучи́ть дре́внюю ру́копись   to study an ancient manuscript.

ORAL DRILLS

1. Тебе́ на́до реши́ть э́тот вопро́с.
   Я э́тим займу́сь пото́м.

   Твои́м друзья́м на́до реши́ть э́тот вопро́с.
   Они́ э́тим займу́тся пото́м.

   (ему́, нам, мне, ма́ме, ма́ме и па́пе, на́шему учи́телю, э́тим парня́м, твои́м сёстрам.)

2. Он хоро́ший студе́нт.
   Он занима́ется с утра́ до ве́чера.

   Я хоро́ший студе́нт.
   Я занима́юсь с утра́ до ве́чера.

   Она́ хоро́шая студе́нтка.
   Она́ занима́ется с утра́ до ве́чера.

   Мы хоро́шие студе́нты.
   А́нна хоро́шая студе́нтка.
   Твои́ сёстры хоро́шие студе́нтки.
   Твой брат хоро́ший студе́нт.
   Ты хоро́ший студе́нт.
   Я хоро́ший студе́нт.
   Ты и я хоро́шие студе́нты.
   Моя́ двою́родная сестра́ хоро́шая студе́нтка.

3. Она́ провела́ о́чень интере́сный о́пыт.
   Сейча́с она́ изуча́ет результа́ты.

   Мы провели́ о́чень интере́сный о́пыт.
   Сейча́с мы изуча́ем результа́ты.

   Я провёл о́чень интере́сный о́пыт.
   Наш колле́га провёл
   Мы провели́
   Ты провёл
   На́ши ребя́та провели́
   Врачи́ провели́
   На́ши студе́нты провели́
   Её бра́тья провели́
   Вы провели́
   Она́ провела́

4. Он меня́ научи́л води́ть маши́ну.
   Я научи́лся води́ть маши́ну у него́.

   Бори́с научи́л ба́бушку води́ть маши́ну.
   Ба́бушка научи́лась води́ть маши́ну у Бори́са.

   Он меня́ научи́л води́ть маши́ну.
   Бори́с научи́л ба́бушку води́ть маши́ну.
   Мы научи́ли тётю Ля́лю води́ть маши́ну.
   Его́ дочь нас научи́ла води́ть маши́ну.
   Я его́ научи́л води́ть маши́ну.

Мы их всех научи́ли води́ть маши́ну.
Пётр научи́л Па́вла води́ть маши́ну.

5. На́дина ба́бушка прекра́сно шьёт.
   На́дя научи́лась шить у ба́бушки.

   Ва́сина ба́бушка прекра́сно говори́т по-ру́сски.
   Ва́ся научи́лся говори́ть по-ру́сски у ба́бушки.

   На́дина ба́бушка прекра́сно шьёт.
   Ва́сина ба́бушка прекра́сно говори́т по-ру́сски.
   Шу́рина ба́бушка прекра́сно гото́вит.
   Са́шина ба́бушка прекра́сно вя́жет.
   Ли́лина ба́бушка прекра́сно вышива́ет.
   Ли́зина ба́бушка прекра́сно печёт пироги́.
   Ка́тина ба́бушка прекра́сно ва́рит щи.
   Ми́шина ба́бушка прекра́сно поёт.
   Же́нина ба́бушка прекра́сно игра́ет в ша́хматы.
   Со́нина ба́бушка прекра́сно рису́ет.
   Ко́лина ба́бушка прекра́сно игра́ет на балала́йке.

6. Мы э́тих слов не зна́ем.
   Мы вы́учили не те слова́.

   Они́ э́тих слов не зна́ют.
   Они́ вы́учили не те слова́.

   (мы, они́, я, Во́ва, Ва́ня, ты, вы, Ля́ля, Ми́ша, Ма́ма)

7. Я не зна́ю э́ту пе́сню.
   Научи́ меня́ э́той пе́сне!

   Бори́с не зна́ет э́ту пе́сню.
   Научи́ Бори́са э́той песне!

   (я, Бори́с, она́, Ми́ша, Са́ша, мы, они́, моя́ тётя, мой дя́дя, мои бра́тья, его́
   до́чери, ребя́та, на́ши па́рни)

TRANSLATION DRILL

1. Where are you going to study tonight, in the library or in your room?
2. I studied all morning.
3. What are you working on (studying) right now?
4. Please take care of this (matter) as soon as possible!
5. Why isn't anyone studying today?
6. He's in class right now.
7. You should study more. You shouldn't study so much.
8. I really like to work with foreign students.
9. I worked with my students all morning.
10. We studied for two hours and then went to the movies.
11. What does he do there?
12. Has he come back from class yet?
13. He hasn't come back from class yet.
14. If you would study more, you would get: a) good; b) better grades.
15. Does he study much?

16. We've got to study this question. We'll study this question and then let you know our decision.
17. The doctor studied the results of the test and then diagnosed it (поста́вить диа́гноз).
18. Last May my brother finished (high) school. Now he's a student at a pedagogical institute. He's majoring in Russian. He likes Russian very much. He studied Russian in school and his dream is to really learn Russian and (to be able) to speak it like a Russian. His schoolteacher, Mary Jones, was an American. She studied Russian in Moscow for several years, and now she speaks Russian like a Russian.
19. You're keeping me from studying.
20. He got preoccupied with (his) reading and didn't notice that it was time to go to his evening class.

2.5a   ЗВАТЬ:ПОЗВА́ТЬ—TO CALL (with your voice); TO INVITE
ЗВА+

кого́-что?   Acc.

Кто меня́ зовёт?
Who's calling me? (Who's calling my name?)

Нас сего́дня зову́т на у́жин.
We're invited to dinner today.

2.5b   The impersonal forms зову́т—зва́ли are used to indicate a person's first name. Note that in such constructions the name is in the Nominative case. The person who bears the name is in the Accusative case.

English "My name is..." = Russian "(They) call me..."

Мою́ мать зову́т Ири́на, а отца́—Фёдор.
My mother's name is Irene, and my father's is Theodore.

2.5c   Note the following formulas which are used in asking a Russian's first name, and then his/her name and patronymic, or his/her surname.

First name: Как вас зову́т? or: Как ва́ше и́мя?
First name and patronymic: Как ва́ше и́мя-о́тчество?; Как ва́ше и́мя и о́тчество?; Как вас зову́т?
Surname: Как ва́ша фами́лия?

2.5d НАЗЫВА́ТЬ:НАЗВА́ТЬ—TO NAME, TO MENTION SOMEONE'S NAME, TO CALL SOMEONE A NAME
НАЗЫВА́Й+

кого́-что?   Acc.

> Они вас то́же называ́ли.
> They also mentioned your name.

> Назови́те гла́вные города́ СССР!
> Name the main cities of the USSR!

кого́-что кем-чем?   Acc. + Inst.

> Он меня́ назва́л дурако́м.
> He called me a fool.

Note: When a child is given a name, the name may be either in the Nominative or Instrumental.

> Как они́ назва́ли дочь? Они́ её назва́ли Татья́ной/Татья́на.
> What did they name (call) their daughter? They named her Tatyana.

> Называ́ть ве́щи свои́ми имена́ми.
> To call a spade a spade.

2.5e   The verb НАЗЫВА́ТЬСЯ is used to indicate what something is called:

> Как это называ́ется?
> What is this called?

> Как называ́ется э́та игра́?
> What's the name of this game?

Note: Э́то + Nom.

> Э́то называ́ется што́пор, консе́рвный нож (ключ).
> This is called a corkscrew, a can-opener (bottle-opener).

ORAL DRILLS

1. Я не зна́ю назва́ния э́того рома́на.
    Как называ́ется э́тот рома́н?

    Я не зна́ю назва́ния э́того го́рода.
    Как называ́ется э́тот го́род?

Я не зна́ю назва́ния: э́того рома́на, э́того го́рода, э́той о́перы, э́той пье́сы, э́той по́вести, э́того стихотворе́ния, после́днего рома́на Турге́нева, э́той игры́, э́той переда́чи, э́того ме́ста, э́той у́лицы, э́того о́зера, э́той горы́.

2. Бори́с: Они́ назва́ли сы́на Бори́с.
   Алекса́ндра: Они́ назва́ли дочь Алекса́ндра.

   /Бори́с, Алекса́ндра, И́горь, Людми́ла, Любо́вь, Тимофе́й, Светла́на, Фёдор, Ариа́дна, Васили́са, Михаи́л, Илья́/

3. Ты Поли́ну зна́ешь?
   Ра́зве её зову́т Поли́на?

   Ты Андре́я и Бори́са зна́ешь?
   Ра́зве их зову́т Андре́й и Бори́с?

   /Поли́ну, Андре́я и Бори́са, Илью́, Васили́су Петро́вну, Федора Миха́йловича, Льва, Петра́ и Па́вла, И́ю, Кири́лла и Мефо́дия, Ни́ну./

TRANSLATION DRILL

1. What did you name your son? What's your son's name?
2. Whose names did they mention?
3. What's the name of the city they live in?
4. What's your dog's name?
5. What's the name of that magazine?
6. Whose name are you calling?
7. We're invited (out) for dinner tonight.
8. What's the name of the game the children are playing?
9. I wouldn't call her a raving beauty.
10. Name five operas by Tchaikovsky!
11. She called him a scoundrel.
12. Who else did she call a scoundrel?
13. "I shouldn't have called him a fool. Now he's mad." "Who did you call that?"

RELATED WORDS & EXPRESSIONS

зва́ние   rank, calling
назва́ние   name
зов   call, summons
зва́тельный паде́ж   vocative case
зва́ный гость   an invited guest
вызыва́ть:вы́звать кого́   summon, provoke, call
   вы́зов   summons, call, challenge
   вызыва́ющий   provocative
обзыва́ть:обозва́ть кого́ кем?   to call a name
отзыва́ться:отозва́ться на что   respond
   о́тзыв на что   review, response
   отзы́вчивый   responsive
призыва́ть:призва́ть   to call upon, appeal
   призва́ние   calling, profession, vocation
   призы́в   call, appeal
   вое́нный призы́в   draft, conscription

сзыва́ть:созва́ть кого́   to gather, invite, call together

Незва́ный гость ху́же тата́рина.
An uninvited guest is worse than a Tatar.

2.6a   ЗВОНИ́ТЬ:ПОЗВОНИ́ТЬ — TO TELEPHONE; TO CALL BY TELEP'
ЗВОНИ́+

кому?   Dat.

> Позвони́ть дру́гу.
> To call a friend.

куда́?   Acc.

> Позвони́ть в институ́т (в Москву́).
> To call the institute (Moscow).

2.6b   ЗВОНИ́ТЬ:ПОЗВОНИ́ТЬ — TO RING (A BELL);
TO RING (FOR A BELL TO RING)

Note: Звони́ть в звоно́к — to ring a bell.

> Когда́ звони́т звоно́к, уро́к конча́ется.
> When the bell rings the lesson is over.

2.6c   ПОЗВОНИ́ТЬ ПО ТЕЛЕФО́НУ — TO USE A TELEPHONE

> Мо́жно позвони́ть по ва́шему телефо́ну?
> May I use your telephone?

> Вас (Тебя́) про́сят к телефо́ну.
> You're wanted on the phone.

> Но́мер телефо́на — a telephone number.

Дайте мне номер вашего телефона, пожалуйста.
(Дайте мне свой телефон, пожалуйста.)
Give me your phone number, please.

ORAL DRILLS

1. Его друг живёт в Москве.
   Он звонит другу в Москву.

   Наши родители живут в Варшаве.
   Мы звоним родителям в Варшаву.

   Твои сёстры живут в Берлине.
   Её братья живут во Владивостоке.
   Мои дядя и тётя живут в Чикаго.
   Его отец живёт в Киеве.
   Наши друзья живут в Баку.
   Наша дочь живёт в Волгограде.
   Его отец живёт в Праге.
   Ваши знакомые живут в Пекине.

2. Его друг живёт в Москве.
   Завтра он позвонит другу в Москву.

   Наши родители живут в Варшаве.
   Завтра мы позвоним родителям в Варшаву.

   Use the same cues.

3. Меня дома не будет.
   Не звоните мне домой.

   Бориса дома не будет.
   Не звоните Борису домой.

   (меня, Бориса, их, его, Любови Петровны, Ильи Петровича, нас, её, Саши, Юрия Григорьевича)

TRANSLATION DRILLS

1. When may I call you?
2. When should I call you?
3. Where can I call you?
4. Who should I call?
5. Who else should we call?
6. What number do you want (i.e., where are you calling?)? You've got a wrong number.
7. I never call anyone, and no one ever calls me.
8. Why don't you ever call us?
9. I called every single one of them.
10. None of them called us last week.
11. Ring his bell and see if he's home!
12. Who else did you call?
13. Who else called you?
14. Call each of them at home and tell them about the meeting!
15. Do you want me to call them at home?

16. Write down my phone number!
17. Who's wanted on the phone?
18. You're wanted on the phone.
19. May I use your phone?
20. Let's call him at home.
21. Don't call me at home!
22. May I call you at home?
23. They call each other every day.

RELATED WORDS & EXPRESSIONS

звон   ringing sound
звонóк   telephone call, bell
звóнкий   ringing, voiced
   звонкоголóсый   having a ringing voice
созвáниваться:созвонúться   to get together on the telephone, to speak on the telephone
дозвáниваться:дозвонúться до когó?   to reach, get through
звóнница   belfry
звенéть   to ring, toll
(**позвонóк**   vertebra; **позвонóчник**   spine, backbone, spinal column)

2.7a   ОТВЕЧА́ТЬ:ОТВЕ́ТИТЬ—TO REPLY, TO ANSWER
ОТВЕЧА́Й+:ОТВЕ́ТИ+

Онá срáзу отвéтила.
She gave a quick answer (answered immediately).

кому́?   Dat.

Рáзве так мóжно отвечáть учúтелю?
Is that any way to answer a teacher?

на что?   НА+Acc.

Отвéтить на вопрóс.
To answer a question.

на что? чем?   НА+Acc.+Inst.

—Почему́ ты всегдá отвечáешь на вопрóс вопрóсом?
—А почему́ же нет?

—Why do you always answer a question with a question?
—And why not?

ОТВЕЧА́ТЬ:ОТВЕ́ТИТЬ—TO ANSWER FOR, TO BE RESPONSIBLE FOR

гó-что?　　ЗА+Acc.

Вы отве́тите за свой посту́пок.
You'll pay for (answer for) your deed.

Отвеча́ть за всех чле́нов гру́ппы.
To be responsible for all members of the group.

гó-что? чем?　　ЗА+Acc.+Inst.

Вы отве́тите за э́то головой.
You'll really be punished for that.

ОТВЕЧА́ТЬ (impfv. only)—TO CORRESPOND TO , MEET, SATISFY

Dat.

Его́ слова́ не отвеча́ют действи́тельности.
His words don't correspond to actuality.

Его́ рабо́та отвеча́ет всем тре́бованиям.
His work meets (satisfies) all the requirements.

TO ANSWER A TELEPHONE—ПОДХОДИ́ТЬ:ПОДОЙТИ́ К ТЕЛЕФО́НУ
　or, idiomatically, **отвеча́ть:отве́тить**+ no complement

Телефо́н звони́т. Отве́ть!　Or: Подойди́ к телефо́ну!
The phone's ringing. Answer it!

ORAL DRILLS

Я за́дали тру́дный вопро́с.
Не отве́чу на тако́й вопро́с.

Борису задали трудный вопрос.
Борис не ответит на такой вопрос.

(нам, вашим сёстрам, ребятам, тебе, Борису и Нине, Павлу, нашим студентам, тебе, мне, нашему преподавателю)

2. Мне задали трудный вопрос.
Я не знаю ответа на этот вопрос.

Борису задали трудный вопрос.
Борис не знает ответа на этот вопрос.

Use the cues in No. 1

TRANSLATION DRILL

1. How many questions did you answer?
2. I didn't know the answer to one question.
3. Don't answer any questions at all!
4. Don't answer anyone!
5. Don't answer anyone's questions!
6. He didn't answer a single question.
7. I haven't answered a single letter yet.
8. Please answer me!
9. You'll answer for this yet.
10. I answered the wrong question.
11. Answer this letter as soon as possible!
12. Everyone is responsible for his or her actions.
13. How should I answer his letter?
14. I don't know how to answer this question.
15. Answer the phone, please!
16. Your paper still does not satisfy all the requirements.

RELATED WORDS & EXPRESSIONS

ответ на что? answer
    ответный given in answer
ответственный responsible
    ответственность responsibility
    ответственный работник executive
соответствовать (кому-чему) to correspond to, conform to
    соответствие accordance, conformity
    соответственный corresponding to

отвечать:ответить to answer:

        учителю на вопрос a teacher's question
        брату на письмо a brother's letter
        отказом на просьбу a request negatively
        на призыв an appeal

2.8   ОШИБА́ТЬСЯ:ОШИБИ́ТЬСЯ—TO BE MISTAKEN, MAKE A MISTAKE
ОШИБА́Й+СЯ: irreg.

Бою́сь, что вы ошиба́етесь.
I'm afraid that you're mistaken.

в ком-чём?   В+ Prep.

Вы ошиба́етесь в свои́х взгля́дах.
You're mistaken in your views.

Ошиби́ться в челове́ке.
To be mistaken about a person.

чем?   Inst.

Вы оши́блись две́рью (но́мером).
You've got the wrong door (number).

2.8b   by mistake   по оши́бке, неча́янно

ORAL DRILLS

1. Бою́сь, что вы ошиба́етесь.
   Бою́сь, что вы ошибётесь.

   Бою́сь, что Бори́с ошиба́ется.
   Бою́сь, что Бори́с ошибётся.

   Бою́сь, что ты ошиба́ешься.
   Бою́сь, что твой брат ошиба́ется.
   Бою́сь, что я ошиба́юсь.
   Бою́сь, что мы с тобо́й ошиба́емся.
   Бою́сь, что вы все ошиба́етесь.
   Бою́сь, что мы все ошиба́емся.
   Бою́сь, что на́ши друзья́ ошиба́ются.
   Бою́сь, что ка́ждый из нас ошиба́ется.

2. Вы, наве́рное, ошиба́етесь.
   Вы, наве́рное, оши́блись.

   Бори́с, наве́рное, ошиба́ется.
   Бори́с, наве́рное, оши́бся.

   Она́, наве́рное, ошиба́ется.
   Она́, наве́рное, оши́блась.

   (ты, твой брат, я, мы с тобо́й, вы все, мы все, на́ши друзья́, ка́ждый из нас.)

TRANSLATION DRILL

1. You're mistaken about: a) everything, b) a lot of things, c) a couple of things.
2. "What am I mistaken about?"
   "You're not mistaken about anything."
3. I'm never mistaken about: a) anyone or anything, b) people.
4. You're quite mistaken.
5. I got the wrong door and entered the wrong room.
6. Am I mistaken about anything else?
7. I think we've got the wrong floor.
8. Anyone can be mistaken, and I've made a bad mistake.
9. I took your book by mistake.
10. You won't be mistaken.

RELATED WORDS & EXPRESSIONS

ошибка   mistake
ошибочный   mistaken, erroneous
  ошибочность   erroneousness
  ошибочные взгляды   erroneous views
  ошибочная точка зрения   erroneous point of view
Каждый может ошибиться.   Anyone can be mistaken

ошибаться:ошибиться   to be wrong:

    в **выборе**   in one's selection
    в **друзьях**   in one's friends
    в **вычислениях**   in one's computations
    в **человеке**   about a person
    адресом   to get a wrong address
    местом   to get the wrong seat
    дверью   to get the wrong door
    номером   to get the wrong room (in a hotel, dorm)

2.9a ПАХНУТЬ: (ЗАПАХНУТЬ) — TO SMELL (intrans.): TO GIVE OFF AN
                  ODOR
                  ПАХ-НУ+

Там плохо пахло.
It smelled bad there.

чем?   Instr.

В её комнате пахло розами.
It smelled of roses in her room.

«Здесь Ру́сью па́хнет».
"It smells of Russia here."

2.9b СЛЫ́ШАТЬ:УСЛЫ́ШАТЬ ЗА́ПАХ/ЧУ́ВСТВОВАТЬ ЗА́ПАХ
TO SMELL (transitive) SOMETHING

Я слы́шал за́пах се́на.
I smelled hay.

NOTE: To smell (to sniff) something is **ню́хать:поню́хать.**

кого́-что?

Поню́хай э́тот цвето́к.
Smell (take a whiff of) this flower.

ORAL DRILLS

1. (мо́ре)
   (жасми́н)

   Здесь па́хнет мо́рем.
   Здесь па́хнет жасми́ном.

   (се́но, дым, пережа́ренное мя́со, капу́ста, чесно́к, ро́зы, сы́рость, нафтали́н, дешёвые духи́, све́жий хлеб, ско́шенная трава́, ры́ба, му́сор)

2. (мо́ре)
   (жасми́н)

   Там па́хло мо́рем.
   Там па́хло жасми́ном.

   Use the cues in No. 1.

3. Там па́хло жасми́ном.
   Мы слы́шали за́пах жасми́на.

   Там па́хло ды́мом.
   Мы слы́шали за́пах ды́ма.

   (се́ном, капу́стой, чесноко́м, ро́зами, нафтали́ном, дешёвыми духа́ми)

TRANSLATION DRILLS

1. "What does it smell of here?" "I don't smell anything. I can't smell anything."
2. I smell smoke.

3. It smells of smoke here.
4. All over the house it smelled of: a) fresh paint, b) mildew.
5. I smell cheap perfume.
6. We could smell the sea in our room.
7. What does it smell of in a barber shop?
8. It doesn't smell of anything here.

RELATED WORDS & EXPRESSIONS

дурно́й за́пах   stench, stink
ду́рно па́хнуть—воня́ть   to stink
воню́чий   foul smelling
   воню́чка—скунс
злово́ние—отврати́тельный за́пах   stench
благово́ние—благоуха́ние—прия́тный за́пах   fragrance

па́хнуть   to smell of:

   ро́зами   roses
   пле́сенью   mildew
   кра́ской   paint
   ды́мом   smoke
   мо́рем   the sea
   нафтали́ном   moth balls
   духа́ми   perfume
   се́ном   hay
   весно́й   spring
   побе́дой   victory
   лу́ком   onions

2.10a   СКУЧА́ТЬ — (impfv.) — TO BE BORED; TO MISS
СКУЧА́Й+

Я весь день сиде́л до́ма и скуча́л.
I sat home all day and was bored.

о ком-чём?   О + Prep., or
по кому́-чему́?   ПО + Dat.

Я о́чень скуча́ю по друзья́м.
I miss my friends a lot.

Мы по вас о́чень скуча́ли.
Мы о вас о́чень скуча́ли.
We missed you a lot.

After the preposition **по,** the prepositional case forms are most frequently used for the pronouns **вы(вас)** and **мы(нас).** Either the prepositional form **нём** or the dative form **нему́** is used for the pronoun **он.** Since there is no absolute rule for which case to use after the preposition **по** and since the use of o+ prep. agreement is perfectly correct and acceptable to all Russians, students should use the o+prep. type of agreement and merely be aware of the **по+** prep./dat. type of agreement.

2.10b   ТОСКОВА́ТЬ: (ЗАТОСКОВА́ТЬ)
ТОСК-ОВА́+

The verb **тоскова́ть (затоскова́ть)** means to be bored to the state of melancholy, or to miss in the sense of longing for. The verb **тоскова́ть** is much stronger than the verb **скуча́ть.** The same agreement as for **скуча́ть** is used after **тоскова́ть.** Note the following difference in meanings.

Скуча́ть по до́му.
To miss one's home.

Ску́ка по до́му.
Homesickness.

Тоскова́ть по ро́дине.
To long for one's country.

Тоска́ по ро́дине.
Homesickness (longing for your native country).

2.10c   СОСКУ́ЧИТЬСЯ (pfv.) — TO GET BORED; TO BEGIN TO MISS
СОСКУ́ЧИ+СЯ

Э́то така́я глушь! Ты ско́ро там соску́чишься!
That's such a desolate place! You'll get bored there quickly!

Same agreement as for **скуча́ть:**

Вы ско́ро по нас соску́читесь.
You'll miss us soon.

2.10d НАДОЕДÁТЬ:НАДОÉСТЬ — TO BORE; TO TIRE; TO MAKE SICK
НАДОЕДÁЙ+IRREGULAR

комý-чемý?   Dat.

Мне надоéло бездéлье.
Idleness has bored me.
I'm sick of doing nothing.

Они́ надоéли друг дрýгу.
They're bored with (sick of) each other.

чем?   Inst.

Вы мне ужé надоéли своéй кри́тикой.
I'm sick of your criticism (You've bored me with it).

дéлать что?   Impfv. verb

Мне надоéло отвечáть на однó и то же.
I'm tired of answering one and the same thing.

ORAL DRILLS

1. Мне здесь скýчно без Влади́мира.
   Я óчень скучáю по Влади́миру. Я óчень скучáю о Влади́мире.

   Нам здесь скýчно без мáмы и пáпы.
   Мы óчень скучáем по мáме и пáпе. Мы óчень скучáем о пáпе и мáме.

   Нам здесь скýчно без дя́ди Вáни.
   Емý здесь скýчно без жены́.
   Ей здесь скýчно без мýжа.
   Мне здесь скýчно без детéй.
   Тебé здесь скýчно без семьи́.
   Вам здесь скýчно без рабóты.
   Всем здесь скýчно без мóря.
   Нам здесь скýчно без негó.
   Нам здесь скýчно без неё.
   Нам здесь скýчно без вас.
   Нам здесь скýчно без них.
   Вам здесь скýчно без нас.

2. Он ни у когó не прóсит пóмощи.
   Егó прóсьбы о пóмощи ужé всем надоéли.

Вы ни у кого не просите помощи.
Ваши просьбы о помощи уже всем надоели.

Она ни у кого не просит помощи.

(они, мы, Варя, Варя и Нина, твои друзья, её отец, я)

TRANSLATION DRILL

1. "What do you miss most of all." "I don't miss anyone or anything."
2. I really miss all of you a lot.
3. I hope I haven't bored you.
4. All of our students have gotten homesick already.
5. I'm bored here.
6. Our grandparents really long for the old country.
7. He'll bore you very quickly.
8. I'm tired of arguing with him all the time about one and the same thing.
9. I'm fed up with everything here.
10. I miss my family a lot.
11. They're sick and tired of each other.

RELATED WORDS & EXPRESSIONS

скука   boredom
скучный   boring, dull
  скучно   it's boring
тоска   yearning, melancholy
тоскливый   dreary, melancholy, depressing
  тоскливость   depressing
    тоскливое настроение   a depressed mood
надоедливый   boring, tiresome
Какая разница между «скучным человеком» и «надоедливым человеком»?
What's the difference between a "boring person" and a "tiresome" one?

скучать   to miss:

по детям	о детях	children
по друзьям	о друзьях	friends
по дому	о доме	home
по театру	о театре	theater
по работе	о работе	work
по книгам	о книгах	books

2.11a СТÓИТЬ—TO COST, TO BE WORTH
СТÓЙ+

скóлько?   Acc.

Эта книга стóит двáдцать однý копéйку.
This book costs twenty-one kopecks.

чегó   Gen.

Это предложéние стóит вáшего внимáния.
This suggestion is worthy of your attention.

комý   Dat.

Всё это мне мнóго (дóрого) стóило.
All this cost me a lot (dearly).

Скóлько это вам стóило?
How much did that cost you?

2.11b   СТÓИТЬ+ИНФИНИТИВ—It's worth doing something:

Стóит ходить на егó лéкции.
His lectures are worth attending.

Стóит купить эту книгу.
This book is worth buying.

НЕ СТÓИТЬ+ИНФИНИТИВ НЕСОВЕРШÉННОГО ВИДА—It's not worth doing
something:

Не стóит ходить на егó лéкции.
His lectures aren't worth attending.

Не стóит покупáть эту книгу.
This book isn't worth buying.

ORAL DRILL

(два́дцать одна́ копе́йка)
(три́дцать одна́ копе́йка)

Кни́га сто́ит два́дцать одну́ копе́йку.
Кни́га сто́ит три́дцать одну́ копе́йку.

(41, 51, 61, 71, 81, 91, 1 р. 01к.)

TRANSLATION DRILL

1. My car cost a thousand dollars.
2. That cost us a lot of money (больши́е де́ньги).
3. This project cost everyone a great deal of effort (больши́е уси́лия).
4. That didn't cost me anything.
5. It's no trouble at all for me to go there.
6. What trouble is it for you to do that?
7. "How much did that medicine cost?" "91 kopecks."
8. This movie is worth seeing.
9. It's not worth the effort.
10. It's not worth it.

RELATED WORDS & EXPRESSIONS

сто́имость   cost
  сто́имость учёбы   cost of tuition
Не сто́ит   It's not worth (it)
Не сто́ит того́   It's not worth while.
Оди́н сто́ит семеры́х   One is worth seven.

сто́ить   to cost, be worthy of:

  больши́х де́нег   a lot of money
  ты́сячу до́лларов   a thousand dollars
  трудо́в   work, trouble
  уси́лий   efforts
  забо́ты   concern
  внима́ния   attention
  большо́го труда́   a great deal of effort, trouble

SECTION 2   REVIEW TRANSLATIONS

1. What are you making for supper?
2. Such people are ready for anything.
3. She was preparing a nice surprise for him.
4. I hope that you're prepared for the exam.
5. "Why aren't you waiting for help from him?" "He never helps anyone."
6. I certainly didn't expect to see you here.

7. He's such a good person. He cares about everyone except himself.
8. You'd better (вы бы) look after your health a bit.
9. I always study in the library in the evenings.
10. We'll take care of your problems tomorrow.
11. We were in class all morning.
12. My older brother is studying physics.
13. What did you study last night?
14. He's teaching me Chinese, and I'm teaching him English.
15. I heard someone calling (как) for help.
16. Your name is Peter, isn't it?
17. Can you name three operas by Tchaikovsky?
18. I called him a fool because he is (и есть) a fool.
19. The name of this game is solitaire (пасьянс).
20. You can't call him. He doesn't have a telephone.
21. Here's his apartment. Let's ring the bell.
22. Masha, the phone's ringing!
23. I'll be waiting for your call.
24. I can't go. I'm expecting a call.
25. Are you the person (это вы) responsible for these students?
26. Does he answer everyone so rudely?
27. I still haven't answered her letter.
28. I knew all the answers to all the questions except two.
29. All of a sudden I **smelled something good**.
30. "Do you smell smoke?" "No, I don't smell anything."
31. His apartment smelled of fresh paint. In his apartment it smelled of fresh paint.
32. He walked around the garden and smelled all the flowers.
33. I never make mistakes.
34. I think we've got the wrong address.
35. I wonder if we've made a mistake.
36. You're mistaken about him. You're mistaken about everything, but I'm not mistaken about anything.
37. We took his book by mistake. We took the wrong book.
38. "Did you miss your family when you were in Siberia?" "I always miss my family when I am in Siberia."
39. She's such a dull person!
40. He'll bore you quickly with his questions about life abroad.
41. When you go abroad, you'll soon miss all your friends.
42. Foreigners often long for their native land.
43. This car cost him $1000.
44. That was a good movie. It's worth going to see.
45. That book isn't worth buying. It will soon come out in paperback (бумажный переплёт).

Section 3

3.1 беспоко́иться:обеспоко́иться
    беспоко́ить:обеспоко́ить
3.2 извиня́ть:извини́ть
    извиня́ться:извини́ться
3.3 каса́ться:косну́ться
    прикаса́ться:прикосну́ться
3.4 одева́ть:оде́ть
    одева́ться:оде́ться
    надева́ть:наде́ть
    переодева́ться:переоде́ться
    раздева́ть:разде́ть
    снима́ть:снять
    быть оде́тым
3.5 переводи́ть:перевести́
3.6 проси́ть:попроси́ть
    тре́бовать:потре́бовать
3.7 проща́ть:прости́ть
    проща́ться:попроща́ться
    проща́ться:прости́ться
3.8 спра́шивать:спроси́ть
    задава́ть:зада́ть вопро́с
3.9 серди́ть:рассерди́ть
    серди́ться:рассерди́ться
    зли́ть/ся:обозли́ть/ся
    серди́т
    зол
3.10 станови́ться:стать
3.11 хоте́ть:захоте́ть
    хоте́ться:захоте́ться

Review Translations

3.1a БЕСПОКÓИТЬСЯ:ОБЕСПОКÓИТЬСЯ—TO WORRY ABOUT, BOTHER ABOUT, INCONVENIENCE ONESELF
БЕСПОКÓЙ-И+СЯ

Не нáдо беспокóиться.   Don't worry.

о ком-чём?   O+Prep.

Не беспокóйтесь о нас, мы всё сдéлаем сáми.
Don't worry (bother) about us, we'll do everything
ourselves.

из-за когó-чегó   ИЗ-ЗА+Gen.

Беспокóиться из-за пустякóв, из-за ничегó.
To get upset over nonsense, over nothing.

за когó   ЗА+Acc.

Мы беспокóимся за отцá. Он ведь одúн.
We worry about father. He's alone, you know.

3.1b БЕСПОКÓИТЬ:ОБЕСПОКÓИТЬ—TO UPSET, DISTURB
BOTHER, INCONVENIENCE

когó-что?   Acc.

Егó письмó меня сúльно обеспокóило.
His letter disturbed (upset) me greatly.

когó-что?   Acc.+Inst.

Я вас бóльше не бýду беспокóить такúми вопрóсами.
I won't bother (inconvenience) you any more with such questions.

Note the following uses of беспокóиться:обеспокóиться:

Беспокóиться о кóм-то   to worry (bother) about someone in

general; to go out of your way for someone; to inconvenience yourself because of someone.

Беспокóиться за когó-то/за чтó-то to worry or experience anxiety about someone or something, to fear for someone or something. When used in this way, the verb **беспокóиться** is similar in meaning to the verb **боя́ться**+**за**+Acc.—1.3.

ORAL DRILLS

1. Онá всё сдéлает самá.
   Не беспокóйся о ней, онá всё сдéлает самá.

   Борúс всё сдéлает сам.
   Не беспокóйся о Борúсе, он всё сдéлает сам.

   Я всё сдéлаю сам.
   Мы всё сдéлаем сáми.
   Мы с Зúной всё сдéлаем сáми.
   Евгéний всё сдéлает сам.
   Дмúтрий и Пётр всё сдéлают сáми.
   Ларúса всё сдéлает самá.
   Мать всё сдéлает самá.
   Твой дя́дя Вáня всё сдéлает сам.
   Бáбушка и дéдушка всё сдéлают сáми.
   Эти пáрни всё сдéлают сáми.
   Нáши ребя́та всё сдéлают сáми.
   Эти лю́ди всё сдéлают сáми.
   Дéти всё сдéлают сáми.
   Моú сёстры всё сдéлают сáми.

TRANSLATION DRILL

1. Don't get upset: a) over his words, b) over nothing.
2. I don't ever bother about anyone or anything.
3. They always worry about (do things for) everyone.
4. He worries a lot (fears a lot) for his health.
5. Why don't you ever do anything for (bother about) anyone?
6. There's nothing for you to do (worry about), calm down!
7. You shouldn't worry about us so much!
8. She's all alone. No one cares for her at all.
9. Don't go out of your way for anyone! Don't worry about a thing! We'll be all right.

RELATED WORDS & EXPRESSIONS

беспокóйство   bother, trouble
беспокóйный   uneasy, restless

спокойствие   calmness, composure
  спокойный   quiet, calm, serene
  Спокойной ночи!   Good night!
покой   peace, calm, rest
  покоиться   to rest, to lie at rest
  покойный   deceased, late
  покойник   the deceased
успокаивать/ся:успокоить/ся   to calm down, become quiet
  успокоительный   calming, soothing
  успокоительное лекарство   sedative, tranquilizer

беспокоиться   to worry:

> **о детях**   about one's children
> **за своё здоровье**   to fear for one's health
> **из-за отсутствия писем**   about the lack of letters
> **из-за неудачи**   because of a failure
> **из-за недоразумения**   about a misunderstanding

3.2a   ИЗВИНЯТЬ:ИЗВИНИТЬ — TO EXCUSE; TO PARDON
ИЗВИНЯЙ+:ИЗВИНИ +

кого?   Acc.

> Извините меня, но я вас не понимаю.
> Excuse me, but I don't understand you.

кого за что?   Acc.+ЗА+Acc.

> Я не могу извинить его за опоздание на урок.
> I can't excuse him for being late to the lesson.

3.2b   ИЗВИНЯТЬСЯ:ИЗВИНИТЬСЯ
TO APOLOGIZE, EXCUSE OR PARDON ONESELF

> Она мне наступила на ногу и не извинилась.
> She stepped on my foot and didn't say, "Excuse me."

перед кем?   ПЕРЕД+Inst.

> Скорее извинитесь перед ним!
> Apologize to him as quickly as possible.

за что?   ЗА+Асс.

Ты извини́лся пе́ред ним за до́лгое молча́ние?
Did you apologize to him for your long silence?

Note: **винова́т (а), прости́/те, извини́/те** — I'm sorry. The form **извиня́юсь** is not used to mean "I'm sorry" by most educated speakers of Russia.

ORAL DRILLS

1. Я вас оби́дел.
   Я до́лжен извини́ться пе́ред ва́ми.

   Мы его́ отца́ оби́дели.
   Мы должны́ извини́ться пе́ред его́ отцо́м.

   Вы на́ших ребя́т оби́дели.
   Я её дочь оби́дел.
   Мы его́ мать оби́дели.
   Он на́шего дя́дю Са́шу оби́дел.
   Вы на́шего колле́гу оби́дели.
   Они́ мои́х сестёр оби́дели.
   Мы его́ оби́дели.
   Он всех оби́дел.
   Ты ка́ждого из нас оби́дел.
   Они́ друг дру́га оби́дели.

TRANSLATION DRILL

1. Whenever I begin a letter, I always write, "Excuse me for the long silence."
2. What were you apologizing to him for?
3. Just who are you apologizing to?
4. I'm sorry, but I didn't know about that.
5. You should tell him you're sorry.
6. He didn't tell anyone he was sorry.
7. We apologized to the teacher for such (bad) behavior.
8. I shouldn't have told him I was sorry.
9. They apologized to each other.
10. Did you tell him you were sorry for being late?
11. No one apologized for anything.
12. There's nothing for you to apologize for.
13. a) No one; b) Not a single one of them apologized to me.
14. All of them told me that they were sorry.
15. I apologized to them for a lot of things.
16. Why should I apologize to her?

RELATED WORDS & EXPRESSIONS

извине́ние apology
неви́нный innocent
неви́нность innocence
невино́вный not guilty
невино́вность innocence
вина́ guilt
винова́тый guilty, at fault, to blame
вино́вный guilty (of a crime)
вино́вность guilt
обвиня́ть:обвини́ть кого́ в чём?   to accuse, find guilty
обвиня́емый defendent
обвине́ние charge, accusation
обвини́тель prosecutor, accusor

извиня́ться:извини́ться   to apologize:

перед дру́гом за до́лгое молча́ние
to a friend for a long period of silence

пе́ред това́рищами за опозда́ние
to friends for being late

3.3a КАСА́ТЬСЯ:КОСНУ́ТЬСЯ — TO CONCERN, APPLY TO
КАСА́Й+СЯ:КОСНУ́+СЯ

кого́-чего́?   Gen.

Э́тот вопро́с каса́ется на́шей рабо́ты.
This question concerns our work.

Э́то каса́ется вас и ва́шей семьи́.
This concerns you and your family.

3.3b КАСА́ТЬСЯ:КОСНУ́ТЬСЯ — TO TOUCH UPON

чего́?   Gen.

Разгово́р косну́лся литерату́ры.
The conversation touched upon literature.

3.3c　КАСА́ТЬСЯ:КОСНУ́ТЬСЯ — TO TOUCH (accidentally)

Они́ стоя́ли так бли́зко, что пле́чи их почти́ каса́лись.
They stood so close that their shoulders almost touched.

кого́-чего́?　Gen.

Ве́тка де́рева косну́лась моего́ лица́.
The branch of the tree touched my face.

3.3d　ПРИКАСА́ТЬСЯ:ПРИКОСНУ́ТЬСЯ — TO TOUCH, TO BRUSH (on purpose)

Глаз опу́х, бо́льно прикосну́ться.
(My) eye is swollen; it hurts to touch (it).

к кому́-чему́?　K+Dat.

Кто́-то прикосну́лся к моему́ плечу́.
Someone touched (brushed) my shoulder.

Не прикаса́йтесь к про́воду!
Don't touch the wire!

ORAL DRILL

Мы ему́ об э́том не говори́ли,...
Мы ему́ об э́том не говори́ли, потому́ что э́то его́ не каса́ется.

Они́ мне об э́том не говори́ли,...
Они́ мне об э́том не говори́ли, потому́ что это меня́ не каса́ется.

Я тебе́ об э́том не говори́л,...
Мы вам об э́том не говори́ли,...
Он ей об э́том не говори́л,...
Никто́ ему́ об э́том не говори́л,...
Никто́ мне об э́том не говори́л,...
Он нам об э́том не говори́л,...
Мы им об э́том не говори́ли,...
Я никому́ об э́том не говори́л,...

TRANSLATION DRILL

1. This only applies to five people.
2. This doesn't concern you.
3. This concerns a) the both of you; b) all of you; c) a few of you; d) a lot of you; e) every single one of you; f) none of you; g) not a single one of you.
4. Just who does this concern?
5. He touched upon a lot of things in his lecture.
6. In my report I'll touch upon the following questions.
7. I believe we've hit a sore spot.
8. She didn't even touch her food.

RELATED WORDS & EXPRESSIONS

каса́ние   touch, contact
прикоснове́ние   touch
   то́чка прикоснове́ния   point of contact
Э́то меня́ не каса́ется.   This doesn't concern me. That's none of my business.
каса́тка   swallow
каса́тик   dear one, darling

каса́ться:косну́ться   to touch upon:

   щекотли́вого вопро́са   a delicate question
   больно́го ме́ста   a sore spot
   про́шлого   the past
   но́вых вопро́сов   new questions
   спо́рных вопро́сов   debatable questions

3.4a   ОДЕВА́ТЬ:ОДЕ́ТЬ — TO DRESS, TO CLOTHE SOMEONE
ОДЕВА́Й+:ОДЕН+

кого́?   Acc.

Мать одева́ет ребёнка.
The mother is dressing the child.

ОДЕВА́ТЬСЯ: ОДЕ́ТЬСЯ — TO GET DRESSED, TO PUT ON ONE'S CLOTHES

Он оде́лся и вы́шел.
He got dressed and went out (left).

как?

Она́ всегда́ одева́ется по после́дней мо́де.
She always dresses according to the latest fashion.

3.4c   НАДЕ́ВА́ТЬ:НАДЕ́ТЬ — TO PUT ON

что?   Acc.

Не забу́дьте наде́ть перча́тки, на у́лице хо́лодно.
Don't forget to put on your gloves, it's cold outside.

что на кого́?   Acc.+HA+Acc.

Мать наде́ла на ребёнка санда́лии.
The mother put sandals on her child.

3.4c   ПЕРЕОДЕВА́ТЬСЯ:ПЕРЕОДЕ́ТЬСЯ
TO CHANGE CLOTHES, GET INTO SOMETHING ELSE

Я бы́стро переоде́нусь и вы́йду.
I'll change quickly and be right out.

во что?   В+Acc.

Он переоде́лся в но́вый костю́м.
He changed into a new suit.

3.4e   РАЗДЕВА́ТЬ:РАЗДЕ́ТЬ — TO UNDRESS SOMEONE,
TAKE OFF SOMEONE'S CLOTHES

кого́?   Acc.

Ребёнка разде́ли и положи́ли спать.
The child was undressed and put to sleep.

3.4f РАЗДЕВА́ТЬСЯ:РАЗДЕ́ТЬСЯ — TO GET UNDRESSED TAKE OFF YOUR OWN CLOTHES

Я разде́лся и лёг спать.
I undressed and went to bed.

3.4g СНИМА́ТЬ:СНЯТЬ—(here): TO TAKE OFF AN ARTICLE OF CLOTHING СНИМА́Й+:СНИМ+

что?   Acc.

Он снял пиджа́к и пове́сил его в шкаф.
He took off his jacket and hung it in the closet.

Сними́те ту́фли!
Take off your shoes (slippers)!

The verbs одева́ть:оде́ть and раздева́ть:разде́ть mean only to dress and undress someone. When referring to putting on or taking off articles of clothing the verbs надева́ть:наде́ть and снима́ть:снять are used. These verbs are also used in referring to putting on and taking off eyeglasses or jewelry:

Надева́ть:наде́ть очки́.
To put on glasses.

Снима́ть:снять очки́.
To take off glasses.

In colloquial Russian the verb одева́ть:оде́ть is frequently used with items of clothing instead of the verb надева́ть:наде́ть. Students should avoid this type of usage, since it is not considered good Russian by educated speakers of Russian.

Note: Быть оде́тым во что? (В+Acc.) — to be dressed in.

ORAL DRILL

1. Он наде́л очки́.
   Он снял очки́.

   Она́ сняла́ шля́пу.
   Она́ наде́ла шля́пу.

Он надева́ет очки́.
Он снима́ет очки́.

Она́ наде́нет шля́пу.
Она́ сни́мет шля́пу.

Сними́ очки́!
Наде́нь очки́!

Он наде́л руба́шку.
Она́ наде́ла руба́шку.
Сними́ пальто́!
Он надева́ет боти́нки.
Наде́нь плащ!
Я наде́ну ма́йку.
Она́ сняла́ очки́.
Наде́ньте ша́пку!
Он сни́мет боти́нки.
Сними́те кольцо́.
Наде́ньте перча́тки.
Она́ наде́ла перча́тки.
Мы наде́нем пальто́.
Он наде́нет пиджа́к.

2. Я ещё не гото́в.
Я приду́, как то́лько оде́нусь.

Шу́рик ещё не гото́в.
Шу́рик придёт, как то́лько оде́нется.

Я ещё не гото́в.
Шу́рик ещё не гото́в.
Мы ещё не гото́вы.
Жена́ ещё не гото́ва.
Ребя́та ещё не гото́вы.
Мы все ещё не гото́вы.
Она́ ещё не гото́ва.
Ма́ма ещё не гото́ва.
Па́па ещё не гото́в.

TRANSLATION DRILL

1. It's cold today. What should I wear?
2. I don't have anything to wear.
3. She changed into a black dress.
4. I don't like that suit. Put something else on.
5. Please remove your hat!
6. The doctor told the patient to take off his clothes.
7. I'm glad to see you. Take off your things (i.e., coat, hat, boots, etc.).
8. He always takes a long time getting dressed.
9. She spent two hours getting dressed.
10. I thought I put my watch on.
11. I shouldn't have taken off my coat. Now I'm cold.
12. Her little boy was dressed in a white suit.
13. The mother dressed the child. The mother undressed the child.

14. She got dressed quickly.
15. I got undressed and went to bed.
16. Have you already put on your shoes? Take them off!
17. Put on your raincoat! Don't take it off!
18. Get dressed, it's late!
19. What was she dressed like?
20. Dress warmly today, it's cold out!
21. Why did you put on your glasses?
22. Why isn't anyone dressed yet?
23. Hurry up and get dressed!

RELATED WORDS & EXPRESSIONS

одéжда (sg.)   clothes
  одёжный
раздевáльня   cloakroom
раздевáлка   cloakroom
девáть:деть   to put, stick

снимáть/ся:снять/ся = фотографúровать/ся
  фóто
  фотогрáфия
  фотокáрточка; снúмок
  фотóграф   photographer
  фотогенúчный   photogenic

одевáть:одéть   to dress:

    кýкол   dolls
    ребёнка в красúвое плáтье   a child in a beautiful dress
    больнóго в чúстое бельё   a patient in clean linen

раздевáть:раздéть   to undress:

    больнóго   a sick person
    ребёнка   a child

надевáть:надéть   to put on:

    одéжду, обýвь, перчáтки, кольцó, рюкзáк, очкú
      clothing, shoes, gloves, a ring, a backpack, glasses
    пальтó на ребёнка   a coat on a child
    чехóл на чемодáн   a cover over a suitcase
    кольцó на пáлец   a ring on a finger
    напёрсток на пáлец   a thimble on your finger

3.5a ПЕРЕВОДИ́ТЬ:ПЕРЕВЕСТИ́—(here): TO TRANSLATE
ПЕРЕВОДИ́+:ПЕРЕВЁД+

что?   Acc.

> Он хорошо́ перево́дит.
> He translates well.

> Переведи́те э́ти предложе́ния!
> Translate these sentences!

что+на како́й язы́к?   Acc.+HA+Acc.

> Переведи́те э́ти предложе́ния на англи́йский!
> Translate these sentences into English!

что+с како́го языка́ на како́й язы́к?
Acc.+C+Gen.+HA+Acc.

> Я уже́ перевёл э́ти предложе́ния с ру́сского (языка́) на кита́йский (язы́к).
> I've already translated these sentences from Russian into Chinese.

NOTES:

1. The same type of government as above is used after the participle переведён, -а́, -о́, -ы́ and after the noun перево́д:

> Э́та кни́га была́ переведена́ с ру́сского на англи́йский уже́ давно́.
> This book was translated from Russian into English a long time ago.

> Я чита́л перево́д с кита́йского.
> I read a translation from the Chinese.

> an English translation = перево́д на англи́йский
> a Russian translation =перево́д на ру́сский

> Мы все чита́ли перево́ды на англи́йский язы́к.
> We all read English translations.

2. Note how the English direct object in "I speak (write) Russian" is expressed in Russian:

> Я говорю́ /пишу́/ по-ру́сски. Or:
> Я говорю́ /пишу́/ на ру́сском языке́.

In questions, however, or after numerals, only the second type of construction (НА+prep.) is used:

На како́м языке́ он говори́л?
What language was he speaking?

Он хорошо́ говори́т на трёх языка́х.
He speaks three languages well.

На како́м языке́ вы говори́те до́ма?
What do you speak at home?

На ско́льких языка́х писа́л Набо́ков?
How many languages did Nabokov write in?

After the verb **знать** the accusative case is used. The noun **язы́к** must always be used after the adjective naming the language:

Он хорошо́ зна́ет ру́сский язы́к.
He knows Russian well.

ORAL DRILLS

1. Э́та кни́га была́ напи́сана на ру́сском языке́.
   А сейча́с она́ переведена́ на англи́йский.

   Э́тот расска́з был напи́сан на ру́сском языке́.
   А сейча́с он переведён на **англи́йский**.

   Э́та кни́га была́ напи́сана на ру́сском языке́.
   Э́тот расска́з был напи́сан на ру́сском языке́.
   Э́та по́весть была́ напи́сана на ру́сском языке́.
   Э́то иссле́дование бы́ло напи́сано на ру́сском языке́.
   Его́ диссерта́ция была́ напи́сана на ру́сском языке́.
   Э́тот рома́н был напи́сан на ру́сском языке́.
   Э́ти иссле́дования бы́ли напи́саны на ру́сском языке́.
   Э́та рабо́та была́ напи́сана на ру́сском языке́.
   Э́та пье́са была́ напи́сана на ру́сском языке́.
   Расска́зы Че́хова бы́ли напи́саны на ру́сском языке́.
   Э́то посо́бие бы́ло напи́сано на ру́сском языке́.

2. Э́ти предложе́ния напи́саны на ру́сском языке́.
   Переведи́те э́ти предложе́ния с ру́сского языка́ на англи́йский!

   Э́ти предложе́ния напи́саны на кита́йском языке́.
   Переведи́те э́ти предложе́ния с кита́йского языка́ на англи́йский!

   Э́ти предложе́ния напи́саны на ру́сском языке́.
   Э́ти предложе́ния напи́саны на кита́йском языке́.
   Э́ти предложе́ния напи́саны на францу́зском языке́.
   Э́ти предложе́ния напи́саны на япо́нском языке́.
   Э́ти предложе́ния напи́саны на неме́цком языке́.
   Э́ти предложе́ния напи́саны на испа́нском языке́.
   Э́ти предложе́ния напи́саны на шве́дском языке́.

Эти предложе́ния напи́саны на италья́нском языке́.
Эти предложе́ния напи́саны на че́шском языке́.
Эти предложе́ния напи́саны на слова́цком языке́.
Эти предложе́ния напи́саны на се́рбском языке́.
Эти предложе́ния напи́саны на хорва́тском языке́.
Эти предложе́ния напи́саны на слове́нском языке́.
Эти предложе́ния напи́саны на македо́нском языке́.
Эти предложе́ния напи́саны на португа́льском языке́.

3. Мой брат владе́ет двумя́ языка́ми.
   Мой брат свобо́дно говори́т на двух языка́х.

   Мой брат владе́ет четырьмя́ языка́ми.
   Мой брат свобо́дно говори́т на четырёх языка́х.

   Мой брат владе́ет двумя́ языка́ми.
   Мой брат владе́ет четырьмя́ языка́ми.
   Мой брат владе́ет тремя́ языка́ми.
   Мой брат владе́ет шестью́ языка́ми.
   Мой брат владе́ет восьмью́/восемью́ языка́ми.
   Мой брат владе́ет пятью́ языка́ми.
   Мой брат владе́ет девятью́ языка́ми.
   Мой брат владе́ет то́лько одни́м языко́м.

TRANSLATION DRILL

1. Translate these sentences from English into Russian!
2. Does he know how to translate well?
3. Read these sentences, but don't translate them!
4. How many languages do you speak freely?
5. I know three languages, but I can't speak a single one correctly.
6. Dostoevsky's novels have been translated into almost all the languages of the world, but Boborykin's novels haven't been translated into any languages.
7. Do you know who translated Zamyatin's novel *We* into English? In what language was this novel originally published?
8. What languages did Pasternak translate from? What are his most famous translations?
9. How many languages have Tolstoy's novels been translated into?
10. Do you really think you can translate this poetry into Russian?
11. I really didn't expect him to be able to translate these expressions from Chinese into Russian.
12. No one can translate from Russian like you.
13. No one can translate into Russian like you.

RELATED WORDS & EXPRESSIONS

перево́дчик   translator
перево́дчица   translator (f.)
  гид-перево́дчик   guide (translator)
перево́д   translation
  переводно́й
  переводна́я бума́га = копирова́льная бума́га

3.6a   ПРОСЍТЬ:ПОПРОСЍТЬ — TO REQUEST, TO ASK, TO BEG
ПРОСЍ+

кого?   Асс.

> Я вас о́чень прошу́!
> I entreat (beg) you!

кого́+инф.   Асс.+ inf.

> Я вас о́чень прошу́ не кури́ть здесь.
> I beg you not to (Please don't) smoke here.

что? (у кого?)   Асс. (+У+Gen.)

For concrete nouns and definite things:

> Он попроси́л у меня́ пять рубле́й.
> He asked me for five rubles.

чего́? (у кого́?)

For abstract nouns and indefinite amounts of something.

> Ора́тор про́сит на́шего внима́ния.
> The speaker is asking for our attention.

> Тогда́ попроси́те де́нег у кого́-нибудь друго́го.
> Then ask someone else for money.

3.6b   ТРЕ́БОВАТЬ:ПОТРЕ́БОВАТЬ — TO DEMAND, REQUIRE
ТРЕ́Б-ОВА+

The verb тре́бовать:потре́бовать is used with the same type of government as the verb проси́ть. Explain the use of the accusative and genitive cases in the following sentences.

> Администра́тор тре́бовал добросо́вестного отноше́ния к рабо́те.
> The administrator demanded a conscientious attitude toward our work.

В университете вахтёры часто требуют у студентов пропуска.
In the university, custodians (women at the door) often ask students
for their IDs (passes).

В автобусах контролёры часто требуют у пассажиров билеты.
In busses, ticket checkers often ask passengers for their tickets.

Требуется (требуются) + a list of things wanted is the way Russians often
make signs or small advertisements. Signs such as this are often put into
store windows when help is wanted.

Требуются официантки.
Waitresses wanted.

ORAL DRILLS

1. Мы не хотим, чтобы они знали об этом.
   Мы вас очень просим не говорить об этом.

   Мы не хотим, чтобы Борис знал об этом.
   Мы вас очень просим не говорить Борису об этом.

   Мы не хотим, чтобы они знали об этом.
   Мы не хотим, чтобы Борис знал об этом.
   Мы не хотим, чтобы наши хозяева знали об этом.
   Мы не хотим, чтобы его гости знали об этом.
   Мы не хотим, чтобы их родители знали об этом.
   Мы не хотим, чтобы наши ребята знали об этом.
   Мы не хотим, чтобы наши дети знали об этом.
   Мы не хотим, чтобы Соколовы знали об этом.
   Мы не хотим, чтобы Мэри узнала об этом.
   Мы не хотим, чтобы эти парни знали об этом.
   Мы не хотим, чтобы Любовь Ивановна знала об этом.

2. Его дядя богатый.
   Давай попросим денег у его дяди.

   Твой дедушка богатый.
   Давай попросим денег у твоего дедушки.

   Его дядя богатый.
   Твой дедушка богатый.
   Её тётя богатая.
   Твой папа богатый.
   Твои родители богатые.
   Их бабушка богатая.
   Твои родственники богатые.
   Мой дядя Коля богатый.
   Твоя тётя Ира богатая.
   Они все богатые.
   Каждый из них богатый.

3. Моя́ тётя мне ку́пит э́ту кни́гу.
   Я попрошу́ тётю купи́ть мне э́ту кни́гу.

   Его́ дя́дя ему́ ку́пит э́ту кни́гу.
   Он попро́сит дя́дю купи́ть ему́ э́ту кни́гу.

   Моя́ тётя мне ку́пит э́ту кни́гу.
   Его́ дя́дя ему́ ку́пит э́ту кни́гу.
   Её ба́бушка ей ку́пит э́ту кни́гу.
   На́ша ма́ма нам ку́пит э́ту кни́гу.
   Их тётя и дя́дя им ку́пят э́ту кни́гу.
   Моя́ ба́бушка и де́душка мне ку́пят э́ту кни́гу.
   Мои́ друзья́ мне ку́пят э́ту кни́гу.
   Его́ жена́ ему́ ку́пит э́ту кни́гу.

4. Я то́лько хочу́ попроси́ть вас об одно́м.
   У меня́ к вам больша́я про́сьба.

   Они́ то́лько хотя́т попроси́ть нас об одно́м.
   У них к нам больша́я про́сьба.

   Я то́лько хочу́ попроси́ть вас об одно́м.
   Они́ то́лько хотя́т попроси́ть нас об одно́м.
   Мы то́лько хоти́м попроси́ть их об одно́м.
   Она́ то́лько хо́чет попроси́ть его́ об одно́м.
   Он то́лько хо́чет попроси́ть её об одно́м.
   Он то́лько хо́чет попроси́ть ка́ждого из нас об одно́м.
   Я то́лько хочу́ попроси́ть тебя́ об одно́м.
   Я то́лько хочу́ попроси́ть вас об одно́м.
   Она́ то́лько хо́чет попроси́ть тебя́ об одно́м.

TRANSLATION DRILL

1. Don't ever ask anyone for anything!
2. He asked all his friends for help.
3. There's no one we can ask for help.
4. No one ever asks me for help.
5. If you don't like the service, demand the complaint book.
6. I'd like (ask for) your attention please.
7. He kept calling and demanding to speak to his wife.
8. Don't ask me for any favors!
9. I ask your forgiveness (i.e., I'm sorry).
10. Ask Vanya's brother for that book.
11. Who should we ask for advice?
12. Such work requires (a) great (deal of) effort from everyone.
13. Ask them for permission!
14. The checker asked the passenger for his ticket.
15. I demand an answer from you!

RELATED WORDS & EXPRESSIONS

про́сьба   request, favor
проше́ние   application, petition

пода́ть проше́ние to submit an application
проси́ться:попроси́ться   to ask for; to want to go (out)
напра́шиваться:напроси́ться   to force yourself upon someone, get yourself invited
попроша́йка beggar, one who always asks for something
тре́бование demand
 до востре́бования general delivery

проси́ть to ask:

> отца́ о проще́нии your father for forgiveness
> това́рища о по́мощи a friend for help
> проще́ния у отца́ your father for forgiveness
> госте́й к столу́ your guests to come to the table
> сло́ва for the floor (in order to speak)

3.7a   ПРОЩА́ТЬ:ПРОСТИ́ТЬ—TO PARDON, TO FORGIVE
ПРОЩА́Й+:ПРОСТИ́

кого́   Acc.

> Прости́те меня́, я не наро́чно.
> Pardon me, it was an accident.

кого́ за что?   Acc. +ЗА+ Acc.

> Прости́те меня́ за до́лгое молча́ние.
> Forgive me for not writing for so long.

что кому́?   Acc. +Dat.

> Мы проща́ем тебе́ всё.
> We forgive you everything.

3.7b   ПРОЩА́ТЬСЯ—TO BE FORGIVEN, PARDONED

> Таки́е грехи́ не проща́ются.
> Such sins are not forgiven.

3.7c ПРОЩА́ТЬСЯ:ПРОСТИ́ТЬСЯ/ПОПРОЩА́ТЬСЯ
TO SAY FAREWELL TO, TO SAY GOODBYE

Они́ прости́лись/попроща́лись/ и разошли́сь.
They said farewell and parted.

с кем-чем?   C+Inst.

Он прости́лся со свое́й мечто́й.
He said farewell to his dream.

ORAL DRILLS

1. Он на вас не зли́тся.
   Он вам всё прости́т.

   Я на вас не злю́сь.
   Я вам всё прощу́.

   Он на вас не зли́тся.
   Я на вас не злю́сь.
   Мы на вас не зли́мся.
   Бори́с и Ни́на на вас не зля́тся.
   Па́па на тебя́ не зли́тся.
   Я на вас не злю́сь.
   Она́ на вас не зли́тся.

2. Я до́лжен сказа́ть им, что уезжа́ю.
   Я иду́ проща́ться с ни́ми.

   Мы должны́ сказа́ть Ива́ну, что уезжа́ем.
   Мы идём проща́ться с Ива́ном.

   Я до́лжен сказа́ть им, что уезжа́ю.
   Мы должны́ сказа́ть Любо́ви Петро́вне, что уезжа́ем.
   Мы должны́ сказа́ть Ю́рию, что уезжа́ем.
   Он до́лжен сказа́ть всем, что уезжа́ет.
   Мы должны́ сказа́ть И́горю, что уезжа́ем.
   Я до́лжен сказа́ть Соколо́вым, что уезжа́ю.
   Мы должны́ сказа́ть нашим друзья́м, что уезжа́ем.
   Они́ должны́ сказа́ть студе́нтам, что уезжа́ют.

TRANSLATION DRILL

1. "Who did you say goodbye to before your departure?" "No one."
2. I forgive you everything.
3. I can't forgive you for this.
4. We didn't say goodbye to anyone, and no one said goodbye to us.

5. He said goodbye to: a) everyone, b) all his friends and acquaintances.
6. He doesn't forgive anyone (for) anything.
7. Parents always forgive their children (for) everything.
8. I won't forgive them for such rudeness (хáмство).

RELATED WORDS & EXPRESSIONS

прощéние   forgiveness, pardon
  прощу́ прощéния   I beg your pardon, I'm sorry
прости́тельный   pardonable, justifiable
  непрости́тельный   unpardonable
прощáние   parting, leave-taking
  прощáльный   farewell, parting, valedictory
  прощáй; прощáйте   goodbye

3.8a   СПРÁШИВАТЬ:СПРОСИ́ТЬ—TO ASK A QUESTION, TO ASK
СПРÁШИВАЙ+:СПРОСИ́+

кого?   Acc.

Спроси́те егó!
Ask him!

or:
у когó?   У+Gen.

Спроси́те у негó!
Ask him!

(у) когó о ком-чём?   (У+Gen.) or Acc.+О+Prep.

Спроси́те (у негó) его о Бори́се.
Ask him about Boris.

что у когó? or когó + чтó (if used with an object clause)   Acc.+У+Gen.

Спроси́те его (у негó), когдá придёт пóезд.
Ask him when the train will come.

3.8b   ЗАДАВА́ТЬ:ЗАДА́ТЬ ВОПРО́С—TO ASK (SOMEONE) A QUESTION

Он задаёт сли́шком мно́го вопро́сов.
He asks too many questions.

кому́?

Вы мне за́дали о́чень тру́дный вопро́с.
You've asked me a very difficult question.

Note that the expression **спра́шивать:спроси́ть вопро́с** does not exist in Russian. It is, however, a very common Anglicism among Russians who live in the United States.

Note the additional meanings of the verb **спра́шивать:спроси́ть:**

1) кого́?   Acc.

2) чего́ or что у кого́?   Gen. or Acc. +У+Gen.

Кто меня́ спра́шивает?
Who is asking for me?

Спроси́те разреше́ния у него́!
Ask him for permission!

Genitive case for an abstract object.
Accusative case for a concrete or definite object.

ORAL DRILLS

1. Ири́на, ка́жется, была́ там.
   Спроси́ Ири́ну, была́ ли она́ там.

   Серге́й, ка́жется, ви́дел э́тот фильм.
   Спроси́ Серге́я, ви́дел ли он э́тот фильм.

   Ири́на, ка́жется, была́ там.
   Серге́й, ка́жется, ви́дел э́тот фильм.
   Ири́на, ка́жется, е́дет в Со́чи.
   Серге́й, ка́жется, чита́л э́ту кни́гу.
   Ири́на, ка́жется, доста́ла биле́ты на ве́чер поэ́зии.
   Йгорь, ка́жется, гото́вит у́жин.
   Ребя́та, ка́жется, се́рдятся на меня́.
   Э́ти па́рни, ка́жется, е́дут за грани́цу.

2. Я не отве́чу на ваш вопро́с.
   Вы мне за́дали о́чень тру́дный вопро́с.

   Мы не отве́тим на её вопро́с.
   Она́ нам задала́ о́чень тру́дный вопро́с.

   Я не отве́чу на ваш вопро́с.
   Мы не отве́тим на её вопро́с.
   Они́ не отве́тят на его́ вопро́с.
   Вы не отве́тите на её вопро́с.
   Мы не отве́тим на ваш вопро́с.
   Ты не отве́тишь на её вопро́с.
   Ты не отве́тишь на мой вопро́с.
   Я не отве́чу на их вопро́с.
   Он не отве́тит на ваш вопро́с.

3. Он спра́шивал меня́ об э́том без конца́.
   Он мне задава́л ма́ссу вопро́сов об э́том.

   Они́ спра́шивали Бори́са об э́том без конца́.
   Они́ Бори́су задава́ли ма́ссу вопро́сов об э́том.

   Он спра́шивал меня́ об э́том без конца́.
   Они́ спра́шивали Бори́са об э́том без конца́.
   Я их спра́шивал об э́том без конца́.
   Мы спра́шивали Мари́ю об э́том без конца́.
   Они́ спра́шивали Дми́трия об э́том без конца́.
   Он спра́шивал наших друзе́й об э́том без конца́.
   Мы спра́шивали их студе́нтов об э́том без конца́.

TRANSLATION DRILL

1. What kind of questions does your teacher ask?
2. Don't ask me any hard questions.
3. They asked me about: a) a lot of things; b) a couple of things; c) everyone; d) everything; e) every one of you; f) all my friends and acquaintances.
4. They didn't ask anyone about anything.
5. I would like to ask you just one question.
6. They didn't ask me about anyone or anything.
7. I have nothing to ask. It's all clear.
8. Ask him if he's: a) coming; b) going; c) leaving.
9. Are you the one who was asking for me?
10. Don't ask them too many questions!
11. I just wanted to ask about one thing.
12. Ask him when he's coming.
13. Ask them if they're going to the movies tonight.
14. What else would you like to (do you want to) ask me.
15. They asked each other a lot of questions.

RELATED WORDS & EXPRESSIONS

спрос   demand
вопроси́тельный   interrogative
   вопроси́тельный знак   question mark

ста́вить:поста́вить вопро́с   to pose a question
поднима́ть:подня́ть вопро́с   to raise a question
ста́вить:поста́вить под вопро́с   to call in question
быть под вопро́сом   to be in question
изуча́ть:изучи́ть вопро́с   to study a question

допра́шивать:допроси́ть   to interrogate
  допро́с   interrogation
опра́шивать:опроси́ть   to poll, survey
  опро́с   poll, survey

спра́шивать:спроси́ть   to ask:

    кни́гу у това́рища   a friend for a book (coll.)
    ча́шку ча́я в столо́вой   for a cup of tea in the dining room
    у учи́теля разреше́ния войти́ в кла́сс   a teacher for permission to enter a class

3.9a   СЕРДИ́ТЬ:РАССЕРДИ́ТЬ — TO ANGER SOMEONE, TO MAKE MAD
СЕРДИ́+

кого́?   Acc.

  Мой прие́зд рассерди́л его́.
  My arrival made him mad.

кого́ чем?   Acc.+Inst.

  Он рассерди́л меня́ свои́м упря́мством.
  He made me angry with his stubbornness.

3.9b   СЕРДИ́ТСЯ:РАССЕРДИ́ТЬСЯ — TO BE ANGRY; TO GET ANGRY

  Не серди́тесь—всё бу́дет хорошо́.
  Don't be angry; everything will be all right.

на кого́-что?   На+Acc.

  На Ва́ню я ника́к не могу́ серди́ться.
  I just can't get angry with Vanya.

за что?   ЗА+Acc.

Я рассерди́лся на него́ за глу́пую шу́тку.
I got angry at him because of a stupid joke.

3.9c   ЗЛИ́ТЬ/СЯ:ОБОЗЛИ́ТЬ/СЯ и РАЗОЗЛИ́ТЬ/СЯ
ЗЛИ+

The verb **зли́ть/ся:обозли́ть/ся и разозли́ть/ся** — to be very angry, irritated, vexed, annoyed, is used in the same way as the verb **серди́ть/ся:рассерди́ть/ся.**

The short-adjective forms **серди́т** and **зол (зла)** +НА +Acc. are used to indicate anger at someone or something:

Он серди́т на меня́.
He's angry with me.

Он зол на всех.
He's (really) mad at everyone.

ORAL DRILL

1. Игорь рассерди́л отца́.
   Оте́ц се́рдится на Игоря.

   Са́ша рассерди́л ма́му.
   Ма́ма се́рдится на Са́шу.

   Игорь рассерди́л отца́.
   Са́ша рассерди́л ма́му.
   Мы рассерди́ли па́пу.
   Они́ рассерди́ли профе́ссора.
   Профе́ссор рассерди́л студе́нтов.
   Пётр рассерди́л на́ших друзе́й.
   Они́ все рассерди́ли нас.
   Ты рассерди́л меня́.

TRANSLATION DRILL

1. Are you angry with me?
2. Don't be angry!
3. Don't get angry!
4. What did he get so angry at us for?
5. Don't bother him right now! He's really mad at everyone.
6. You shouldn't have gotten angry at her. You should pity her.

7. There's nothing to be angry about. Calm down!
8. Why are they so angry with each other?
9. I'm not angry at anyone.
10. I never get angry at anyone.

RELATED WORDS & EXPRESSIONS

серди́тость   anger
се́рдце   heart
  серде́чный   hearty
зло́ба   malice, spite, anger
  зло́ба дня   current events
  злободне́вный   current, topical
зло   evil
злость   malice, spite, wrath
  зло (злость) берёт   It's vexing, annoying
  ме́ньшее из двух зол   the lesser of two evils
злой   evil, bad, wicked, malicious
  зла́я соба́ка   a vicious dog
злоде́й, злоде́йка   villain, villainess
злока́чественный   malignant
злоупотребля́ть:злоупотреби́ть+ Inst.   to misuse, to abuse

серди́ться:рассерди́ться   to be mad:

     на оши́бки   at mistakes
     на упря́мство   at stubbornness
     друг на дру́га   at each other
     на друзе́й   at friends
     на това́рища за оши́бки (опозда́ние)   at a friend for his mistakes (lateness)

3.10a   СТАНОВИ́ТЬСЯ:СТАТЬ
(ВСТАВА́ТЬ:ВСТАТЬ — Colloquial and very frequent)
TO ASSUME A STANDING POSITION, TO CHANGE POSITION
СТАНОВИ́+СЯ:СТА́Н+

куда́?   Acc.

    Ста́ньте сюда́!
    Move over here!
    Stand here!

    Стань побли́же!
    Stand closer, move closer!

    Стань в у́гол!
    Get into the corner!

Он стал на цы́почки.
He got on his tiptoes.

в о́чередь за чем? ЗА + Inst.
To get into line for

> Я ста́ну (вста́ну) вот в э́ту о́чередь за молоко́м, а ты стань (встань) в ту за хле́бом.
> I'll get into this line for milk, and you get into that one for bread.

NOTE:

a) Часы́ ста́ли. (pfv. only)
Часы́ стоя́т.
The watch has stopped.
The watch is not running.

Маши́на ста́ла. (pfv. only).
Маши́на стои́т.
The car has stopped.
The car is waiting.

b) стоя́ть в о́череди за чем? — to be in line for something
c) станови́ться:стать кем-чем? — to become

Он стал хоро́шим учи́телем.
He became (has become) a good teacher.

Ста́ло темно́.
It got dark.

Како́й он стал большо́й!
How big he's gotten!
(Note that predicate adjectives after this verb are in the Nom.)

d) The verb **стать** (no imperfective) is frequently used in the past and future tenses with imperfective infinitives and means "to start, to begin." It is often synonymous to the verb **нача́ть**:

Он стал расска́зывать обо всём.
He began to tell about everything.

NOTE: The verb **стать** is not always synonymous to **нача́ть**.
After a negative particle the past tense of **стать** indicates the rejection of an intended or expected action:

Я ви́дел, что он расстро́ен, и не стал его́ спра́шивать.
I saw he was upset, and didn't ask him (as I had intended).

Я ви́дела: оте́ц стоя́л и пла́кал, и я не ста́ла подходи́ть к нему́.
I saw my father standing and crying and I didn't walk over to him (as I was about to).

Also with the future tense:

Я не ста́ну говори́ть об э́том.
I'm not going to talk about that (as you expected, thought, etc.).

The non-negated future of **стать** (ста́ну, ста́нешь) is often an equivalent of the imperfective future (бу́ду, бу́дешь+impfv. inf.):

Éсли ты ду́маешь, что я ста́ну рабо́тать убо́рщиком, ты глубоко́ ошиба́ешься.
If you think I'm going to work as a janitor, you're deeply mistaken.

ORAL DRILLS

1. Я не хочу́ говори́ть об э́том.
   Я не ста́ну говори́ть об э́том.

   Бори́с не хо́чет говори́ть об э́том.
   Бори́с не ста́нет говори́ть об э́том.

   Она́ не хо́чет говори́ть об э́том.
   Они́ не хотя́т говори́ть об э́том.
   Вы не хоти́те говори́ть об э́том.
   Бори́с и Ни́на не хотя́т говори́ть об э́том.
   Мы не хоти́м говори́ть об э́том.
   Ты не хо́чешь говори́ть об э́том.
   Моя́ мать не хо́чет говори́ть об э́том.

2. Вот продаю́т селёдку.
   Стань в о́чередь за селёдкой.

   Вот продаю́т пирожки́.
   Стань в о́чередь за пирожка́ми.

   Вот продаю́т: огурцы́, пече́нье, зубну́ю па́сту, моро́женое, лимо́ны, апельси́ны, апельси́новый сок, карто́фель, анана́сы, лимона́д, бана́ны, сли́вы, пе́рсики, абрико́сы.

TRANSLATION DRILL

1. "What line did he get into?" "The wrong one."
2. He got into the wrong line again.
3. He got in line for potatoes.
4. She told her son to get into the corner.
5. She stood on her head. He'll get down on his knees.
6. Can you walk on your hands?
7. What is this line for?

8. What would you like to be when you finish school?
9. Get in the corner!
10. He got up and stood: a) next to the window, b) next to the door, c) next to his sister.
11. Do you know how to stand on your head?

RELATED WORDS & EXPRESSIONS

стан figure, torso
становле́ние coming-to-be, establishment
стать (f.) figure, build
ста́ться to happen, become
   что с ним ста́лось? What became of him?
С како́й ста́ти? (coll.) Why? What for?
стоя́нка parking lot, stopping space
сто́йка counter, bar
сто́йкий firm, stable
   сто́йкость firmness, stability
недостава́ть:недоста́ть to be missing, lacking
   недоста́ток shortcoming, deficiency
   недоста́точный insufficient
   Э́того ещё недостава́ло That's the last straw.

3.11a   ХОТЕ́ТЬ:ЗАХОТЕ́ТЬ — TO WAIT

хочу́
хо́чешь
хо́чет
хоти́м
хоти́те
хотя́т

чего́? For abstract nouns or indefinite amounts:
Gen.

   Хоти́те ча́ю (ча́я)?
   Would you like some tea?

   Мы все хоти́м ми́ра.
   We all want peace.

кого́-что? For concrete nouns and definite amounts:
Acc.

   Я о́чень хочу́ э́ту кни́гу.
   I really want this book.

3.11b ХОТЕ́ТЬСЯ:ЗАХОТЕ́ТЬСЯ — TO WANT, TO FEEL LIKE

кому́+Инф.   DAT.+Inf.

Мне о́чень хоте́лось спать.
I really felt like sleeping (really was sleepy).

кому́+чего́?   DAT.+Gen.

Мне захоте́лось конфе́т, шокола́ду (шокола́да).
I felt like some candy, some chocolate.

3.11c I'm thirsty   **пить хо́чется**
       I'm hungry   **есть хо́чется**
       I'm sleepy   **спать хо́чется**
       I don't feel like   **не хо́чется**+imperfective verb

ORAL DRILLS

1. Оста́вь меня́ в поко́е.
   Я про́сто хочу́ поко́я.

   Оста́вь нас в поко́е.
   Мы про́сто хоти́м поко́я.

   (меня́, нас, его́, их, ее, ка́ждого из нас)

2. Дава́й пойдём в кино́.
   А мне не хо́чется идти́ в кино́.

   Дава́й сыгра́ем в ша́хматы.
   А мне не хо́чется игра́ть в ша́хматы.

   Дава́й пойдём в кино́.
        сыгра́ем в ша́хматы.
        посмо́трим телеви́зор.
        спро́сим его́ отца́ об э́том.
        наде́нем пальто́.
        попро́сим их.
        ля́жем спать.
        извини́мся пе́ред ней.
        поло́жим э́ти де́ньги в банк.
        вста́нем ра́но.
        ска́жем ему́ об э́том.
        помо́ем посу́ду.
        вы́пишем э́ту кни́гу.
        возьмём дете́й с собо́й.

TRANSLATION DRILL

1. I only want peace and quiet.
2. Her daughter wanted a dog.
3. I want some milk.
4. She's always at Ivan's (house). I wonder what she wants from him.
5. Don't bother me! What do you want from me?
6. I'll do as I please.
7. Do as you please.
8. I really don't feel like apologizing to them.
9. I don't feel like studying tonight.
10. What do you want, borsch or schi?
11. Would you like some borsch or schi?

RELATED WORDS & EXPRESSIONS

охóта   desire, wish
хотéние   desire, wish
охóтно   willingly
Как хотúте   as you wish
Хóчешь не хóчешь   Whether you want it or not.

хотéть:захотéть   to want:

> **хлéба**   some bread
> **чáю**   some tea
> **счáстья**   happiness
> **мúра**   peace
> **пирогá**   some pirog, a piece of pirog (pie)
> **варéнья**   some preserves
> **внимáния**   attention
> **свобóды**   freedom

SECTION 3   REVIEW TRANSLATIONS

1. I'm worried/concerned about my brother. He's abroad for the first time.
2. The news about his arrival perturbed me (made me feel uneasy).
3. I'm really uneasy about his health. He's not a well person, you know.
4. I should apologize to you for such behavior, but I simply can't.
5. In my lecture I shall touch upon several important topics (тема).
6. This decision concerns (affects) each of you.
7. Have you already dressed the children?
8. Hurry up and get dressed! We are the only ones left.
9. You don't need to put on a coat; it's warm out.
10. If you're cold here, put on a sweater.
11. Before the doctor examines you, you must get undressed.
12. A room where people take off their coats is sometimes called a cloakroom (раздевалка).
13. I shouldn't have taken off my jacket. I'm cold now.
14. Who has translated *Eugene Onegin* into English? Whose translation is the best?
15. Was the letter written in French or in Spanish?
16. What language do your parents speak? What language do you answer them in?
17. I'll ask the professor for permission to leave an hour earlier.

18. Who else did he ask for money?
19. I asked him for today's paper.
20. That professor requires a lot from his students.
21. I demand an explanation!
22. Such work requires patience.
23. A policeman stopped us and demanded our papers.
24. If she comes back we'll forgive her everything.
25. She said farewell to him for a long time.
26. Ask him what time is it.
27. What else did he ask?
28. Does he always ask such stupid questions?
29. Which line is for eggs?
30. What line is she standing in?
31. My watch has stopped again.
32. His dream is to become a pilot.
33. How fat you've gotten!
34. Whenever I'm thirsty, I drink juice.
35. All of a sudden we felt like eating.
36. Would you like tea or coffee?
37. I want some hot tea.
38. Would you like a glass of hot tea?

Section 4

4.1 боро́ться:поборо́ться
     борьба́ за что
     борьба́ про́тив чего́
     дра́ться:подра́ться
     сража́ться:срази́ться

4.2 ве́рить:пове́рить
     доверя́ть:дове́рить
     уверя́ть:уве́рить
     быть уве́ренным

4.3 ве́шать:пове́сить
     висе́ть
     зави́сеть

4.4 ве́сить
     взве́шивать/ся:взве́сить/ся

4.5 избега́ть:избежа́ть

4.6 обижа́ть/ся:оби́деть/ся

4.7 обраща́ться:обрати́ться
     обраща́ть:обрати́ть
     превраща́ть/ся:преврати́ть/ся
     повора́чивать/ся:поверну́ть/ся

4.8 относи́ться:отнести́сь
     отноше́ние к чему́

4.9 привыка́ть:привы́кнуть
     отвыка́ть:отвы́кнуть

4.10 рабо́тать:порабо́тать
     рабо́та над чем

4.11 руководи́ть

4.12 соглаша́ться:согласи́ться
     быть согла́сным

4.13 увлека́ться:увле́чься

Review Translations

4.1a БОРО́ТЬСЯ:ПОБОРО́ТЬСЯ
TO FIGHT, STRUGGLE, CONTEND, WRESTLE
БОРО́+СЯ

Ма́льчики мо́лча боро́лись.
The boys wrestled (struggled) silently.

с кем-чем?   C+Inst.

Ча́сто прихо́дится боро́ться с бюрократи́змом.
It's often necessary to struggle with bureaucratism.

про́тив кого́-чего́?   ПРО́ТИВ+Gen.

Все мы бо́ремся про́тив войн.
All of us are fighting against wars.

за кого́-что?   ЗА+Acc.

Все бо́рются за мир.
Everyone is fighting for peace.

борьба́ за что?   fight (struggle) for something.
борьба́ про́тив чего́?   fight (struggle) against something.

4.1b   The verb дра́ться:подра́ться (с кем?) also means to fight. It often means a fist fight or the types of fights that children usually have:

Ма́льчики лю́бят дра́ться.
Little boys like to fight.

Пе́тя дерётся с Ко́лей.
Peter is fighting (scuffling) with Kolya.

4.1c.   The verb сража́ться:срази́ться (с кем-чем?; за что?) means to fight in the sense of to engage in actual battle:

Они́ до́лго сража́лись.
They fought for a long time.

Они́ сража́лись с враго́м до после́дней ка́пли кро́ви.
They fought with the enemy to the last drop of blood.

Кто написа́л "Они́ сража́лись за Ро́дину"?
Who wrote "They Fought for Their Country"?

ORAL DRILLS

1. Тебе́ про́сто ну́жно боро́ться с таки́ми предрассу́дками.
Про́тив таки́х предрассу́дков я и борю́сь!

   Тебе́ про́сто ну́жно боро́ться с таки́ми оши́бками.
Про́тив таки́х оши́бок я и борю́сь!

   (с таки́ми предрассу́дками, с таки́ми оши́бками, с таки́ми тенде́нциями, с таки́ми привы́чками, с таки́ми жела́ниями, с таки́ми предубежде́ниями, с таки́ми проблéмами, с таки́ми мы́слями, с тако́й невнима́тельностью, с таки́м равноду́шием)

2. Мы це́лый год боро́лись про́тив него́.
Мы це́лый год бо́ремся про́тив него́.

   Мои́ бра́тья це́лый год боро́лись про́тив него́.
Мои́ бра́тья це́лый год бо́рются про́тив него́.

   (я, мы, все, ка́ждый из нас, они́, вы, ты, она́)

TRANSLATION DRILL

1. Her son fights with all the children in school, but mine never fights with anyone.
2. Don't get into a fight with anyone!
3. She told (her) son not to get into a fight with anyone.
4. We're all struggling against red tape (волоки́та) and bureaucratism.
5. I've been battling these cockroaches for 6 weeks already.
6. You should fight for your convictions.
7. We, too, are fighting for peace.

RELATED WORDS & EXPRESSIONS

поборо́ть что?   to overcome (pfv. only)
дра́ка   fight, fist fight
драчу́н   bully
лезть в дра́ку   to get into a fight

боро́ться   to struggle:

   с враго́м/про́тив врага́   against the enemy
   с предрассу́дками/про́тив предрассу́дков   with prejudices
   со сно́м   with sleep
   с собо́й   with oneself
   за мир   for peace
   за свои́ убежде́ния   for your convictions

сраже́ние   battle (in a military sense)

4.2a ВÉРИТЬ:ПОВÉРИТЬ+Dat.—TO BELIEVE
В+Acc.—TO BELIEVE IN
ВÉРИ+

кому́-чему́   Dat.

> Не вéрьте емý (егó словáм)!
> Don't believe him (his words)!

в когó-что?   В+Acc.

> Мнóгие вéрят не в Бóга, а в судьбý.
> A lot of people don't believe in God, but in fate.

"I believe...," in the sense of "I think, it seems to me," is often rendered in Russian by the verb **дýмать**:

> Дýмаю, вы прáвы. (Note the accent)
> I believe you're right.

4.2b ДОВЕРЯ́ТЬ:ДОВÉРИТЬ—TO TRUST, TO ENTRUST

кому́-чему́   Dat.

> Я тóлько себé доверя́ю.
> I only trust myself.

когó-что+кому́?   Acc.+Dat.

> Я довéрил товáрищу свой пáспорт и дéньги.
> I entrusted my passport and money to a friend.

4.2c УВЕРЯ́ТЬ:УВÉРИТЬ—TO ASSURE, TRY TO CONVINCE: TO CONVINCE

когó-что?   Acc.

> Уверя́ю вас, что я прав!
> I assure you that I'm right.

кого́-что+в чём?   Acc. + Prep.

Он хоте́л уве́рить свои́х друзе́й в свое́й и́скренности.
He wanted to convince his friends of his sincerity.

уве́рен+в ком-чём?   sure (of), confident of

Я уве́рен в том, что...
I'm sure that...

ORAL DRILLS

1. Она́ им не пове́рила.
Они́ ей не пове́рили.

Он ей не пове́рил.
Она́ ему́ не пове́рила.

Мы им не пове́рили.
Он нам не пове́рил.
Она́ им не пове́рила.
Они́ нам не пове́рили.
Мы вам не пове́рили.
Вы ей не пове́рили.
Я тебе́ не пове́рил.
Я ей не пове́рил.
Я им не пове́рил.

2. Его́ брат не врёт.
Я его́ бра́ту ве́рю.

Они́ не врут.
Я им ве́рю.

(её мать, их сёстры, их бра́тья, её сыновья́, мой муж, моя́ жена́, твой дя́дя, наш Ко́ля, твой Лёня)

3. Его́ брат врёт.
Я его́ бра́ту не ве́рю.

Они́ врут.
Я им не ве́рю.

(Use the same cues as in No. 2)

4. Ты Ива́ну пове́рил?
Не верь его́ слова́м!

Вы им пове́рили?
Не ве́рьте их слова́м!

Ты Ива́ну пове́рил?
Вы им пове́рили?
Ты нам пове́рил?
Ты ему́ пове́рил?

Ты Мише поверил?
Вы Любе поверили?
Вы мне поверили?
Ты ей поверил?

5. Он честный человек.
   Ему можно доверять.

   Они честные люди.
   Им можно доверять.

   Борис честный человек.
   Ему можно доверять.

   (он, они, Борис, её мать, я, твой друг, наши соседи, мои друзья, мы, они все, его брат)

TRANSLATION DRILL

1. I don't believe my eyes!
2. You shouldn't believe everything you read in the papers.
3. Don't believe anyone or anything!
4. A lot of people believe in immortality (бессмертие), but I don't believe in anything.
5. I believed: a) all of them, b) the both of them, c) every single one of them.
6. We didn't believe: a) any of them, b) a single one of them.
7. I trust only: a) you, b) a few people, c) one person.
8. Don't trust: a) anyone, b) any of them!
9. I shouldn't have trusted them.
10. He wanted to convince everyone of his innocence.
11. I'm sure you're wrong.
12. I'm positive that he was there.
13. I'm sure of that.
14. Are you sure?
15. Believe me! I really am telling the truth.
16. I believe they're coming tonight.

RELATED WORDS & EXPRESSIONS

вера   belief
верный   true, faithful
  вернее
верность   faithfulness
веровать+в+Acc.   to believe (relig.)
вероисповедание   religion, faith
вероятный   probable
вероятность   probability
  по всей вероятности   in all likelihood
уверенность   confidence
уверяться:увериться = убеждаться:убедиться
проверять:проверить   to check, ascertain, correct
проверка   checking, testing, correcting
удостоверять:удостоверить   to certify, attest, witness

удостовере́ние   certification, certificate
удостовере́ние ли́чности   identification card

4.3a   ВЕ́ШАТЬ:ПОВЕ́СИТЬ—TO HANG (something or someone)
ВЕ́ШАЙ+:ПОВЕ́СИ+

кого́-что?   Acc.

Сейча́с мы расста́вим ме́бель, пове́сим карти́ны.
Now we'll arrange the furniture and hang the pictures.

Ни в чём неповинных люде́й ве́шали.
Completely innocent people were hanged.

куда́ и где?   Acc. and Prep.

Она́ пове́сила все пла́тья в шкаф.
She hung all her dresses in the closet.

Пове́сьте пальто́ в пере́дней.
Hang your coat in the entrance hall.

4.3b   ВИСЕ́ТЬ—TO HANG (somewhere), TO BE SUSPENDED
ВИСЕ́+

где?   Prep.

Ва́ши пальто́ вися́т в пере́дней.
Your coats are hanging in the entrance hall.

4.3c   ЗАВИ́СЕТЬ (imperfective only)—TO DEPEND ON

от кого́-чего́   ОТ+Gen.

Мой отъе́зд зави́сит от реше́ния отца́.
My departure depends on my father's decision.

Всё зави́сит от того́, что она́ ска́жет.
Everything depends on what she'll say.

Note that Russians do not use the word **зави́сит** for the English expression, "That depends."

ORAL DRILL

1.

Он наде́ется на вас.
Его́ судьба́ зави́сит от вас.

Он наде́ется на Ири́ну.
Его́ судьба́ зави́сит от Ири́ны.

Он наде́ется на вас.
Он наде́ется на Ири́ну.
Он наде́ется на меня́.
Он наде́ется на свои́х друзе́й.
Он наде́ется на ва́ше доказа́тельство.
Он наде́ется на Любо́вь Петро́вну.
Он наде́ется на твои́ слова́.
Он наде́ется на ва́шу по́мощь.
Он наде́ется на твоё сло́во.

TRANSLATION DRILL

1. What room are you going to hang that picture in?
2. Where should I hang these coats?
3. Hang your coat on that hook (крючо́к)!
4. My future depends on you.
5. I'm not dependent on anyone, and no one's dependent on me.
6. Don't depend (Use: наде́яться) on anyone!
7. Murderers aren't hanged anymore.
8. In what room are Van Gogh's paintings hanging?
9. It all depends on what you want to do.
10. There's a map of the USSR hanging on one of our classroom walls, and a map of China on the other.
11. Don't hang your coats there.
12. I'm a free man, I don't depend on anyone. He, too, doesn't depend on anyone.

RELATED WORDS & EXPRESSIONS

ве́шалка hanger, coat rack
ви́селица gallows
зави́симый dependent
  незави́симый independent
зави́симость dependence
  незави́симость independence
День незави́симости 4-ое ию́ля

вѐшаться:повѐситься
  висѐть на телефóне   to talk for a long time on the phone
  висѐть на волоскѐ   to hang by a thread
  язы́к хорошó подвѐшен (у когó)   to be a smooth talker
вѐшаться:повѐситься   to hang oneself

завѝсеть   to depend:

> **от однóго слóва**   on a single word
> **от услóвий**   on conditions
> **от погóды**   on the weather
> **от настроѐния**   on someone's mood
> **от обстоя́тельств**   on circumstances
> **от слу́чая**   on chance

4.4a   ВѐСИТЬ—TO WEIGH (intransitive)
ВѐСИ+

Do not confuse with **повѐсить** (trans.)—to hang (pfv.), **висѐть** (intrans.)—to be hanging to hang (impfv.).

скóлько?   Acc.

> Груз вѐсит тóлько одну́ тóнну.
> The load only weighs one ton.

> Я вѐшу 70 килогрáммов.
> I weigh 70 kilograms (154 lbs.)

4.4b   ВЗВѐШИВАТЬ:ВЗВѐСИТЬ—TO WEIGH (someone or something)
ВЗВѐШИВАЙ+

когó-что?   Acc.

> В я́слях детѐй взвѐшивают чуть ли не кáждый день.
> In daycare centers children are weighed almost every day.

> Взвѐсьте все "за" и "прóтив"!
> Weigh all the pros and cons!

4.4c   ВЗВÉШИВАТЬСЯ:ВЗВÉСИТЬСЯ—TO WEIGH ONESELF

Перед отъéздом я взвéсился.
I weighed myself before my departure.

The verbs свéшивать/ся and свéсить/ся are frequently heard in stores. Since they are not normally used by well-educated speakers of Russian, students should merely be aware of their existence and use the verbs that conform to the literary norm.

ORAL DRILL

1. (50) Я вéшу пятьдесят килогрáмм (килогрáммов), а он вéсит пятьдесят одúн.
   (57) Я вéшу пятьдесят семь килогрáмм, а он вéсит пятьдесят вóсемь

   (50, 54, 48, 68, 37, 62, 97, 90, 99, 82, 94, 53, 32)

2. Интерéсно, скóлько вéсит эта селёдка.
   Взвéсьте мне, пожáлуйста, эту селёдку!

   Интерéсно, скóлько вéсят эти огурцы́.
   Взвéсьте мне, пожáлуйста, эти огурцы́!

   Интерéсно, скóлько вéсит эта селёдка.
   Интерéсно, скóлько вéсят эти огурцы́.
   Интерéсно, скóлько вéсит этот кусóк мя́са.
   Интерéсно, скóлько вéсит эта моркóвь.
   Интерéсно, скóлько вéсит этот кочáн капýсты.
   Интерéсно, скóлько вéсит эта картóшка.
   Интерéсно, скóлько вéсит этот виногрáд.

TRANSLATION DRILL

1. How much do you weigh?
2. How many times a week do you weigh yourself?
3. Today I weighed myself, and to my great surprise I learned that I weigh 175 pounds.
4. Before you get on the plane you must weigh your luggage.
5. I never weigh myself.
6. I weigh 61 kilograms, and my brother weighs 65.
7. Weigh that piece of meat for me, please.

RELATED WORDS & EXPRESSIONS

вес   weight
весы́   scales
становúться:стать на весы́ = взвéшиваться:взвéситься
сбавля́ть:сбáвить вес   to lose weight

тяжеловéсный heavy, pondrous, cumbersome
тяжеловéс heavyweight
невесóмый weightless

4.5a ИЗБЕГÁТЬ:ИЗБЕЖÁТЬ и ИЗБÉГНУТЬ—TO AVOID, SHUN, EVADE
ИЗБЕГÁЙ:+IRREG.

когó-чегó?   Gen.

Онá почемý-то избегáет встрéчи со мной.
For some reason or other she's avoiding (a meeting with) me.

Избегáйте крáйности!
Avoid extremes.

+инф.   +Inf.

Лжец избегáет смотрéть в глазá.
A liar avoids looking into one's eyes.

Note the "semi-official" sounding term **во избежáние** (чегó?) which means in order to avoid something:

Во избежáние ошúбок...
In order to avoid mistakes...

ORAL DRILL

1. Он не хóчет отвечáть на нáши вопрóсы.
   Почемý он избегáет отвéта на нáши вопрóсы?

   Вáши друзья́ не хотя́т отвечáть на нáши вопрóсы.
   Почемý вáши друзья́ избегáют отвéта на нáши вопрóсы?

   (твой брат, твои́ брáтья, Пётр, твои́ сёстры, они́, вы все, ты, он, онá, они́ все)

TRANSLATION DRILL

1. Just what are you avoiding?
2. I'm avoiding his mother.
3. Are you still avoiding conversations with us?
4. Why are you avoiding an answer to my question?
5. Are you avoiding something?
6. You should avoid such mistakes in the future.
7. Don't evade the issue!

RELATED WORDS & EXPRESSIONS

неизбе́жный inevitable, unavoidable
неизбе́жность inevitability

избега́ть:избежа́ть to avoid, evade

    встреч meeting someone, meetings
    встре́чи a meeting, an encounter
    разгово́ров на э́ту те́му conversations on this topic
    неприя́тности something unpleasant, an unpleasantness
    сме́рти death
    знако́мых acquaintances
    друзе́й friends
    взгля́да a glance
    прямо́го отве́та на вопро́с a straight answer to a question
    пробле́мы a problem
    де́ла the matter at hand issue

4.6a ОБИЖА́ТЬ:ОБИ́ДЕТЬ
TO OFFEND, INSULT, HURT SOMEONE'S FEELINGS
ОБИЖА́Й+:ОБИ́ДЕ+

кого́-что?   Acc.

    Кто тебя́ оби́дел?
    Who's hurt your feelings (offended you)?

кого́-что+чем?   Acc.+Inst.

    Я его́ оби́дел свои́м замеча́нием.
    I insulted (offended) him with my remark.

4.6 ОБИЖА́ТЬСЯ:ОБИ́ДЕТЬСЯ—TO TAKE OFFENSE, GET INSULTED

    Не обижа́йтесь, но...
    Don't get insulted, but...

на кого́-что?   НА+Acc.

    Он си́льно на меня́ оби́делся.
    He became (He is) violently offended at me.

на кого́-что+за что?   НА+Acc.+ЗА+Acc.

Он оби́делся на меня́ за моё замеча́ние.
He got offended at me because of my remark.

ORAL DRILLS

1. Бори́с не хоте́л обижа́ть Та́ню.
   Но она́ всё-таки оби́делась на него́.

   Мы не хоте́ли обижа́ть Та́ню.
   Но она́ всё-таки оби́делась на нас.

   (они́, Воло́дя, я, вы, мы, твоя́ сестра́, она́, они́, Воло́дя и Ири́на)

2. Почему́ он тако́й печа́льный?
   Кто его́ оби́дел?

   Почему́ Ири́на така́я печа́льная?
   Кто её оби́дел?

   (Воло́дя, он, Ири́на, Га́ля и Ира, ты с Ни́ной, они́ все, твои́ сёстры, де́душка)

3. И́горь оби́дел Серге́я.
   Серге́й оби́делся на И́горя.

   Ва́ши профессора́ оби́дели меня́.   *ка́ждый день — обижа́ет*
   Я оби́делся на ва́ших профессоро́в.

   И́горь оби́дел Серге́я.
   Ва́ши профессора́ оби́дели меня́.
   Мы оби́дели их всех.
   Твоя́ сестра́ оби́дела нас всех.   *— Мы всех оби́делась на*
   Мы все оби́дели твою́ сестру́.
   Твои́ сёстры оби́дели меня́.
   Па́вел оби́дел Петра́.
   Все оби́дели меня́.
   Ты оби́дел его́.   *→ на тебя́*
   Кто оби́дел тебя́?
   ↳ На кого́?

4. Почему́ ты се́рдишься на него́?
   Чем он тебя́ оби́дел?

   Почему́ ты се́рдишься на неё?
   Чем она́ тебя́ оби́дела?

   (её бра́та, меня́, нас, де́душку, них, их отца́, моего́ бра́та, мою́ мать, их дочь, на́ших хозя́ев, э́тих госпо́д)

TRANSLATION DRILL

1. She gets offended very easily.
2. What did she take offense at us for?
3. He never takes offense at anyone.
4. Don't ever insult anyone!
5. I told him never to hurt anyone's feelings.
6. She offended us with her frivolous behavior.
7. Don't ever take offense at anyone!
8. They got offended at all of us.
9. There's nothing for you to get insulted at.
10. You shouldn't have gotten so insulted at them.
11. Why did they get so offended at each other?

RELATED WORDS & EXPRESSIONS

оби́да   offense, injury, insult
оби́дный   offensive, annoying
оби́дчивый   touchy, sensitive
оби́дчик   offender (colloquial)

обижа́ться:оби́деться   to be insulted by:

> **на това́рища за несправедли́вое замеча́ние**   a friend's unjust remark
> **на замеча́ние**   a remark
> **на гру́бые слова́**   coarse (bad) words
> **на дру́га за его́ опозда́ние**   a friend's tardiness
> **на невнима́ние**   lack of consideration
> **на това́рища за недове́рие**   a friend's lack of trust

4.7a ОБРАЩА́ТЬСЯ:ОБРАТИ́ТЬСЯ — TO GO SEE, CONSULT, TURN TO, ASK
ОБРАЩА́Й+ СЯ:ОБРАТИ́+СЯ

к кому́?   K+ Dat.

> Вам на́до обрати́ться к юри́сту.
> You should go see a lawyer.

куда́?   (Acc.)

> Вам на́до обрати́ться в Министе́рство иностра́нных дел.
> You need to go to the Ministry of Foreign Affairs.

к кому́ (куда́)+с чем?   K+Dat.+C+Inst.

> Обрати́тесь к учи́телю с э́тим вопро́сом!
> See your teacher about this question.

к кому́ (куда́)+за чем?   К+Dat.·+ЗА+Inst.

Он обрати́лся к това́рищу за по́мощью.
He turned to a friend for help.

4.7b   ОБРАЩА́ТЬСЯ (impfv. only)— TO TREAT: TO HANDLE, MANAGE, USE

с кем-чем?   С+Inst.

Он о́чень ве́жливо обраща́ется со мной.
He treats me very politely.

Он не уме́ет обраща́ться с ору́жием.
He doesn't know how to use a rifle.

4.7c   The verb **обраща́ться:обрати́ться в кого́-что** (В+Acc.) also has
the meaning of turning into something (someone):

Лягу́шка обрати́лась в принце́ссу.
The frog turned (was transformed) into a princess.

4.7d   Note the expression **обраща́ться:обрати́ться к кому́ по и́мени**
(по и́мени-о́тчеству) — to address someone by name (by name and
patronymic):

Обраща́йтесь к ней по и́мени-о́тчеству!
Use her name and patronymic.

4.7e   ОБРАЩА́ТЬ:ОБРАТИ́ТЬ — TO TURN, DIRECT; TO TURN INTO

что+куда́? (к кому́-чему́)   Acc.+куда́ (К+Dat.)

Он обраща́л глаза́ то к окну́, то к две́ри.
He looked at the window, then at the door.

когó-чтó+в когó-чтó?   Асс.+В+Асс.

Злáя вéдьма обратúла красúвого королéвича в жáбу.
The wicked witch turned the handsome prince into a toad.

4.7g Note the expression **обращáть:обратúть внимáние на когó-чтó?** (на+Асс.) — to pay attention, to take notice of. It can also mean to call someone's attention to something:

Обратúте их внимáние на её поведéние.
Call her behavior to their attention.
(Have them take note of her behavior.)

4.7h The concept of turning something from one thing into another is also rendered in Russian by the verbs **превращáть/ся:превратúть/ся.** Note the government after these verbs in the following sentences:

Войнá превратúла молодóго человéка в старикá.
The war turned the young man into an old one.

Водá превратúлась в лёд.
The water was turned into ice.

Из угловáтого подрóстка онá превратúлась в грациóзную дéвушку.
From a lanky adolescent she turned into a gracious young woman.

4.7i The verbs **поворáчивать/ся:повернýть/ся** are used to indicate turning in various directions. The non-reflexive forms are used to indicate changing one's course or direction. The reflexive forms indicate turning oneself around bodily.

Повернём назáд! Повернú/те налéво!
Let's go back! Turn left!

Он повернýлся ко мне спинóй.
He turned his back to me.

Он повернýл за ýгол.
He turned (around) the corner.

ORAL DRILLS

1. Профéссор Ивáнов знáет отвéт на ваш вопрóс.
   Обратúтесь к профéссору Ивáнову с этим вопрóсом!

Профе́ссор Ивано́в зна́ет отве́т на её вопро́с.
Пусть она́ обрати́тся к профе́ссору Ивано́ву с э́тим вопро́сом!

    Профе́ссор Ивано́в зна́ет отве́т на ваш вопро́с.
    её вопро́с.
    на твой вопро́с.
    на их вопро́с.
    на его́ вопро́с.

2. Тебе́ на́до попроси́ть администра́тора.
  Обрати́сь к администра́тору с э́той про́сьбой!

  Тебе́ на́до попроси́ть руководи́теля.
  Обрати́сь к руководи́телю с э́той про́сьбой!

    Тебе́ на́до попроси́ть администра́тора.
    руководи́теля.
    нача́льника.
    заве́дующего.
    дежу́рную.
    мою́ мать.
    его́ сестёр.
    его́ бра́тьев.
    её дочере́й.
    на́ших хозя́ев.

3. Ви́ктор ему́ помо́жет.
  Он мо́жет обрати́ться к Ви́ктору за по́мощью.

  Они́ нам помо́гут.
  Мы мо́жем обрати́ться к ним за по́мощью.

    Ви́ктор ему́ помо́жет.
    Они́ нам помо́гут.
    Твои́ сёстры ей помо́гут.
    Мои́ бра́тья им помо́гут.
    Профе́ссор Соколо́в нам помо́жет.
    Профе́ссор Соколо́ва вам помо́жет.
    Его́ оте́ц всем помо́жет.
    Их учи́тель тебе́ помо́жет.
    Ива́н нам помо́жет.
    Твои́ сосе́ди им помо́гут.
    И́горь мне помо́жет.

4. Мы спро́сим сове́та у Ви́ктора.
  Мы обрати́мся к Ви́ктору за сове́том.

  Ни́на спро́сит сове́та у Ви́ктора.
  Ни́на обрати́тся к Ви́ктору за сове́том.

    Мы спро́сим сове́та у Ви́ктора.
    Ни́на спро́сит сове́та у Ви́ктора.
    Я спрошу́ сове́та у Ви́ктора.
    Они́ спро́сят сове́та у Ви́ктора.
    Мы с ни́ми спро́сим сове́та у Ви́ктора.
    Ты спро́сишь сове́та у Ви́ктора.
    Вы спро́сите сове́та у Ви́ктора.

5. Меня никто не слушает.
Никто не обращает внимания на меня.

Бориса никто не слушает.
Никто не обращает внимания на Бориса.

Меня никто не слушает.
Бориса никто не слушает.
Его никто не слушает.
Тебя никто не слушает.
Вашего совета никто не слушает.
Их никто не слушает.
Её никто не слушает.
Твою мать никто не слушает.
Твоих слов никто не слушает.

TRANSLATION DRILL

1. How should I address him, by name or by name and patronymic?
2. I want to call your attention to the following mistakes.
3. I didn't have time to devote (any) attention to my children.
4. He doesn't pay any attention to anyone or anything.
5. Who should I see about getting some help?
6. You shouldn't have gone to see him about that. Now everyone will learn about your problem.
7. The evil magician changed the beautiful young princess into a white swan.
8. Let's turn back!
9. Turn (your) head to the left!
10. Turn right at the next corner and go straight!
11. I didn't think that such a little story would turn into such a big scandal.
12. Don't turn your back to me!
13. He gets along with all his students.
14. Do you know how to work this tape recorder?

RELATED WORDS & EXPRESSIONS

оборот turn
  оборот речи turn of phrase, locution
оборотный reverse
  «э» оборотное
наоборот on the contrary, backwards
оборотень werewolf, changeling
обращение appeal, address
обратный reverse, opposite
  обратный адрес return address
  обратная сторона reverse side
поворот turn(ing) point, curve
поворотливый nimble, quick, agile
внимательный attentive
внимательность attentiveness
внимать (poetic) = слышать
  уделять внимание кому? to give, devote attention to

4.8a **ОТНОСИ́ТЬСЯ:ОТНЕСТИ́СЬ** — TO THINK OF, REACT TO, REGARD
ОТНОСИ́+СЯ:ОТНЁС+СЯ

к кому́-чему́?   K+Dat.

Как он отно́сится к на́шему пла́ну?
What does he think of our plan?

Интере́сно, как он отнесётся к её про́сьбе.
I wonder how he'll react to her request.

4.8b **ОТНОСИ́ТЬСЯ** (impfv. only) — TO CONCERN, RELATE TO, HAVE TO DO
WITH, PERTAIN TO, BELONG TO

к кому́-чему́?   K+Dat.

Э́то к вам не отно́сится.
This has nothing to do with you.

Тако́е живо́тное отно́сится к кла́ссу млекопита́ющих.
Such an animal belongs to the class of mammals.

ORAL DRILLS

1. Заче́м вы спра́шиваете об э́том?
   Э́то к вам не отно́сится.

   Заче́м Бори́с спра́шивает об э́том?
   Э́то к Бори́су не отно́сится.

   Заче́м вы спра́шиваете об э́том?
   Заче́м Бори́с спра́шивает об э́том?
   Заче́м её до́чери спра́шивают об э́том?
   Заче́м твои́ сёстры спра́шивают об э́том?
   Заче́м они́ спра́шивают об э́том?
   Заче́м он спра́шивает об э́том?
   Заче́м э́ти па́рни спра́шивают об э́том?
   Заче́м она́ спра́шивает об э́том?
   Заче́м я спра́шиваю об э́том?
   Заче́м мы спра́шиваем об э́том?
   Заче́м Любо́вь Дми́триевна спра́шивает об э́том?
   Заче́м Васи́лий Григо́рьевич спра́шивает об э́том?

2. Моё предложе́ние ему́ понра́вилось.
   Он хорошо́ отнёсся к моему́ предложе́нию.

Твоё предложе́ние ей не понра́вилось.
Она́ пло́хо отнесла́сь к твоему́ предложе́нию.

Моё предложе́ние ему́ понра́вилось.
Твоё предложе́ние ей не понра́вилось.
На́ше предложе́ние им понра́вилось.
Их предложе́ние мне не понра́вилось.
Моё предложе́ние им не понра́вилось.
На́ше предложе́ние ей понра́вилось.
Её предложе́ние всем понра́вилось.

3. Я хочу́ ему́ ко́е-что предложи́ть.
   Интере́сно, как он отнесётся к моему́ предложе́нию.

   Мы хоти́м вам ко́е-что предложи́ть.
   Интере́сно, как вы отнесётесь к на́шему предложе́нию.

   Я хочу́ ему́ ко́е-что предложи́ть.
   Мы хоти́м вам ко́е-что предложи́ть.
   Он хо́чет ей ко́е-что предложи́ть.
   Она́ хо́чет им ко́е-что предложи́ть.
   Они́ хотя́т тебе́ ко́е-что предложи́ть.
   Мы хоти́м им ко́е-что предложи́ть.

4. Это зда́ние постро́или в трина́дцатом ве́ке.
   Это зда́ние отно́сится к трина́дцатому ве́ку.

   Это зда́ние постро́или в конце́ про́шлого столе́тия.
   Это зда́ние отно́сится к концу́ про́шлого столе́тия.

   Это зда́ние постро́или в трина́дцатом ве́ке.
   Это зда́ние постро́или в конце́ про́шлого столе́тия.
   Это зда́ние постро́или в середи́не про́шлого столе́тия.
   Это зда́ние постро́или в нача́ле девятна́дцатого ве́ка.
   Это зда́ние постро́или в восемна́дцатом ве́ке.
   Это зда́ние постро́или в про́шлом столе́тии.
   Это зда́ние постро́или в про́шлом ве́ке.
   Это зда́ние постро́или в конце́ восемна́дцатого ве́ка.

TRANSLATION DRILL

1. What do you think of contemporary art?
2. My parents don't relate to my friends very well.
3. How do you think he'll react to our proposal?
4. You should be more serious about life.
5. That has nothing to do with the matter (де́ло).
6. Just who does he relate to well?
7. I wonder why he relates to everyone so badly?
8. I wonder how they'll react to his proposal.
9. What century does this building belong to?

RELATED WORDS & EXPRESSIONS

отноше́ние к кому́-чему́?   attitude, respect, relation, bearing
относи́тельно чего́?   with regard to something
  относи́тельно   relatively, about, concerning
относи́тельный   relative
  относи́тельность   relativity
  тео́рия относи́тельности Эйнште́йна   Einstein's theory of relativity
  относи́тельное местоиме́ние   relative pronoun
  относи́тельное прилага́тельное   relative adjective

относи́ться:отнести́сь   to relate to, to react to:

    к прие́зжему серде́чно   to a (new) arrival cordially
    к окружа́ющим серде́чно   to one's associates cordially
    к де́лу хорошо́ (небре́жно)   to business well (carelessly)
    к обя́занностям хорошо́ (небре́жно)   to duties well (carelessly)
    к слова́м (не-)дове́рчиво   to someone's words (un)trustingly
    к сообще́нию (не-)дове́рчиво   to a communication (un)trustingly
    к челове́ку (не)дове́рчиво   to a person (un)trustingly

4.9a   ПРИВЫКА́ТЬ:ПРИВЫ́КНУТЬ—TO BECOME ACCUSTOMED TO GET USED TO
ПРИВЫКА́Й+:ПРИВЫ́К-НУ+

Мне не жа́рко. Я уже́ привы́к.
I'm not hot. I've gotten used to it.

к кому́-чему́?   K+Dat.

Мне тру́дно бы́ло привы́кнуть к ю́жному кли́мату.
It was hard for me to get used to the southern climate.

+инф. несов. вида   +Imperfective Inf.

Я привы́к встава́ть ра́но.
I'm accustomed to getting up early.

4.9b   ОТВЫКА́ТЬ:ОТВЫ́КНУТЬ—TO GET OUT OF THE HABIT
(of doing something)

от кого́-чего́   OT+Gen.

Он давно́ отвы́к от тако́го те́мпа жи́зни.
He got away from such a fast pace of life a long time ago.

инф. несов. вида   +Imperfective Inf.

Когда́ вы отвы́кнете встава́ть так ра́но?
В э́том нет никако́й необходи́мости.
When will you get out of the habit of getting up so early?
There's no reason to (do so).

ORAL DRILLS

1. Он пое́хал туда́ на по́езде.
   Он привы́к е́здить туда́ на по́езде.

   Мы легли́ спать в оди́ннадцать часо́в.
   Мы привы́кли ложи́ться в оди́ннадцать часо́в.

   Он пое́хал туда́ на по́езде.
   Мы легли́ спать в оди́ннадцать часо́в.
   Я вы́пил ко́фе с молоко́м.
   Она́ вы́пила ко́фе без ничего́.
   Они́ откры́ли окно́ на́ ночь.
   Мы вста́ли в семь часо́в.
   Она́ се́ла в па́пино кре́сло.
   Я купи́л о́вощи в друго́м магази́не.
   Мы всё сде́лали во́время.
   Мы вы́пили чай по́сле у́жина.
   Он лёг спать по́здно.

2. Мне не нра́вится така́я кре́пкая во́дка.
   Я ника́к не могу́ привы́кнуть к тако́й кре́пкой во́дке.

   Мне не нра́вится жизнь в большо́м го́роде.
   Я ника́к не могу́ привы́кнуть к жи́зни в большо́м го́роде.

   (ва́ши друзья́, таки́е лю́ди, така́я тяжёлая еда́, ру́сская ку́хня, тако́е расписа́ние,
   наш но́вый преподава́тель, ва́ши де́ти, его́ семья́, така́я рабо́та, таки́е кре́пкие
   сигаре́ты, тако́е невку́сное моро́женое, така́я кре́пкая во́дка, жизнь в тако́м
   ма́леньком городке́)

3. Мне не нра́вится така́я кре́пкая во́дка.
   Я уже́ давно́ отвы́к/отвы́кла от тако́й кре́пкой во́дки.

   Мне не нра́вится жизнь в большо́м го́роде.
   Я уже́ давно́ отвы́к от жи́зни в большо́м го́роде.

   Use the same cues as in No. 2

TRANSLATION DRILL

1. I cannot get used to Russian vodka.
2. We're used to opening the window for the night.
3. We're still getting used to life in the big city.
4. Have you gotten used to your new teacher yet?

5. I'm not used to getting up so early any more.
6. We're not used to going to bed earlier.
7. I'm not used to life in the city any more.
8. I'm not used to this any more.
9. I'm not used to so much work (Trans: working so much).
10. What haven't you gotten used to here?
11. Have you already gotten used to everything?

RELATED WORDS & EXPRESSIONS

привы́чка   habit
привы́чный   customary, habitual
   привы́чность   habitualness
свыка́ться:свы́кнуться (с кем-чем?)   to get used to

привыка́ть:привы́кнуть   to get accustomed to:

к но́вой шко́ле   a new school
к това́рищам   to comrades
к поря́дку   to order
к но́вой обстано́вке   a new situation
к но́вому преподава́телю   to a new teacher/instructor
по́здно ложи́ться и ра́но встава́ть   to going to bed late and rising early
к ра́ннему встава́нию   rising early
открыва́ть окно́ на́ ночь   to opening the window for the night

4.10a   РАБО́ТАТЬ:(ПОРАБО́ТАТЬ) — TO WORK
РАБО́ТАЙ+

кем?   Inst.

"Кем рабо́тает ва́ша ба́бушка?"
"Де́вушкой в рестора́не."

"What is your grandmother?"
"A waitress in a restaurant."

над кем-чем?   Inst.

Над ва́шим произноше́нием ещё на́до порабо́тать.
You still have to work a bit on your pronunciation.

рабо́та над чем?   work on something

4.10b Note the expression **рабо́тать на кого́** (НА+Acc.), which means to work for someone, often in the sense of to be on their side:

> На кого́ же вы рабо́таете?
> Just who are your working for?
> (Just whose side are you on?)

The verb **рабо́тать** is used with a wide range of subjects—to indicate whether or not a telephone is working, whether or not a church is open for services, whether or not a store or some other institution is open:

> Телефо́н не рабо́тает.
> Э́та це́рковь рабо́тает.
> Э́тот магази́н рабо́тает до пяти́.

ORAL DRILLS

1. Его́ оте́ц строи́тель.
   Его́ оте́ц рабо́тает строи́телем.

   Его́ мать шофёр.
   Его́ мать рабо́тает шофёром.

   Его́ оте́ц строи́тель.
   Его́ мать секрета́рь.
   Его́ тётя крановщи́ца.
   Его́ брат чертёжник.
   Его́ внук сле́сарь.
   Его́ ба́бушка лифтёр.
   Его́ сестра́ медсестра́.
   Его́ де́душка парикма́хер.
   Его́ мать бухга́лтер.
   Его́ брат маля́р.

2. Я писа́л э́тот докла́д неде́лю.
   Я рабо́тал над э́тим докла́дом неде́лю.

   Я гото́вил своё выступле́ние весь ве́чер.
   Я рабо́тал над свои́м выступле́нием весь ве́чер.

   Я писа́л э́тот докла́д неде́лю.
   Я гото́вил своё выступле́ние весь ве́чер.
   Я реша́л э́ти зада́чи три часа́.
   Я гото́вил э́тот перево́д це́лую неде́лю.
   Я писа́л э́то письмо́ два дня.
   Я гото́вил э́то зада́ние весь ве́чер.
   Я писа́л э́ти упражне́ния всё у́тро.

TRANSLATION DRILL

1. What are your parents?
2. "What are you working on right now?" "Nothing."

3. I spent six weeks working on this report.
4. How many years did Tolstoy work on the novel *Resurrection*?
5. One of my uncles works as a miner, and the other as an electrician.
6. How many working churches are there in Moscow?

RELATED WORDS & EXPRESSIONS

рабо́та   paper (work)
рабо́та над чем?   work
рабо́чий   worker
рабо́тник   worker
работя́га   hard worker
работоспосо́бный   hardworking
работоспосо́бность   efficiency
раб   slave
  ра́бство   slavery
  ра́бский   servile, slave (adj.)
зараба́тывать:зарабо́тать   to earn
  зарпла́та (за́работная пла́та)   salary

рабо́тать   to work as:

  сле́сарем   locksmith
  бухга́лтером   bookkeeper
  секретарём   secretary
  дире́ктором   director
  монтёром   electrician

рабо́тать над   to work on:

  над докла́дом   a report
  над выступле́нием   a presentation
  над ро́лью   a role
  над пробле́мой   a problem
  над собо́й   oneself
  над карти́ной   a painting
  над дре́вними ру́кописями   old manuscripts

4.11a   РУКОВОДИ́ТЬ — TO BE IN CHARGE OF, TO SUPERVISE
РУКОВОДИ́+

кем-чем?   Inst.

О́пытный инжене́р руководи́т строи́тельством.
An experienced engineer is in charge of the construction.

Кто руководи́т рабо́той в э́том це́хе?
Who's in charge of the work in this department (division, section)?

Note the stress pattern of this verb: **руковожу́, руководи́шь, руководя́т.**

ORAL DRILL

Мы спроси́ли его́, ...
Мы спроси́ли его́, каки́м ку́рсом он руководи́т.

Они́ спроси́ли меня́, ...
Они́ спроси́ли меня́, каки́м ку́рсом я руковожу́.

Мы спроси́ли его́, ...
Они́ спроси́ли меня́, ...
Я спроси́л вас, ...
Мы спроси́ли её, ...
Я спроси́л их, ...
Она́ спроси́ла его́, ...
Он спроси́л тебя́, ...
Она́ спроси́ла меня́, ...

TRANSLATION DRILL

1. Who's in charge of the summer program here?
2. What courses have you supervised in the past?
3. He's the one who supervised my dissertation.
4. She's in charge of the first year, and I'm in charge of the second.
5. Who's in charge of the foreign student division (инотдел = иностранный отдел)?

RELATED WORDS & EXPRESSIONS

руководи́тель   supervisor, leader, manager, guide
руково́дство   supervision, leadership, guidance

руководи́ть   to supervise:

людьми́   people
госуда́рством   a state, a government
рабо́чим движе́нием   a workers' movement
учрежде́нием   an institution
колхо́зом   a collective farm
предприя́тием   a business, enterprise
ма́ссами   the masses
борьбо́й   a struggle
коми́ссией   a commission
забасто́вкой   a strike

4.12a СОГЛАША́ТЬСЯ:СОГЛАСИ́ТЬСЯ—TO AGREE WITH, CONCUR WITH
СОГЛАШАЙ+СЯ:СОГЛАСИ́+СЯ

с кем-чем? C+Inst.

Все согласи́лись с ора́тором, с его́ то́чкой зре́ния.
Everyone agreed with the speaker, with his point of view.

4.12b СОГЛАША́ТЬСЯ:СОГЛАСИ́ТЬСЯ—TO AGREE WITH, CONSENT TO

на что? НА+Acc.

Он не согласи́тся на ва́ши тре́бования.
He won't agree (consent) to your demands.

4.12c Согласи́тесь, что... = You must admit that...

4.12d Note that in translating English I agree (etc.) in the present tense
the short-form adjective согла́сен is used:

Я с ва́ми согла́сен/согла́сна.
I agree with you.

Я с ва́ми не согла́сен/согла́сна.
I don't agree with you.

Я не согла́сен с ва́шей то́чкой зре́ния.
I don't agree with your point of view.

ORAL DRILL

Бори́с прав.
Я с Бори́сом согла́сен/согла́сна.

Вы не пра́вы.
Я с ва́ми не согла́сен/согла́сна.

Он прав.
Са́ша прав.
Мать не права́.
Ми́тя прав.

Его сёстры пра́вы.
На́ши ребя́та не пра́вы.
И́горь не прав.
Ири́на не права́.
Оте́ц прав.
Со́ня не права́.
Они́ пра́вы.
Его́ дочь не права́.
Никола́й не прав.
Же́ня права́.
Эти па́рни пра́вы.
Эти лю́ди пра́вы.

TRANSLATION DRILL

1. I cannot agree with your opinion.
2. He won't consent to anything.
3. I shouldn't have agreed to such a stupid deed.
4. We can't agree with their conclusions.
5. I agree with you completely.
6. He finally agreed to (have) the operation.

RELATED WORDS & EXPRESSIONS

соглаше́ние   agreement, understanding, covenant
согла́сие   consent
  разногла́сие   dissent
  знак согла́сия   sign of consent
согла́сный   agreeable, harmonious
  согла́сный звук   consonant
согла́совывать:согласова́ть   to coordinate
согласова́ться (impfv. and pfv.) to agree (gram.)
  согласова́ние   agreement (gram.)

соглаша́ться:согласи́ться   to agree:

    на пое́здку   to take a trip
    на усту́пку   to a concession
    на про́сьбу   to a request
    на предложе́ние   to a proposal
    с руководи́телем   with the supervisor
    с оппоне́нтом   with an opponent
    с вы́водами   with conclusions
    с возраже́нием   with an objection

4.13a   УВЛЕКА́ТЬСЯ:УВЛЕ́ЧЬСЯ—TO TAKE A GREAT INTEREST IN,
TO BE CARRIED AWAY, TO BE KEEN ON
УВЛЕКА́Й+СЯ:УВЛЁК+СЯ

Он легко́ увлека́ется.
He gets carried away easily.

кем-чем?   Inst.

После́днее вре́мя он увлека́ется де́вушкой со ста́ршего ку́рса.
Lately he's been quite interested in a girl from a higher course.

В де́тстве я всегда́ увлека́лся ша́хматами.
In my childhood I was really interested in chess.

ORAL DRILL

Он лю́бит о́перу.
Он увлека́ется о́перой.

Мы лю́бим теа́тр.
Мы увлека́емся теа́тром.

Он лю́бит о́перу.
Мы лю́бим теа́тр.
Они́ лю́бят ка́рты.
Мы лю́бим охо́ту.
Он лю́бит спорт.
Де́душка лю́бит садово́дство.
Я люблю́ антиква́рные ве́щи.
Все мы лю́бим ру́сский язы́к.

TRANSLATION DRILL

1. Are you interested in (keen on) anything?
2. She got keen on swimming and began to go to the swimming pool every afternoon after classes.
3. Why is he so nuts about Vietnamese writers?
4. A lot of people are keen on fencing.
5. Since he has retired, my uncle spends all his time in his garden (Trans: is keen on gardening).
6. Why isn't anyone keen on chess?
7. Lately he's been fascinated by Chinese movies.
8. I don't know why, but he's not keen on anything.

RELATED WORDS & EXPRESSIONS

увлека́тельный   fascinating, absorbing
   увлека́тельность   fascination
увлече́ние   enthusiasm, hobby
отвлека́ться:отвле́чься (от чего́?)   to be distracted
   отвлечённый   abstract
   отвлечённость   abstraction
развлека́ть/ся:развле́чь/ся   to entertain
   развлече́ние   entertainment
привлека́ть:привле́чь   to attract
   привлека́тельный   attractive
   привлека́тельность   attractiveness

увлека́ться:увле́чься   to like, to be keen on:

спо́ртом   sports
му́зыкой   music
де́вушкой   a girl
ю́ношей   a young man
кни́гами   books
рабо́той   work
теа́тром   the theater
охо́той   hunting
садово́дством   gardening

SECTION 4   REVIEW TRANSLATIONS

1. Some children love to fight.
2. Some countries are still fighting for their independence.
3. Believe me! I'm telling the truth.
4. I believe he's coming this evening.
5. Why don't you trust him?
6. I'm sure that they don't know anything about this.
7. Where should I hang my coat?
8. Do they still hang people out West?
9. What room are Monet's paintings (hanging) in?
10. That depends on whether or not he's busy.
11. Every morning I weigh myself before breakfast. I weigh 68 kilos.
12. In his lecture, he stayed away from such questions.
13. "Does he always get insulted so easily?" "Yes, it's very easy to hurt his feelings."
14. All his friends are vexed by (insulted by) him.
15. You should see a doctor about that.
16. Do you know how to use this tape recorder?
17. You shouldn't treat your students so rudely.
18. She didn't pay any attention at all to her children.
19. Turn right at the next corner.
20. How do you think he'll react to our proposal?
21. I couldn't get used to the food in the USSR.

22. We're used to opening the window for the night.
23. What kind of work does your father do?
24. Are you still working on that paper?
25. Last year he was in charge of the second-year program.
26. I just can't agree with you at all.
27. I don't agree with you completely.
28. I've always had a great interest in sports.

Section 5

5.1 волнова́ть/ся:взволнова́ть/ся
   быть взволно́ванным
5.2 дружи́ть:подружи́ться
5.3 зави́довать:позави́довать
   ревнова́ть
5.4 каза́ться:показа́ться
5.5 ока́зываться:оказа́ться
   ока́зывать:оказа́ть
5.6 отка́зывать/ся:отказа́ть/ся
5.7 прика́зывать:приказа́ть
   зака́зывать:заказа́ть
   выпи́сывать:вы́писать
5.8 принадлежа́ть
5.9 пуга́ть/ся:испуга́ть/ся
5.10 слу́шать/ся:послу́шать/ся
   вести́ себя́
5.11 состоя́ть
   состоя́ться
5.12 ссо́рить/ся:поссо́рить/ся
5.13 убежда́ть/ся:убеди́ть/ся

Review Translations

5.1a ВОЛНОВА́ТЬСЯ:ВЗВОЛНОВА́ТЬСЯ
TO BE EXCITED, UPSET, WORRIED, UNEASY, AGITATED
ВОЛН-ОВА́+СЯ:ВЗВОЛН-ОВА́+СЯ

Не волну́йтесь, всё бу́дет хорошо́.
Don't worry, everything will be all right.

за кого́-что?   ЗА+Acc.

Она́ о́чень волну́ется за сы́на.
She's very worried about her son.

Врач волну́ется за исхо́д опера́ции.
The doctor is worried about the outcome of the operation.

из-за кого́-чего́?   ИЗ-ЗА+Gen.

Заче́м волнова́ться из-за пустяко́в?
Why get upset over nonsense?

5.1b   This same verb is used with reference to bodies of water and has the
meaning of to undulate or be choppy.

Мо́ре си́льно волну́ется.
The sea is very choppy.

5.1c ВОЛНОВА́ТЬ:ВЗВОЛНОВА́ТЬ
TO AGITATE, UPSET, WORRY, MAKE UNEASY

кого́-что?   Acc.

Его́ прие́зд взволнова́л всех.
His arrival made everyone uneasy (upset everyone).

5.1d **ВЗВОЛНО́ВАН, -А, -Ы —** UPSET, WORRIED, UNEASY

Она́ о́чень взволно́вана сего́дня. Интере́сно, что случи́лось.
She's very upset today. I wonder what's happened.

ORAL DRILLS

1. Не на́до их волнова́ть!
    Они́ уж доста́точно волну́ются.

    Не на́до Бори́са волнова́ть!
    Он уж доста́точно волну́ется.

    Не на́до их волнова́ть!
    Бори́са волнова́ть!
    нас волнова́ть!
    её мать волнова́ть!
    роди́телей волнова́ть!
    меня́ волнова́ть!
    тебя́ волнова́ть!
    вас волнова́ть!
    де́душку волнова́ть!

2. Он до́лжен успоко́иться.
    Он волну́ется из-за ничего́.

    Вы должны́ успоко́иться.
    Вы волну́етесь из-за ничего́.

    (мы, вы, он, они́, я, ты, Бори́с и Ни́на, де́душка)

3. Что случи́лось с И́горем?
    Почему́ он так взволно́ван?

    Что с ни́ми случи́лось?
    Почему́ они́ так взволно́ваны?

    Что случи́лось с Петро́м?
    Что с ва́ми случи́лось?
    Что с ним случи́лось?
    Что случи́лось с Я́шей?
    Что с ни́ми случи́лось?
    Что случи́лось с твои́ми дя́дей и тётей?
    Что случи́лось с А́лей?
    Что с ней случи́лось?
    Что случи́лось с Ми́шей и Ма́шей?

4. Та́ня меня́ о́чень волну́ет.
    Я о́чень волну́юсь из-за Та́ни.

    Оте́ц меня́ о́чень волну́ет.
    Я о́чень волну́юсь из-за отца́.

    (Та́ня, оте́ц, ва́ши де́ти, э́тот курс, ва́ше поведе́ние, здоро́вье отца́, собы́тия в СССР, его́ отноше́ние к нам)

TRANSLATION DRILL

1. What are you so upset about?
2. Your parents are very worried about you.
3. You're upset over nothing.
4. I'm very worried about: a) all of you, b) both of you, c) every single one of you.
5. You shouldn't get upset over such nonsense.
6. I told her not to get upset over this.
7. Don't get so upset over your exams. No one ever gets upset over exams.
8. Everyone was very upset.
9. Why are you so upset?
10. You shouldn't get so upset.
11. One shouldn't get so upset over nothing.
12. This course has got me very upset.
13. Just what is it that's got you so upset?

RELATED WORDS & EXPRESSIONS

волна́ wave
  коро́ткие во́лны short wave
волне́ние agitation, roughness, choppiness
взволно́ванность agitation, excitement
  говори́ть взволно́ванно to speak excitedly

волнова́ться to worry about, fear for:

    из-за сы́на one's son
    из-за экза́мена an exam
    из-за неуда́чи failure
    за дру́га a friend
    за больно́го a patient
    за результа́т a result

5.2a ДРУЖИ́ТЬ:ПОДРУЖИ́ТЬСЯ/СДРУЖИ́ТЬСЯ
TO BE FRIENDS:TO BECOME FRIENDS
ДРУЖИ́+:ПОДРУЖИ́+СЯ

NOTE that only the perfective form is reflexive.

Они́ дружи́ли, но встреча́лись ре́дко.
They were friends, but they seldom met (saw each other).

с кем?   C+Inst.

С Оле́гом мы дру́жим с са́мого де́тства.
Oleg and I have been friends since childhood. (We're childhood friends).

Мы с ним подружи́лись в Москве́.
We became friends with them in Moscow.

ORAL DRILLS

1. Бори́с и Глеб бы́ли друзья́ми.
   Бори́с когда́-то дружи́л с Гле́бом.

   Бори́с и её брат бы́ли друзья́ми.
   Бори́с когда́-то дружи́л с её бра́том.

   (Бори́с и Глеб, Бори́с и её брат, Бори́с и Па́вел, Бори́с и Пётр, Бори́с и Игорь, Бори́с и её сын, Бори́с и её дочь, Бори́с и её до́чери, Бори́с и её сыновья́, Бори́с и э́ти лю́ди, Бори́с и э́ти па́рни, Бори́с и её сёстры, Бори́с и её бра́тья, Бори́с и мой дя́дя, Бори́с и Дми́трий, Бори́с и Мари́я)

2. Бори́с и Глеб ста́ли друзья́ми.
   Бори́с после́днее вре́мя дру́жит с Гле́бом.

   Бори́с и её брат ста́ли друзья́ми.
   Бори́с после́днее вре́мя дру́жит с её бра́том.

   Use the same cues as in 1.

3. Мы встре́тили Бори́са в Ленингра́де.
   Мы подружи́лись с Бори́сом в Ленингра́де.

   Мы встре́тили их в Ленингра́де.
   Мы подружи́лись с ни́ми в Ленингра́де.

   Мы встре́тили Бори́са в Ленингра́де.
      их
      её дочь
      его́ мать
      Игоря и Дми́трия
      Любо́вь Алекса́ндровну
      Ми́шиного бра́та
      э́тих люде́й

TRANSLATION DRILL

1. "Who's he friends with?" "He's not friends with anyone."
2. I'm not friends with anyone, and no one's friends with me.
3. I used to be friendly with all of them.
4. We were friends with each other when we were college students.
5. We were never friends with them.
6. Did you become friends with anyone there?
7. I do hope that I become friends with them.
8. Don't get friendly with anyone there!
9. There was no one for us to be friendly with then.
10. You shouldn't be friends with such people.

11. You shouldn't have such people as friends.
12. You shouldn't have gotten friendly with them.
13. Did you make any friends?

RELATED WORDS & EXPRESSIONS

друг (дружо́к) friend
дру́жный friendly
дру́жно in a friendly way
жить дру́жно to live in harmony
дру́жба friendship
*дру́жеский friendly
*дру́жественный amicable, friendly
дружелю́бный very friendly
не́друг (pl. не́други) enemy
подру́га (pl. подру́ги) girlfriend of a woman
друг дру́га each other
  (друг дру́жка)

дружи́ть:подружи́ться to be friends with, to become friends with:

со шко́льным това́рищем a comrade from school
друг с дру́гом each other
с сосе́дом a neighbor

5.3a   ЗАВИ́ДОВАТЬ:ПОЗАВИ́ДОВАТЬ — TO ENVY, BE COVETOUS OF
ЗАВИ́Д-ОВА+

кому́-чему́?   Dat.

Я вам не зави́дую.
I don't envy you.
(I wouldn't want to be in your shoes.)

Я зави́дую твоему́ споко́йствию и вы́держке.
I envy your calmness and self-composure.
(I'm jealous of your calmness and self-composure.)

кому́ в чём?   Dat.+В+Prep.

Я зави́дую тебе́ в уме́нии вести́ себя́.
I envy (you) your ability to behave yourself.

5.3b Зави́довать:позави́довать means to be jealous of in the sense of to be envious of or covetous of. When actual jealousy is meant (fear of losing someone's devotion or love), the verb **ревнова́ть** is used in the following construction which takes two objects—the accusative case for the person who is the object of the jealousy and the preposition **к**+dative case for the person who is the cause of the jealousy:

ревнова́ть+кого́+к+кому́   ревнова́ть+Acc.+К+Dat.

Она́ ревну́ет му́жа к сестре́.
She's jealous of her husband (as far as her sister is concerned)

ORAL DRILL

1. Я спроси́л его́,...   *after word in question*
   Я спроси́л его́, зави́дует ли он мне.

   Мы спроси́ли их,...
   Мы спроси́ли их, зави́дуют ли они нам.

   Я спроси́л его́,...
   Мы спроси́ли их,...
   Она́ спроси́ла меня́,...
   Они́ спроси́ли тебя́,...
   Он спроси́л нас,...
   Она спроси́ла его́,...
   Он спроси́л её,...
   Я спроси́л её,...
   Она́ спроси́ла нас,...
   Они́ спроси́ли меня́,...

TRANSLATION DRILL

1. I envy: a) all of you, b) the both of you, c) every single one of you, d) none of you, e) not a single one of you.
2. Don't be jealous (trans. Don't envy) anyone!
3. I don't envy anyone or anything.
4. Why should I be envious of you?
5. Gorky said that he envied the people of the future.
6. He told them that they shouldn't envy us.
7. No one is envious of your success, but everyone's envious of mine.
8. I wouldn't want to be in his shoes.

RELATED WORDS & EXPRESSIONS

за́висть   envy
зави́стливый   envious, covetous
зави́стник   envious person
ре́вность   jealousy
ревни́вый   jealous

соревнова́ться to compete
соревнова́ние competition, contest

зави́довать:позави́довать to envy:

> **това́рищу** a comrade
> **тала́нтливыйм лю́дям** talented people
> **успе́ху** (someone's) success
> **уда́че** (someone's) success
> **лю́дям бу́дущего** people of the future
> **успе́хам това́рища** a comrade's success

5.4a КАЗА́ТЬСЯ:ПОКАЗА́ТЬСЯ — TO SEEM
КАЗА́+СЯ

Dative case

> Э́то вам то́лько показа́лось.
> It only seemed that way to you.

With conj. что

> Мне каза́лось, что всё э́то я ви́дел во сне.
> It seemed to me that I had seen all this in a dream.

5.4b КАЗА́ТЬСЯ:ПОКАЗА́ТЬСЯ — TO LOOK LIKE, APPEAR, BE, SEEM TO BE

кем-чем?/каки́м, како́й, каки́ми?   Instrumental complement

> Она́ в семье́ свое́й родно́й
> Каза́лась де́вочкой чужо́й. (Пу́шкин)

> Его́ прое́кты каза́лись неосуществи́мыми.
> His projects seemed impracticable.

Comparative adjective forms after **каза́ться** are used in the short form:

кому́?   Dat.

> Он каза́лся моло́же свои́х лет.
> He seemed younger than his years.

Ра́ньше дом мне каза́лся бо́льше.
Before the house seemed larger to me.

5.4c ПОКА́ЗЫВАТЬСЯ:ПОКАЗА́ТЬСЯ — TO SHOW UP, APPEAR, TURN UP

_____

где?

Вдруг он показа́лся в окне́.
Suddenly he appeared in the window.

Она́ нигде́ не пока́зывается.
She doesn't go (show herself) anywhere.

5.4d ПОКА́ЗЫВАТЬ:ПОКАЗА́ТЬ — TO DEMONSTRATE, SHOW

_____

Note that there is no verb каза́ть in Russian.

кого́-что? Acc.
Покажи́те паспорта́, пожа́луйста!
Show your passports, please.

кого́-что+кому́? Acc.+Dat.
Он показа́л мне доро́гу в го́род.
He showed me the road to town.

5.4e The parenthetical word (вво́дное сло́во) ка́жется, каза́лось (past tense) means "it seems" (seemed) and is always set off by commas.

Я, ка́жется, опозда́л.
It seems I am late.
(Literally: I, it seems, am late.)

Всё, каза́лось, шло хорошо́.
Everything seemed to be going well.
(Literally: Everything, it seemed, was going well.)

5.4f The verb **ука́зывать:указа́ть** means to point out, to indicate, or to show. It is used with the following complements:

на кого́-что?   на+Acc.

> Стре́лка ука́зывала на юг.
> The indicator (arrow) pointed south.

что+кому́?   Acc.+Dat.

> Ука́зывать кому́-нибу́дь доро́гу.
> To show someone the road.

чем?   Inst.

> Ука́зывать па́льцем неприли́чно.
> It's not nice to point with your finger.

ORAL DRILLS

1. Я ничего́ не ви́дел.
   Это мне про́сто так показа́лось.

   Мы ничего́ не ви́дели.
   Это нам про́сто так показа́лось.

   (я, мы, он, она́, они́, вы, ты, я)

2. Я ду́мал, что э́тот го́род о́чень большо́й.
   Ра́ньше он мне каза́лся больши́м.

   Я ду́мал, что твой де́душка о́чень ста́рый.
   Ра́ньше он мне каза́лся ста́рым.

   Я ду́мал, что э́тот го́род о́чень большо́й.
   Я ду́мал, что твой де́душка о́чень ста́рый.
   Я ду́мал, что э́та во́дка о́чень кре́пкая.
   Я ду́мал, что э́тот ликёр о́чень сла́дкий.
   Я ду́мал, что э́та крова́ть о́чень мя́гкая.
   Я ду́мал, что ваш сад о́чень большо́й.
   Я ду́мал, что ваш дом о́чень ма́ленький.
   Я ду́мал, что э́тот переу́лок о́чень у́зкий.
   Я ду́мал, что ва́ша у́лица о́чень широ́кая.
   Я ду́мал, что на́ши у́лицы о́чень опа́сные.
   Я ду́мал, что э́та доро́га о́чень дли́нная.

3. Я ду́мал, что э́тот го́род о́чень большо́й.
   Ра́ньше он мне каза́лся бо́льше.

   Я ду́мал, что твой де́душка о́чень ста́рый.
   Ра́ньше он мне каза́лся ста́рше.

   Use the cues in No. 2.

4. Она́ никуда́ не хо́дит.
   Она́ нигде́ не пока́зывается.

   Его́ брат никуда́ не хо́дит.
   Его́ брат нигде́ не пока́зывается.

   (мы, они́, она́, моя́ сестра́, его жена́, я, наш друг)

5. Мы зна́ем, как э́то де́лается.
   Мы вам пока́жем, как э́то де́лается.

   Ива́н зна́ет, как э́то де́лается.
   Ива́н вам пока́жет, как э́то де́лается.

   Мы зна́ем, как э́то де́лается.
   Ива́н зна́ет, как э́то де́лается.
   Я зна́ю, как э́то де́лается.
   Все зна́ют, как э́то де́лается.
   Они́ зна́ют, как э́то де́лается.
   Ба́бушка зна́ет, как э́то де́лается.
   Пётр зна́ет, как э́то де́лается.
   Я зна́ю, как э́то де́лается.

TRANSLATION DRILL

1. Everything seemed strange to us.
2. Doesn't that seem funny/strange to you?
3. It seems to me that we've seen each other somewhere before.
4. He seems to be rather smart.
5. They always put in an appearance at all parties.
6. Why did you stick your tongue out at them?
7. We all thought (trans. He seemed to all of us) he was much smarter.
8. Everything seemed to be going all right.
9. It's necessary to show your passport (s) at the border.
10. You shouldn't point with your finger. It's impolite.
11. Show me how to do this!
12. Don't let anyone see you (i.e., don't show yourself anywhere).
13. He seemed very upset to us.
14. Put in an appearance every now and then.
15. I showed the both of them how this is done.
16. I'll show you.

RELATED WORDS & EXPRESSIONS

пока́з   show, demonstration
показа́тель   index
показа́тельный   model, demonstrative, significant
   показа́тельность
показа́ние   testimony, affidavit
показа́ния   evidence
указа́ние   indication, instruction (s)
указа́тель   index, guide; indicator
   указа́тельный па́лец   index finger

Я вам покажу́, где ра́ки зиму́ют /ку́зькину мать/!   I'll get you (give it to you)!
показу́ха   showplace
показно́й   for show, ostentatious
ука́з   ukase (i.e., decree, edict)

5.5a   ОКА́ЗЫВАТЬСЯ:ОКАЗА́ТЬСЯ—TO TURN OUT TO BE, PROVE TO BE
TO FIND ONESELF
ОКА́ЗЫВАЙ+СЯ:ОКАЗА́+СЯ

Ока́зывается/оказа́лось, что...
It turns out (it turned out) that...

На дне мо́ря оказа́лась нефть.
There turned out to be oil on the bottom of the sea.

кем-чем? / каки́м, како́й, каки́ми?   Inst.

Э́тот мужчи́на оказа́лся мои́м ста́рым дру́гом.
That man turned out to be an old friend of mine.

Оказа́лось невозмо́жным сра́зу реши́ть э́ту зада́чу.
It was (turned out to be, proved to be) impossible to solve that problem right away.

5.5b   The verb **ока́зывать:оказа́ть** (что+кому́; Acc.+Dat.) has the meaning to render:

оказа́ть по́мощь кому́-нибудь   to render aid to someone

ORAL DRILLS

1. Мы, ока́зывается, са́мые лу́чшие студе́нты.
Мы не ду́мали, что ока́жемся са́мыми лу́чшими студе́нтами.

Бори́с, ока́зывается, са́мый лу́чший студе́нт.
Бори́с не ду́мал, что ока́жется са́мым лу́чшим студе́нтом.

Мы, ока́зывается, са́мые лу́чшие студе́нты.
Бори́с, ока́зывается, са́мый лу́чший студе́нт.
А́нна, ока́зывается, са́мая лу́чшая студе́нтка.
Я, ока́зывается, са́мый лу́чший студе́нт.
Пётр и Па́вел, ока́зывается, са́мые лу́чшие студе́нты.
Ты, ока́зывается, са́мый лу́чший студе́нт.
Ты, ока́зывается, са́мая лу́чшая студе́нтка.

Вы, ока́зывается, са́мый лу́чший студе́нт.
Вы, ока́зывается, са́мые лу́чшие студе́нты.
Вы, ока́зывается, са́мая лу́чшая студе́нтка.

TRANSLATION DRILL

1. She turned out to be an old friend of mine.
2. We turned out to be right.
3. It turned out that we were correct.
4. We would like to thank you for the help you rendered.
5. We turned out to be in an awkward situation.
6. My passport turned out to be: a) at home, b) in my room, c) in my pocket, d) in my coat, e) in my briefcase, f) in my suitcase.
7. I didn't expect her to turn up in Moscow too.
8. It turned out to be cooler there than I anticipated.
9. We turned to the right and found ourselves to be on an unknown street.
10. If he happens to be in trouble (danger), I hope he'll call us.
11. They turned out to be a) real nice people, b) our only friends, c) real SOB's.
12. What kind of person did he turn out to be?

RELATED WORDS & EXPRESSIONS

ока́зываться:оказа́ться   to turn out to be, to prove to be:

    ста́рым знако́мым   an old acquaintance
    о́пытным руководи́телем   an experienced leader
    геро́ем, тру́сом   a hero, a coward
    в незнако́мом ме́сте   in an unknown place
    на свобо́де   free
    в ло́жном положе́нии   in an awkward situation
    до́ма   at home

ока́зывать:оказа́ть

    по́мощь пострада́вшему   to help a victim (one who has suffered)
    услу́гу това́рищу   to do a friend a favor
    внима́ние го́стю   to pay attention to a guest
    влия́ние на молодёжь   to influence youth
    давле́ние на нача́льство   to exert pressure on (to pressure) the management

5.6a   ОТКА́ЗЫВАТЬ:ОТКАЗА́ТЬ—TO DENY, SAY NO TO, TO REFUSE
        ОКА́ЗЫВАЙ+СЯ:ОКАЗА́+

кому́-чему́?   Dat.

    Я не мог отказа́ть ему́, и мы пошли́ гуля́ть.
    I could not refuse him, and we went for a walk.

кому́+в чём?   Dat.+B+Prep.

Пожа́луйста, не отка́зывайте мне в э́той про́сьбе.
Please, don't deny (me) my request.

Он во всём себе́ отка́зывает.
He denies himself everything.

5.6b   ОТКА́ЗЫВАТЬСЯ:ОТКАЗА́ТЬСЯ — TO DECLINE, RENOUNCE
GIVE UP, SAY NO, REFUSE

Снача́ла она́ отка́зывалась, но пото́м согласи́лась.
At first she said no, but later she agreed.

от кого́-чего́?   ОТ+Gen.

Он до́лжен был отказа́ться от свое́й семьи́.
He had to renounce (give up) his family.

Он отказа́лся от пое́здки.
He refused (declined) the trip.

+инфинити́в   +Infinitive

Он отказа́лся вы́полнить мою́ про́сьбу.
He refused to fulfill (grant) my request.

5.6   Note how **отка́зывать** and **отка́зываться** are used when they mean
to refuse:

※   **отка́зывать**+кому́ (DATIVE of person)
to refuse (say no to) someone
отка́зываться+инфинити́в
to refuse to do something
отка́зываться+*от*+кого́-чего́
※   (от+GENITIVE of person or thing)
to renounce, disown, give up all claims on someone or something.

ORAL DRILLS ·

1. Мы спро́сим у них разреше́ния.
   Они́ нам не отка́жут.

Борис спросит у них разрешения.
Они Борису не откажут.

Мы спросим у них разрешения.
  Борис
  Они
  Она
  Эти парни
  Я
  Ты
  Твой дядя Ваня
  Вы

2. Ничего им не дарите!
   Они откажутся от всяких подарков.

   Ничего Борису не дарите!
   Он откажется от всяких подарков.

     Ничего им не дарите!
     Ничего Борису не дарите!
     Ничего нам не дарите!
     Ничего мне не дарите!
     Ничего ей не дарите!
     Ничего Нине не дарите!
     Ничего ему не дарите!
     Ничего мне не дарите!

3. Подарите им, что угодно.
   Они ни от каких подарков не откажутся.

   Подарите Борису, что угодно.
   Он ни от каких подарков не откажется.

     Подарите им, что угодно.
     Подарите Борису, что угодно.
     Подарите Люсе, что угодно.
     Подарите нам, что угодно.
     Подарите мне, что угодно.
     Подарите дедушке, что угодно.
     Подарите всем, что угодно.
     Подарите Саше, что угодно.

4. Мы хотим ей помочь.
   Но она отказывается от помощи.

   Они хотят нам помочь.
   Но мы отказываемся от помощи.

     Мы хотим ей помочь.
     Они хотят нам помочь.
     Мы хотим вам помочь.
     Я хочу им помочь.
     Они хотят мне помочь.
     Я хочу ему помочь.
     Я хочу тебе помочь.
     Она хочет всем помочь.

TRANSLATION DRILL

[handwritten: окáзываться/ окáзаться disown]

[handwritten: поже]

1. At first she refused him, but later she said yes.
2. Why didn't you say no to him?
3. She never says no to anyone.
4. He was forced to eat his words.
5. He doesn't deny himself anything. *[handwritten: +нитьбо? кого?]*

[handwritten: от + gen = say no to; dat = say no to]

6. In order to join the party, he had to renounce all his relatives in America.
7. I didn't expect him to renounce/refuse his inheritance.
8. The great Russian writer Tolstoy gave up: a) a lot of things, b) everything he had written prior to 1880. He gave up meat, tobacco, and vodka when he was an old man and thought that everyone else should give them up too.
9. He'll never say no to a) vodka, b) a good dinner, c) food.
10. I'm going to say no to a) you, b) all of you, c) both of you, d) every one of you.
11. You shouldn't have said no to their help. *[handwritten: всему вам → каждому из вас]*
12. He wanted to marry her, but she refused.
13. I never say no to anything.

RELATED WORDS & EXPRESSIONS

откáз refusal, rejection
  до откáза as far as it will go, to satiety
Не откажúте в любéзности Be kind enough (to)...

отказáть to refuse:

    товáрищу в пóмощи to help a friend
    посетúтелю в прóсьбе a visitor's request

отказáться to give up, to say no to:

    от поéздки a trip
    от подáрка a gift
    от своúх слов one's words
    от ошúбочных взгля́дов mistaken views
    от своéй тóчки зрéния one's point of view
    от друзéй (one's) friends

5.7a. ПРИКÁЗЫВАТЬ:ПРИКАЗÁТЬ — TO ORDER, COMMAND
ПРИКÁЗЫВАЙ+:ПРИКАЗÁ+

комý+инф.   DAT.+Infinitive

Он ей приказáл пойтú тудá немéдленно.
He ordered her to go there immediately.

+инф.   +Infinitive

Он приказа́л очи́стить помеще́ние.
He ordered the premises to be cleared.

5.7b NOTE:

to order (as in a restaurant or store):
зака́зывать:заказа́ть (что у кого́?)
to order (by mail), to subscribe to:
выпи́сывать:вы́писать (по по́чте) (отку́да)
or **зака́зывать:заказа́ть (по по́чте)**

ORAL DRILLS

1. Мы пришли́ ра́но.
   Нам приказа́ли яви́ться ра́но.

   Бори́с пришёл ра́но.
   Бори́су приказа́ли яви́ться ра́но.

   Мы пришли́ ра́но.
   Бори́с пришёл ра́но.
   И́горь пришёл ра́но.
   Твой дя́дя пришёл ра́но.
   Я пришёл/пришла́ ра́но.
   Все пришли́ ра́но.
   Они́ все пришли́ ра́но.
   Пётр пришёл ра́но.
   На́ши ребя́та пришли́ ра́но.
   Ты пришёл/пришла́ ра́но.

2. Отку́да у вас э́та кни́га?
   Мы её вы́писали из Сове́тского Сою́за.

   Отку́да у Бори́са э́та кни́га?
   Он её вы́писал из Сове́тского Сою́за.

   Отку́да у вас э́та кни́га?
   Отку́да у Бори́са э́та кни́га?
   Отку́да у них э́та кни́га?
   Отку́да у него́ э́та кни́га?
   Отку́да у них э́та кни́га?
   Отку́да у тебя́ э́та кни́га?
   Отку́да у неё э́та кни́га?
   Отку́да у Ири́ны э́та кни́га?

TRANSLATION DRILL

1. Just who do you think you're ordering around?
2. We were ordered to vacate our apartment immediately.
3. He ordered the soldiers to march forward.

4. He was ordered to renounce his family.
5. The father ordered the children to bed.
6. We order "Pravda" from Moscow.
7. We have to order these things from Germany.
8. How many magazines do you subscribe to?
9. We have to order these things by mail.
10. My mother subscribes to several magazines, but I don't subscribe to any.
11. Everyone was ordered to come early.
12. We were ordered to show up on time.
13. I ordered the driver to stop, but he didn't.
14. Don't order me around.

RELATED WORDS & EXPRESSIONS

прика́з   command, order
  приказа́ние   order, injunction
  Прика́з есть прика́з.   Orders are orders.
зака́з   order (request)
  по зака́зу   according to orders
заказно́й   made to order
  заказно́е письмо́   a registered letter
прика́зчик   steward, baliff, henchman
зака́зчик   customer, client

прика́зывать:приказа́ть   to order:

   ребёнку слу́шаться   a child to behave, listen
   води́телю останови́ться   a chauffeur to stop
   студе́нтам яви́ться на собра́ние   students to attend a meeting
   солда́там стреля́ть   soldiers to shoot

5.8a   ПРИНАДЛЕЖА́ТЬ — TO BELONG TO
ПРИНАДЛЕЖА́+

к кому́-чему́?   К + Dat.

to belong to (in the sense of being part of or being a member of a group):

   Э́тот челове́к принадлежи́т к мои́м проти́вникам.
   That person belongs to my opponents.

   Он уже́ давно́ принадлежи́т к па́ртии.
   He's belonged to the party for a long time.

кому́-чему́?   Dat.

to belong to (in the sense of being the property of or being the work of):

Кому́ принадлежи́т э́та кни́га? (Чья э́та кни́га?)
Who does this book belong to? (Whose book is this?)

Э́та карти́на принадлежи́т ки́сти Ре́пина.
This picture belongs to (the brush of) Repin (is the work of Repin).

ORAL DRILL

Э́то на́ша да́ча.
Э́та да́ча принадлежи́т нам.

Э́то да́ча мои́х дя́ди и тёти.
Э́та да́ча принадлежи́т мои́м дя́де и тёте.

Э́то

на́ша да́ча, да́ча мои́х дя́ди и тёти, их да́ча, да́ча Ивано́ва, да́ча Ивано́вых, ба́бушкина да́ча, Са́шина да́ча, да́ча мои́х ба́бушки и де́душки, па́пина да́ча.

TRANSLATION DRILL

1. Who do these things belong to? Just who does all this junk belong to?
2. Does this guitar belong to you?
3. Who did the land belong to in tsarist Russia? Who does it belong to now?
4. How many organizations do you belong to?
5. We don't belong to any organizations.
6. His brother belongs to a lot of organizations.
7. Everything belongs to the working class.
8. Who said that art belongs to the people?

RELATED WORDS & EXPRESSIONS

принадле́жность   belonging

принадлежа́ть   to belong to:

к гру́ппе выдаю́щихся учёных   a group of prominent scholars/scientists
к числу́ выдаю́щихся учёных   a number of prominent/outstanding scholars
челове́ку   a person
трудя́щимся   the workers/toilers
госуда́рству   the state
перу́ Пу́шкина   the pen of Pushkin

5.9a ПУГА́ТЬ:ИСПУГА́ТЬ TO SCARE, TO FRIGHTEN
ПУГА́Й+

кого́-чего́?   Acc.

Ого́нь испуга́л пу́блику, все бро́сились к вы́ходу.
The fire scared the people; all rushed to the exit.

кого́-что+кем-чем?   Acc.+Inst.

Он пуга́ет меня́ свои́м поведе́нием.
His behavior frightens me (lit. He scares me with his behavior).

5.9b ПУГА́ТЬСЯ:ИСПУГА́ТЬСЯ TO GET FRIGHTENED (OF)
BE SCARED (OF)

Не пуга́йтесь!
Don't be (get) frightened!

But:

Не бо́йся/бо́йтесь!
Don't be afraid! Don't fear!

кого́-чего́   Gen.

Ребёнок испуга́лся соба́ки.
The child got scared of the dog.

ORAL DRILL

Твоя́ соба́ка нас испуга́ла.
Мы испуга́лись твое́й соба́ки.

Ва́ши слова́ его́ испуга́ли.
Он испуга́лся ва́ших слов.

Твоя́ соба́ка нас испуга́ла.
Ва́ши замеча́ния его́ испуга́ли.
Его́ поведе́ние меня́ испуга́ло.
Ва́ши соба́ки её испуга́ли.
Э́ти па́рни всех испуга́ли.
Твой го́лос меня́ испуга́л.

TRANSLATION DRILL

1. Did I frighten you?
2. What's he frightened of?
3. You shouldn't have frightened him. Now he'll be upset all night.
4. My room is a mess, don't be frightened!
5. I hope I didn't frighten you.
6. She saw his big dog and got scared.
7. On seeing the eclipse, everyone became frightened.
8. You don't scare me.
9. Do you really think you scare me?
10. I asked her if I frightened her.
11. Your strange behavior frightens everyone.

RELATED WORDS & EXPRESSIONS

испу́г   fright
  с испу́гу   from fright
пу́гало   scarecrow
пугли́вый   fearful, easily frightened
  пугли́вость   timidity

пуга́ться:испуга́ться   to be scared of, get frightened by:

  зве́ря   a beast
  соба́ки   a dog
  живо́тного   an animal
  насеко́мого   an insect
  неожи́данностей   surprises, something unexpected
  шу́ма   noise

5.10a СЛУ́ШАТЬСЯ:ПОСЛУ́ШАТЬСЯ — TO OBEY
LISTEN TO (in the sense of obeying)
СЛУ́ШАЙ+СЯ

кого́-чего́   Gen.

  На́до слу́шаться ма́тери.
  You should listen to your mother.

  Послу́шайтесь моего́ сове́та!
  Listen to (Take) my advice!

In colloquial Russian the accusative case for feminine nouns is also used:

  То́лько ста́ршую сестру́ он ещё слу́шается.
  His older sister is the only one he listens to any more.

5.10b ВЕСТИ́ СЕБЯ́ TO BEHAVE
ВЁД+

This verb must always be used with an adverb indicating how a person behaves. It is never used by itself. The expressions *Веди́ себя́ or *Он ведёт себя́ have no meaning in Russian.

Мне не нра́вится, как они́ себя́ веду́т.
I don't like the way they behave.

Веди́ себя́ хорошо́! OR: Веди́ себя́ как сле́дует!
Behave!   Behave (properly)!

Она́ вела́ себя́ неприли́чно.
She behaved indecently.

ORAL DRILLS

1. Он нам посове́товал отказа́ться от э́той рабо́ты.
   Мы послу́шались его́ сове́та и отказа́лись от э́той рабо́ты.

   Мы им посове́товали отказа́ться от э́той рабо́ты.
   Они́ послу́шались на́шего сове́та и отказа́лись от э́той рабо́ты.

   Он нам посове́товал отказа́ться от э́той рабо́ты.
   Мы им посове́товали
   Она́ ему́ посове́товала
   Я всем посове́товал
   Вы мне посове́товали
   Ты ей посове́товал/посове́товала
   Она́ нам посове́товала

2. Я ему́ сказа́л: «Веди́ себя́ как сле́дует!»
   Я ему́ сказа́л, что́бы он вёл себя́ как сле́дует.

   Он нам сказа́л: «Веди́ себя́ как сле́дует!»
   Он нам сказа́л, что́бы мы вели́ себя́ как сле́дует.

   Я ему́ сказа́л: «Веди́ себя́ как сле́дует!»
   Он нам сказа́л: «Веди́те себя́ как сле́дует!»
   Мы тебе́ сказа́ли: «Веди́ себя́ как сле́дует!»
   Я вам сказа́л: «Веди́те себя́ как сле́дует!»
   Мы всем сказа́ли: «Веди́те себя́ как сле́дует!»
   Она́ мне сказа́ла: «Веди́ себя́ как сле́дует!»

TRANSLATION DRILL

1. No one ever takes my advice.
2. Good dogs obey their masters. Mine doesn't obey anyone.

3. He only obeys his father.
4. My Kolya will only obey his Uncle Vanya.
5. He won't obey anyone.
6. "Take my advice!" "I don't take anyone's advice."
7. No one obeys our teacher.
8. I took his advice and went there. I shouldn't have taken his advice.
9. Do you obey your mother? I asked her if she obeyed her mother.
10. I told them that your dog was very obedient and that it obeys everyone.
11. Your parents told you to obey me.
12. Whose advice did you take?
13. Nobody likes the way you behave.
14. If you behave like that in the Soviet Union you'll be sent home immediately.
15. I told her to behave and she obeyed.
16. Why doesn't anyone here behave properly?
17. Did you obey his order?
18. He never does what I tell him to do.
19. Why don't you ever do what I tell you to do.

RELATED WORDS & EXPRESSIONS

послу́шный   obedient
поведе́ние   behavior

слу́шаться:послу́шаться   to obey:

  роди́телей   parents
  учи́тельницы   a teacher
  ста́рших   elders
  ма́тери   (your) mother
  прика́за   an order
  сове́та   advice
  врача́   a physician
  сестры́   (your) sister
  тёти   (your) aunt

5.11a   СОСТОЯ́ТЬ (impf. only) — TO CONSIST OF, CONSTITUTE, TO BE
СОСТОЙ—А́+

из кого́-чего́?   ИЗ+ Gen.

На́ша семья́ состои́т из четырёх челове́к.
Our family consists of four persons.

Его́ кварти́ра состои́т из двух ко́мнат и ку́хни.
His apartment consists of two rooms and kitchen.

в чём?   B+Prep.

Его́ рабо́та состоя́ла в перепи́сывании бума́г.
His work consisted of copying papers.

Вы состои́те в па́ртии?
Are you a Party member? (Are you in the Party?)

5.11b состоя́ться (pfv. only)— TO TAKE PLACE, TO BE

Из-за отсу́тствия мно́гих на́ше собра́ние не состоя́лось.
Our meeting did not take place because of the absence of many.

когда́?   When?

Заседа́ние состои́тся в пять часо́в.
The meeting will take place at five o'clock.

где?   Where?

Заседа́ние состои́тся в ма́леньком за́ле.
The meeting will be (take place) in the small hall.

ORAL DRILLS

1. В мое́й семье́ три челове́ка.
   Моя́ семья́ состои́т из трёх челове́к.

   В мое́й семье́ шесть челове́к.
   Моя́ семья́ состои́т из шести́ челове́к.

   В мое́й семье́: 3 челове́ка, 6 челове́к, 4 челове́ка, 7 челове́к, 8 челове́к, 9 челове́к, 21 челове́к.

2. Он член па́ртии.
   Он состои́т в па́ртии.

   Мы чле́ны па́ртии.
   Мы состои́м в па́ртии.

   (он, мы, твой друг, я, они́, мы все, ты, мой брат)

TRANSLATION DRILL

1. "How many rooms does your apartment consist of?" "Four."
2. My apartment consists of 2 rooms and hers of 3.
3. How many people does your family consist of?

4. My family consists of 7 grown-ups, 4 children, 2 dogs, and 25 cats. We also have several hamsters.
5. A molecule consists of atoms.
6. This anthology consists of 21 new stories.
7. My dissertation consisted of 5 chapters.
8. If it rains the expedition won't take place.
9. When will the next meeting of the Russian club take place?
10. I don't think that that concert will take place.
11. Because of bad weather, our trip did not take place.
12. She asked me if I was a Party member.
13. I asked them what their work consisted of.

RELATED WORDS & EXPRESSIONS

состоя́ние   condition, state
состоя́тельный   well-to-do, well-off; well-grounded

состоя́ть   to be, to consist of

    из не́скольких челове́к   of several persons
    из трёх ко́мнат   of three rooms
    из о́пытных рабо́чих   of experienced workers
    в па́ртии   a Party member
    в комсомо́ле   a Komsomol member
    в профсою́зе   a union member
    в дру́жеских отноше́ниях   in friendly relations i.e., to be friends

5.12a   ССО́РИТЬСЯ:ПОССО́РИТЬСЯ — TO QUARREL,
TO HAVE A FALLING OUT, TO HAVE A SERIOUS ARGUMENT
ССО́РИ+СЯ   (Note the spelling of this verb!)

Они́ друг с дру́гом не разгова́ривают. Они́ ведь неда́вно поссо́рились.
They're not speaking to each other. They, you know, recently had a falling out.

с кем?   С+Inst.

Вы чита́ли по́весть Го́голя «Как Ива́н Ива́нович поссо́рился с Ива́ном Ники́форовичем»?
Have you read Gogol's tale, "How Ivan Ivanovich Quarreled with Ivan Nikiforovich?"

(с кем?)/ из-за кого́-чего́?   (С+Instr.)/ ИЗ-ЗА+Gen.

Он поссо́рился со мной из-за пустяко́в (из-за Ири́ны).
He quarrelled with me because of nonsense (because of Irene).

5.12b   ССÓРИТЬ:ПОССÓРИТЬ — TO MAKE SOMEONE QUARREL, HAVE AN ARGUMENT

когó?   Acc.

Нас поссóрили друзья́.
Our friends have made us quarrel.

когó с кем-чем?   Acc.+C+Inst.

Она стара́лась поссóрить меня́ с мои́м лу́чшим дру́гом.
She tried to make me quarrel with my best friend.

Note well:

ссóра   quarrel, falling out
спор   argument, disagreement
спóрить о чём-нибу́дь (1.13)
    to have different points of view; to argue about something
ссóриться из-за чегó-нибу́дь
    to have an argument (quarrel) about something

ORAL DRILL

Он на Бори́са стра́шно зли́тся.
Он поссóрился с Бори́сом.
Мы на них стра́шно зли́мся.
Мы поссóрились с ни́ми.

Он на Бори́са стра́шно зли́тся.
Мы на них стра́шно зли́мся.
Я на её дочь стра́шно злю́сь.
Мы на всю его́ семью́ стра́шно зли́мся.
Она́ на них всех стра́шно зли́тся.
Дми́трий на И́горя стра́шно зли́тся.
Они́ на его́ рóдственников стра́шно зля́тся.

TRANSLATION DRILL

1. "Just who was it that you quarreled with?" "I didn't quarrel with anyone."
2. What did you quarrel about?
3. I think he's had a quarrel with everyone here.
4. Don't ever quarrel with anyone!

5. They quarreled over a: a) man, b) woman.
6. A lot of people quarrel about money.
7. I don't like to quarrel.
8. I quarreled with: a) all of them, b) both of them, c) every single one of them.
9. He's never quarreled with anyone.
10. He'll quarrel with you, too.

RELATED WORDS & EXPRESSIONS

ссóра   quarrel

ссóриться:поссóриться   to quarrel:

> **с друзья́ми**   with friends
> **с роди́телями**   with one's parents
> **друг с дру́гом**   with each other
> **с подру́гой**   with a girlfriend
> **с нача́льством**   with the management

5.13a   УБЕЖДА́ТЬ:УБЕДИ́ТЬ — TO CONVINCE, PERSUADE
УБЕЖДА́Й+:УБЕДИ́+

кого́ в чём?   Acc.+B+Prep.

> Я его́ зря убежда́л в правоте́ мои́х слов.
> In vain did I try to convince him of the truth of my words.

кого́+Inf.   Acc.+Inf.

> Наконе́ц мы убеди́ли его́ приня́ть уча́стие в на́шем спекта́кле.
> We finally convinced him to participate (take part) in our performance (program).

5.13b.   УБЕЖДА́ТЬСЯ:УБЕДИ́ТЬСЯ — TO BECOME CONVINCED (OF)

в чём?   B+Prep.

> Она́ убеждена́ (в том), что он не прие́дет.
> She's convinced that he won't come.

Note: The verbs **убеди́ть** and **убеди́ться** have no first-person singular forms.

ORAL DRILLS

1. Я не ду́маю, что он и́скренний челове́к.
   Я не могу́ убеди́ться в его́ и́скренности.

   Я не ду́маю, что они́ и́скренние лю́ди.
   Я не могу́ убеди́ться в их и́скренности.

   > Я не ду́маю, что он и́скренний челове́к.
   > что они́ и́скренние лю́ди.
   > что она́ и́скренний челове́к.
   > что ты и́скренний челове́к.
   > что вы и́скренний челове́к.
   > что он и́скренний челове́к.

2. Она́ говори́т, что она́ права́.
   Она́ убеждена́, что она́ права́.

   Бори́с говори́т, что он прав.
   Бори́с убеждён, что он прав.

   > (она́, Бори́с, я, они́, де́душка, мы, они́, Ва́ня, все)

TRANSLATION DRILL

1. I'd like to become convinced of their sincerity, but I just can't.
2. We're convinced that they're correct.
3. A lot of people are convinced of the victory of Communism.
4. I'm positive that Ivan didn't kill him (Watch word order!).
5. What were you trying to convince them of?
6. Everyone became convinced of their good intentions.
7. He was trying to convince everyone of the correctness of his views.
8. You're going to have to convince everyone of the necessity of this trip.
9. You haven't convinced anyone of anything.
10. I've become convinced of one thing.
11. We're convinced of one thing.
12. How did you manage to convince them of the necessity of knowing Russian.

RELATED WORDS & EXPRESSIONS

убежде́ние conviction, belief, persuasion
убеждённость conviction
убеди́тельный convincing

убежда́ться:убеди́ться   to be (come) convinced of:

> в и́стине   the absolute truth

в правоте́ the correctness (of something)
в оши́бке a mistake
в необходи́мости лечи́ться the necessity of receiving treatment
в справедли́вости реше́ния in the justness of a decision

убежда́ть:убеди́ть to convince, persuade:

това́рища в свое́й правоте́ a comrade of one's correctness
бра́та учи́ться one's brother to study (in an institution of higher learning)
дру́га оста́ться a friend to stay

SECTION 5   REVIEW TRANSLATIONS

1. Why are you so worried about your parents? Everything will be all right.
2. Why are they so excited today?
3. You shouldn't be friends with such people.
4. In Moscow I became friends with some very interesting scientists.
5. He envies me everything.
6. He is jealous of his wife (in regard to me).
7. It seems to me that we have met somewhere before.
8. This way seems shorter.
9. They appeared at the party unexpectedly (put in an unexpected appearance).
10. Show me how this is done.
11. It's rude to stick out your tongue.
12. To my great surprise she also turned up in Moscow.
13. He turned out to be a very capable student.
14. Why did you say no to him?
15. He gave up his American citizenship and moved to Canada.
16. What will you have (order) for dinner?
17. I'll have to order these shoes from Germany.
18. To what student organization do you belong?
19. All of this land belongs to us.
20. Don't pay any attention to him. Everything scares him.
21. He got scared by the lion's roar (рёв).
22. If you had listened to our advice, you wouldn't have gotten into such a predicament.
23. The concert was canceled (didn't take place) because of rain.
24. How many persons are there in your family?
25. I was trying to convince him of the advantage* of our form of government.
26. He won't come. I'm convinced of that.

* advantage   преиму́щество; form of government   госуда́рственное управле́ние

Section 6

Review Translations

6.1a ВОЗИ́ТЬСЯ:ПОВОЗИ́ТЬСЯ — TO SPEND TIME (uselessly), BOTHER WITH
ВОЗИ́+СЯ

с кем-чем?   C+Inst.

Не люблю́ я возѝться с таки́ми пустяка́ми.
I don't like to bother with such nonsense.

6.1b ВЕЗТИ́+ПОВЕЗТИ́ — (here) TO BE LUCKY, FORTUNATE, SUCCESSFUL
ВЁЗ+

кому́?   Dat. (Impersonal)

«Вам про́сто повезло́.» «Да, мне всегда́ везёт.»
"You were simply (just) lucky." "I'm always lucky."

в чём?   B+Prep.

Ёсли нам повезёт...
If we're lucky...

Мне не везёт в любви́.
I'm unlucky in love.

ORAL DRILLS

1. Мне надое́ли ро́дственники.
   Я весь день вожу́сь с ро́дственниками.

   Нам надое́л твой дя́дя.
   Мы весь день во́зимся с твои́м дя́дей.

   Мне надое́ли ро́дственники.
   Нам надое́л твой дя́дя.
   Им надое́ла така́я ну́дная рабо́та.
   Мне надое́ли Ва́сины роди́тели.
   Ей надое́ла Серёжина тётя.
   Нам надое́л На́дин сын.
   Ему́ надое́ла тёща.
   Мне надое́ли э́ти глу́пые америка́нские тури́сты.

2. Я доста́л биле́ты на его́ конце́рт.
Тебе́ повезло́.

Йра получи́ла биле́ты на его́ конце́рт.
Йре повезло́.

Мы получи́ли биле́ты на его́ конце́рт.
Вам повезло́.

(я, Йра, Шу́рина сестра́, мы, Ва́син брат, ка́ждый из нас, мы о́ба, мы все)

TRANSLATION DRILL

1. What is he messing around with all the time?
2. I've been fiddling around with this nonsense all day.
3. He never bothers himself with anything or anyone.
4. Tomorrow I'm going to busy with my relatives.
5. You shouldn't bother with such people.
6. What are you usually lucky at?
7. If you're lucky you'll see him there.
8. I just don't have any luck at all.
9. I used to be lucky at cards, but not now.
10. She's not lucky at cards, but he is.

RELATED WORDS & EXPRESSIONS

везу́чий, везу́чая   lucky
возня́   bother, trouble; noise, racket (with children)

вози́ться   to bother with:

    с детьми́   children
    с ро́дственниками   relatives
    с волоки́той   red tape
    с соба́кой   a dog

6.2   ВРЕДИ́ТЬ:ПОВРЕДИ́ТЬ — TO HARM, INJURE, HURT; TO DO HARM TO
ВРЕДИ́+

Это не повреди́т.
This won't do any harm.

кому́-чему́?   Dat.

Ва́ши слова́ мне повреди́ли.
Your words did me harm.

ORAL DRILLS

1. Вы сли́шком мно́го ку́рите.
   Вы так повреди́те своему́ здоро́вью.

   Они́ сли́шком мно́го ку́рят.
   Они́ так повредя́т своему́ здоро́вью.

   (вы, они́, ты, она́, мы, твой брат, твои́ роди́тели)

2. Заче́м ты э́то говори́л обо мне?
   Твои́ слова́ мне о́чень повреди́ли.

   Заче́м ты э́то говори́л о Бори́се?
   Твои́ слова́ Бори́су о́чень повреди́ли.

   (обо́ мне, о Бори́се, о на́шем дя́де, о Са́шиных роди́телях, о них, о ней, о Льве́ Никола́евиче, о Любо́ви Андре́евне)

TRANSLATION DRILL

1. Such frivolous behavior will harm your friend.
2. One hundred grams of vodka won't hurt anyone.
3. That won't hurt anything.
4. That won't harm matters.
5. What can injure (one's) health?
6. I don't think that anything would hurt him.
7. His stupid words did all of us a great deal of harm.

RELATED WORDS & EXPRESSIONS

вред   harm, hurt, damage
вре́дный   harmful, injurious; unhealthy
невре́дный   innocuous
невреди́мый   unharmed
цел и невреди́м   safe and sound
вреди́тель   wrecker, saboteur; pest, vermin
вреди́тельство   wrecking, sabotage; act of sabotage
вре́дно для здоро́вья   bad for (one's) health

вреди́ть:повреди́ть   to harm, injure:

     де́тям похвала́ми   children, with praise
     здоро́вью куре́нием   your health by smoking
     де́лу плохи́м руково́дством   the cause (matter at hand) with poor management

6.3   ГОРДИ́ТЬСЯ:ВОЗГОРДИ́ТЬСЯ — TO BE PROUD OF, PRIDE ONESELF
ГОРДИ́+СЯ

кем-чем?   Inst.

Мы о́чень горди́мся ва́ми (ва́шими успе́хами).
We are very proud of you (of your success).

to be proud (a proud person)   **быть го́рдым (го́рдой)**

ORAL DRILLS

1. Их сын получи́л хоро́шую стипе́ндию.
   Они́ о́чень гордя́тся свои́м сы́ном.

   Их брат получи́л хоро́шую стипе́ндию.
   Они́ о́чень гордя́тся свои́м бра́том.

   (их брат, их сын, их дочь, их сыновья́, их бра́тья, их до́чери, их сестра́, их сёстры, их внук, их вну́чка, их племя́нник, их племя́нница)

2. На́ши де́ти дости́гли больши́х успе́хов.
   Мы о́чень горди́мся свои́ми детьми́.

   Её де́ти дости́гли больши́х успе́хов.
   Она́ о́чень горди́тся свои́ми детьми́.

   (на́ши де́ти, её де́ти, его́ де́ти, твои́ де́ти, мои́ де́ти, их де́ти, ва́ши де́ти, мои́ де́ти, твои́ де́ти)

3. У вас тако́й тала́нтливый сын.
   Вы должны́ горди́ться им.

   У вас така́я тала́нтливая дочь.
   Вы должны́ горди́ться е́ю.

   У вас:
   (тако́й тала́нтливый сын, така́я тала́нтливая дочь, таки́е тала́нтливые де́ти, така́я тала́нтливая мать, тако́й тала́нтливый дя́дя, така́я тала́нтливая тётя, таки́е тала́нтливые ро́дственники, така́я тала́нтливая ба́бушка)

TRANSLATION DRILL

1. Are your parents proud of you?
2. Do you pride yourself on anything?
3. I'm really proud of my success in Russian.
4. She's very proud of her daughter, but not of her son.
5. "You've got nothing to be proud of. Don't be proud of anything." "I'm not proud of anyone or anything."
6. We're proud of: a) all of you; b) the both of you.
7. What is he so proud of?

8. Why is she so proud?
9. I'm not proud of any of you.
10. He's proud of everything he's done in the last 10 years.

RELATED WORDS & EXPRESSIONS

гóрдый   proud
гóрдость   pride
горделúвый   haughty, proud
гордéц   proud, arrogant man
гордя́чка   arrogant woman

гордúться   to be proud of:

> **своéй семьёй**   one's family
> **своúми достижéниями**   one's achievements
> **сыновья́ми и дочерьмú**   one's sons and daughters
> **своúми детьмú**   one's children
> **своéй рóдиной**   one's native land
> **наýчными откры́тиями**   scientific discoveries

6.4   ДОБИВА́ТЬСЯ:ДОБИ́ТЬСЯ—TO ACHIEVE; TO GAIN; TO OBTAIN; TO GET
ДОБИВА́Й+СЯ:ДОБИ́Й+СЯ

Used generally with animate subjects. Indicates striving for something and then attaining it.

чегó?   Gen.

> В концé концóв онá добúлась своегó.
> She finally got what she wanted.

> Он добúлся положúтельных результáтов.
> He attained positive results.

чегó+от когó-чегó?   Gen.+ОТ+Gen.

> Мне стóило большóго трудá добúться от негó объяснéния.
> It cost me a great deal of effort to get an explanation from him.

6.5   ДОСТИГА́ТЬ:ДОСТИ́ГНУТЬ (ДОСТИ́ЧЬ) — TO REACH, ATTAIN
ДОСТИГА́Й+:ДОСТИ́Г-НУ+

чего?   Gen.

Температу́ра ча́сто достига́ет ста гра́дусов.
The temperature often reaches 100 degrees.

Спустя́ три часа́ мы дости́гли верши́ну горы́.
Three hours later we reached the summit of the mountain.

ORAL DRILLS

1. Они́ его́ до́лго допра́шивали.
    Наконе́ц они́ доби́лись отве́та от него́.

    Они́ нас до́лго допра́шивали.
    Наконе́ц они́ доби́лись отве́та от нас.

    Они́ его́ до́лго допра́шивали.
    Они́ нас до́лго допра́шивали.
    Они́ ка́ждого из нас до́лго допра́шивали.
    Они́ её до́лго допра́шивали.
    Они́ их до́лго допра́шивали.
    Они́ всех до́лго допра́шивали.

2. Я пожела́л Бори́су успе́хов.
    Я наде́юсь, что Бори́с добьётся больши́х успе́хов.

    Я пожела́л им успе́хов.
    Я наде́юсь, что они́ добью́тся больши́х успе́хов.

    Я пожела́л Бори́су успе́хов.
    Я пожела́л им успе́хов.
    Я пожела́л Ири́не успе́хов.
    Я пожела́л ва́шим сыновья́м успе́хов.
    Я пожела́л всем успе́хов.
    Я пожела́л ка́ждому из них успе́хов.
    Я пожела́л Ва́не успе́хов.
    Я пожела́л вам успе́хов.
    Я пожела́л тебе́ успе́хов.

3. Вчера́ бы́ло 90°.
    Вчера́ температу́ра дости́гла девяно́ста гра́дусов.

    Вчера́ бы́ло 92°.
    Вчера́ температу́ра дости́гла девяно́ста двух гра́дусов.

    Вче́ра бы́ло 91°.
    Вче́ра температу́ра дости́гла девяно́ста одного́ гра́дуса.

    (90°, 92°, 91°, 94°, 95°, 99°, 101°, 100°)

4. Вчера́ бы́ло 90°.
   Здесь температу́ра ча́сто достига́ет девяно́ста гра́дусов.

   Вчера́ бы́ло 92°.
   Здесь температу́ра ча́сто достига́ет девяно́ста двух гра́дусов.

   Вчера́ бы́ло 91°.
   Здесь температу́ра ча́сто достига́ет девяно́ста одного́ гра́дуса.

   (Use the same cues as above.)

TRANSLATION DRILL

1. What would you like to attain in life?
2. I finally got my own way.
3. We've already reached 500 mph.
4. The boat reached the opposite shore and we climbed out of it.
5. Women only think they've attained equal rights.
6. The plane has reached its maximum speed.
7. He strove for his goal persistently.
8. The workers were trying to get a raise (повыше́ние зарпла́ты) but they didn't get any raise at all.
9. I didn't get any sort of explanation from him at all.
10. The corn in Iowa reaches human height.
11. We didn't wind up with anything in spite of our efforts.

RELATED WORDS & EXPRESSIONS

достиже́ние   achievement
ВДНХ (Вы́ставка Достиже́ний Наро́дного Хозя́йства)   Exhibit of the Achievements
                                                     of Agriculture

достига́ть:дости́чь   to reach, attain:

  го́рода   town
  бе́рега   the shore, land
  верши́ны   the summit
  значи́тельного ро́ста   significant growth
  высо́кого у́ровня   a high level
  це́ли   a goal
  большо́й ско́рости   a great speed
  хоро́ших результа́тов   good results

добива́ться:доби́ться   to achieve, get, obtain

  успе́ха   success
  призна́ния от престу́пника   a confession from a criminal
  уда́чи   success
  своего́   what you wanted
  равнопра́вия   equal rights
  усту́пок   concessions
  отве́та от ученика́   an answer from a student
  це́ли   a goal
  пе́рвенства   a first place

6.6   ЖА́ЛОВАТЬСЯ:ПОЖА́ЛОВАТЬСЯ— TO COMPLAIN
ЖА́Л-ОВА+СЯ

Вы его́ не зна́ете. Он лю́бит жа́ловаться.
You don't know him. He likes to complain.

кому́-чему́?   Dat.

Мы бу́дем жа́ловаться нача́льству.
We're going to complain to the higher-ups.

кому́-чему́+на кого́-что?   Dat.+HA+Acc.

Он постоя́нно жа́луется на пого́ду.
He complains about the weather all the time.

Она́ жа́ловалась врачу́ на бессо́нницу.
She complained about insomnia to the doctor.

ORAL DRILLS

1. Я ва́ми недово́лен.
   Я бу́ду жа́ловаться дире́ктору на вас.

   Я Бори́сом недово́лен.
   Я бу́ду жа́ловаться дире́ктору на Бори́са.

     Я ва́ми недово́лен.
     Я Бори́сом недово́лен.
     Я ва́шей рабо́той недово́лен.
     Я е́ю недово́лен.
     Я Любо́вью Дми́триевной недово́лен.
     Я её поведе́нием недово́лен.
     Я и́ми недово́лен.

2. Вы им недово́льны?
   Е́сли вы им недово́льны, то пожа́луйтесь нача́льству на него́.

   Вы е́ю недово́льны?
   Е́сли вы е́ю недово́льны, то пожа́луйтесь нача́льству на неё.

     Вы им недово́льны?
     Вы е́ю недово́льны?
     Вы на́ми недово́льны?
     Вы и́ми недово́льны?
     Вы мной недово́льны?
     Вы И́горем недово́льны?
     Вы ке́м-нибудь недово́льны?
     Вы э́тим недово́льны?

TRANSLATION DRILL

1. "What's he complaining about now? I don't think he has any reason to complain." "He's complaining about everyone and everything, but he says he never complains about anyone or anything."
2. Somebody complained to the dean about me. I think it was one of you.
3. Somebody should complain to the administrator about the bad service.
4. Who should (can) I complain to?
5. She complained to the doctor about her headaches.
6. He didn't complain about any pain at all.
7. I'm going to complain to him about: a) all of you, b) both of you, c) every single one of you.
8. I didn't complain about any of you.
9. Why do they complain about each other so much?
10. You shouldn't have complained about me.
11. If I were in your place, I'd complain to him about that.
12. If you don't like the way I'm running this course, complain to the boss about me.
13. You're always complaining about something.
14. You always find something to complain about.

RELATED WORDS & EXPRESSIONS

жа́лоба   complaint
  жа́лобный   plaintive, mournful
  жа́лобная кни́га   complaint book
жа́лованье   salary
Добро́ пожа́ловать   Welcome!

жа́ловаться:пожа́ловаться   to complain:

  врачу́ на здоро́вье   to a doctor about your health
  нача́льству на преподава́теля   about a teacher to the administration
  на головны́е бо́ли   of headaches
  на свою́ тёщу   about one's mother-in-law
  на судьбу́   about one's fate
  на това́рища учи́телю   to a teacher about a comrade

6.7a ЗАКУ́СЫВАТЬ:ЗАКУСИ́ТЬ
TO HAVE A BIT TO EAT, A SNACK; TO SNACK
ЗАКУ́СЫВАЙ+:ЗАКУСИ́+

Заку́сим и пое́дем да́льше!
Let's have a bite to eat and then move on!

Хоти́те закуси́ть?
Would you like a bite to eat?

чем?   Inst.

Мы закусйли рыбой, колбасóй, сыром.
We had some fish, sausage, and cheese.

что+чем?   Acc.+Inst.

Я всегдá закýсываю вóдку селёдкой.
I always eat herring with my vodka.

6.7b КУСÁТЬ:УКУСЙТЬ—TO BITE, STING (trans.)
КУСÁЙ+ :УКУСЙ+

кого-что?   Acc.

Меня укусйла собáка.
A dog bit me.

Меня укусйла пчелá.
A bee stung me.

6.7c КУСÁТЬСЯ—TO BITE (both intrans. and impfv.)

Собáка кусáется.
The dog bites.

Не бóйтесь меня! Я не кусáюсь.
Don't be afraid of me! I don't bite.

ORAL DRILLS

1. Я гóлоден.
 Дáйте мне чем-нибýдь закусйть!

 Борйс гóлоден.
 Дáйте Борйсу чем-нибýдь закусйть!

  Я гóлоден.
  Борйс гóлоден.
  Нйна голоднá.
  Любóвь Петрóвна голоднá.

Мы го́лодны.
Они́ го́лодны.
Я го́лоден. Все го́лодны.

2. Ты го́лоден?
   Ты бы чём-нибудь закуси́л.

   А́нна голодна́.
   А́нна бы чём-нибудь закуси́ла.

   Ты го́лоден?
   А́нна голодна́?
   Она́ голодна́?
   Вы го́лодны?
   Он го́лоден?
   Они́ го́лодны?

3. Ничего́ нам не дава́йте!
   Мы заку́сим чём-нибудь по доро́ге.

   Ничего́ им не дава́йте!
   Они́ заку́сят чем-нибудь по доро́ге.

   (нам, им, ей, мне, ему́, Бори́су, мне, Ни́не)

TRANSLATION DRILL

1. I'll stop on the way and get a bite to eat.
2. What would you like to munch on?
3. What do people usually have with vodka?
4. I had a bite of: a) chicken, b) turkey, c) goose, d) cheese.
5. After class I usually have a snack at the cafeteria.
6. Something stung me!
7. "Does your dog bite?" "It sure does. Yesterday it bit two children."
8. I had something to eat this morning.
9. He never eats anything with his vodka.

RELATED WORDS & EXPRESSIONS

заку́ска   snack
заку́сочная   snack bar
уку́с   bite
кусо́к   piece
у́ксус   vinegar

заку́сывать:закуси́ть:

   бутербро́дами   to eat some sandwiches
   оста́тками у́жина   to eat leftovers from supper
   холодцо́м   to have some meat or fish aspic
   капу́стой   to eat some cabbage
   лека́рство конфе́тами   to eat some candy after taking medicine
   вино́ фру́ктами   to eat fruit with wine
   огурцо́м   to eat a cucumber

6.8a   ЗАПРЕЩА́ТЬ:ЗАПРЕТИ́ТЬ—TO FORBID
ЗАПРЕЩА́Й+:ЗАПРЕТИ́+

что?   Acc.

Мы уви́дим день, когда́ запретя́т испыта́ние я́дерного ору́жия.
We'll see the day when they ban the testing of atomic weapons.

что+кому́?   Acc. +Dat.

Врачи́ запрети́ли больно́му са́хар.
The doctors didn't let the sick person have anything sweet.

+инф. несов. ви́да   +Impfv. infinitive

Нам запрети́ли купа́ться по́сле обе́да.
We weren't allowed to swim after dinner (lunch).

6.8b   The verb **воспреща́ть:воспрети́ть** has the same meaning of **запреща́ть:запрети́ть** and is used mostly in official notices. Both verbs are frequently used with the reflexive particle -**ся** as well as in the past-passive participle form **запрещён, -а́, -о́; воспрещён, -а́, -о́.**

Вход посторо́нним воспреща́ется!
No entrance to unauthorized personnel!

Ходи́ть по газо́ну стро́го воспреща́ется!
No walking on the grass!

6.8c   ПОЗВОЛЯ́ТЬ:ПОЗВО́ЛИТЬ—TO LET, ALLOW, PERMIT
ПОЗВОЛЯ́Й+:ПОЗВО́ЛИ+

что?   Acc.

Он вряд ли э́то позво́лит.
He'll scarcely (hardly) allow that.

инф. +кому́-чему́?/что+кому́-чему́?   Acc.+Dat.

Вы нам позво́лите закури́ть?
Would you allow us to light up (a cigarette)?

6.8d РАЗРЕША́ТЬ:РАЗРЕШИ́ТЬ—TO PERMIT, ALLOW
TO GIVE PERMISSION
РАЗРЕША́Й+:РАЗРЕШИ́+

инф.+кому́?   Inf. +Dat.

Ему́ разреши́ли пое́хать за́ грани́цу.
He received permission to go abroad.

Разреши́те мне предста́вить свою́ жену́.
Allow me to introduce my wife.

6.8e The opposite of **запреща́ться (воспреща́ться)** is **разреша́ться**. It is used impersonally.

кому́?   Dat.

Мне кури́ть не разреша́ется/кури́ть запреща́ется/.
I'm not allowed to smoke.

NOTE: to ask someone's permission = **спроси́ть у кого́-нибудь разреше́ния.**

ORAL DRILLS

1. Почему́ вы во́дку не вы́пили?
   Врач нам запрети́л во́дку.

   Почему́ ты во́дку не вы́пил-а?
   Врач мне запрети́л во́дку.

   Почему́ Бори́с во́дку не вы́пил?
   Врач Бори́су запрети́л во́дку.

   Почему́ вы во́дку не вы́пили?
   Почему́ ты во́дку не вы́пил-а?
   Почему́ Бори́с во́дку не вы́пил?
   Почему́ ва́ши го́сти во́дку не вы́пили?
   Почему́ твой оте́ц во́дку не вы́пил?
   Почему́ твой де́душка во́дку не вы́пил?
   Почему́ Дми́трий во́дку не вы́пил?
   Почему́ Любо́вь Дми́триевна во́дку не вы́пила?
   Почему́ э́ти па́рни во́дку не вы́пили?
   Почему́ э́ти лю́ди во́дку не вы́пили?
   Почему́ ты во́дку не вы́пил?
   Почему́ вы во́дку не вы́пили?

2. Они́ хотя́т пое́хать в Кита́й.
   Но роди́тели им не позво́лят.

   Я хочу́ пое́хать в Кита́й.
   Но роди́тели мне не позво́лят.

   Бори́с хо́чет пое́хать в Кита́й.
   Но роди́тели ему́ не позво́лят.

   (они́, я, Бори́с, мы, ты, Са́ша, Пётр и Па́вел)

3. Здесь нельзя́ кури́ть?
   Да, кури́ть здесь запреща́ется.

   Здесь нельзя́:
   говори́ть по-англи́йски, ходи́ть босико́м, пить во́дку, опа́здывать на уро́ки, принима́ть госте́й, брать ме́бель из ко́мнаты, е́здить за преде́лы го́рода.

4. Здесь мо́жно кури́ть?
   Да, кури́ть здесь разреша́ется.

   Use the cues in No. 3

TRANSLATION DRILL

1. His mother won't let her children go to the movie.
2. Papa doesn't allow us to take his pen.
3. The physicist Sakharov was not allowed to go to Sweden.
4. We're not permitted to go abroad.
5. It's forbidden to photograph bridges.
6. It's forbidden to go outside the boundaries of the city.
7. We're not allowed to see foreigners.
8. Whose permission should we ask?

RELATED WORDS & EXPRESSIONS

запре́т   prohibition, ban
запреще́ние   prohibition
запре́тный   prohibited
запре́тная зо́на   restricted area
запре́тный плод
запре́тный плод сладо́к...   Forbidden fruit is sweet.
разреше́ние   permission
позволе́ние   permission, leave

разреша́ть:разреши́ть   to give permission, to permit:

де́тям гуля́ть   the children to go for walks
тури́стам вы́езд за́ город   the tourists to leave the city
кни́гу к печа́ти   a book to be printed
больно́му встава́ть   a sick person to get up
себе́ о́тдых/отдохну́ть   oneself to rest

позволя́ть:позво́лить to permit, allow:

> **дру́гу закури́ть** a friend to light a cigarette
> **себе́ сказа́ть ли́шнее** yourself to say something superfluous
> **больно́му встать** a sick person to get up
> **де́тям погуля́ть** children to go for a walk
> **ли́шнее** the superfluous

6.9a НРА́ВИТЬСЯ:ПОНРА́ВИТЬСЯ — TO APPEAL TO; TO LIKE
НРА́ВИ+СЯ

In using this verb, the subject of the English sentence "I like her" (the person who does the liking) will be in the dative case in Russian. The direct object of the English sentence (the person who is liked) will be the subject of the Russian construction and will be in the nominative case:

> Она́ мне нра́вится.
> I like her (she appeals to me).

The perfective form of this verb indicates the beginning of the action of liking—the transition from a state of being indifferent toward something to liking it (or not liking it, if negation is present in the Russian construction):

> Она́ мне нра́вилась.
> I liked (used to like) her.
> (Perhaps I don't like her now.)

> Она́ мне понра́вилась.
> I liked her. I took a liking to her.

> Она́ мне не нра́вилась.
> I didn't (used to) like her.
> (Perhaps I like her now.)

> Она́ мне не понра́вилась.
> I didn't like her, didn't take a liking to her.
> (This was your first reaction toward her.)

This verb may be conjugated in ALL persons.

я	понра́влюсь
ты	понра́вишься
Е́сли он/она́ *им* понра́вится,	*всё бу́дет хорошо́.*
мы	понра́вимся
вы	понра́витесь
они́	понра́вятся

If they like me (you, him, us, you, them), everything will be all right.

NOTE: Both imperfective and perfective infinitives may be used after the verb **нра́виться** (and **люби́ть**). After the perfective verb **понра́виться** (and also **полюби́ть**) only the imperfective infinitive (which indicates repeated action) is used:

Мне понра́вилось пить во́дку.
I became fond of drinking vodka.

Я люблю́ говори́ть (поговори́ть) с ним.
I like to talk (have a chat) with him.

Мне нра́вится говори́ть с ним.
I like to have a chat with him.

ORAL DRILLS

1. Они́ к вам хорошо́ отно́сятся.
   Вы им о́чень нра́витесь.

   Они́ к Бори́су хорошо́ отно́сятся.
   Бори́с им о́чень нра́вится.

   Они́ к вам хорошо́ отно́сятся.
   Они́ к Бори́су хорошо́ отно́сятся.
   Они́ к нам хорошо́ отно́сятся.
   Они́ ко мне хорошо́ отно́сятся.
   Они́ к нам всем хорошо́ отно́сятся.
   Они́ к ним всем хорошо́ отно́сятся.
   Они́ к Ю́ре хорошо́ отно́сятся.

2. Я надéюсь, . . .
   Я надéюсь, что я им всем понрáвлюсь.

   Мы надéемся, . . .
   Мы надéемся, что мы им всем понрáвимся.

   (я, мы, Борѝс, Борѝс и Глеб, ты, онá, он)

TRANSLATION EXERCISE

1. Everyone liked the new movie but me.
2. The professor liked everyone's papers but mine.
3. Did you like my brother?
4. I hope they'll like me.
5. I didn't like his behavior at all.
6. Why doesn't she like it here?
7. Why didn't they like you?
8. I don't like this ice cream.
9. I can't understand why no one likes me.
10. Don't get upset, he doesn't like anything.
11. Did you like the Soviet Union?

RELATED WORDS & EXPRESSIONS

нрав   disposition, temper
нрáвы   customs
нрáвственный   moral
нрáвственность   morality, morals
нравоучéние   moral admonition, lesson, moral
любóвь   love
  любóвный   love (adj.)
  любѝмец   favorite
  любѝмый   favorite
любовáться кем-чем и на когó-что   to admire
  любѝтель   fan, lover; amateur
  любѝтельский   amateur
любóвник, любóвница   lover
любéзный   courteous, polite, obliging; kind
  любéзность   courtesy, politeness
  любéзничать с кем   stand on ceremony, be extra polite

Note the difference in the declension of the word любóвь (love) and the name Любóвь (Charity, as in Faith, Hope and Charity):

И.	любóвь	Любóвь
В.	любóвь	Любóвь
Р. Д. П.	любвѝ	Любóви
Тв.	любóвью	Любóвью

6.10a ОБЕЩА́ТЬ:(ПООБЕЩА́ТЬ) — TO PROMISE
ОБЕЩА́Й+

The verb **обеща́ть** may be both perfective and imperfective. However, many people use the colloquial perfective form **пообеща́ть.**

Он обеща́ет, но ничего́ не де́лает.
He promises, but he doesn't do anything.

что+кому́?   Acc.+Dat.

Мне обеща́ли кни́гу.
I was promised a book.
(They promised me a book.)

кому́+инф.   Dat.+Inf.

Я обеща́л Та́не пойти́ с ней в кино́.
I promised Tanya to go to the show with her.

ORAL DRILL

1. Студе́нты ожида́ли большо́й сюрпри́з.
Студе́нтам обеща́ли большо́й сюрпри́з.

Наши го́сти ожида́ли большо́й сюрпри́з.
На́шим го́стям обеща́ли большо́й сюрпри́з.

(Студе́нты, На́ши го́сти, Пётр и Па́вел, На́ши де́ти, Э́ти па́рни, Дми́трий и Игорь, Любо́вь Григо́рьевна, Гео́ргий Петро́вич, На́ши бра́тья и сёстры, Твои́ до́чери)

TRANSLATION DRILL

1. What did you promise him?
2. He promised all of us that he'd get here on time.
3. We promised the guests a big surprise.
4. I didn't promise anyone anything.
5. Don't ever promise anyone anything.

RELATED WORDS & EXPRESSIONS

обеща́ние promise
обе́т vow, promise
многообеща́ющий promising, hopeful, significant
обетова́нный край the Promised Land
взять обеща́ние с кого́? to take a promise from someone
дать обеща́ние кому́? to give one's word, promise

обеща́ть to promise:

> пода́рок сы́ну your son a present
> пре́мию рабо́чим the workers a prize
> хоро́шую отме́тку студе́нту a student a good grade
> помога́ть това́рищу to help a friend
> слу́шаться учи́телю the teacher to obey
> това́рищу кни́гу a friend a book
> друзья́м прийти́ во́время friends to come on time
> мно́гое a lot of things
> дру́гу по́мощь a friend to help

6.11a   ПЛАТИ́ТЬ:ЗАПЛАТИ́ТЬ — TO PAY, REPAY
ПЛАТИ́+

Что?   Acc.

Все мы пла́тим нало́ги.
We all (All of us) pay taxes.

что-кому́-чему́?   Acc.+Dat.

Не зна́ю, когда́ он мне запла́тит долг.
I don't know when he'll repay me his debt.

за кого́-что? / ЗА+Acc.   to pay for

Ты заплати́л за обе́д (за меня́)?
Have you paid for lunch (for me)?

кому́-чему́+за кого́-что?   Dat.+ЗА+Acc.

Я ему́ заплати́л рубль два́дцать одну́ копе́йку за э́ту кни́гу.
I paid him a ruble and twenty-one kopeks for this book.

6.11b   ОПЛА́ЧИВАТЬ:ОПЛАТИ́ТЬ
TO PAY (SOMEONE) FOR SOMETHING

что?   Acc.

Ка́ждый до́лжен оплати́ть прое́зд.
Each person must pay his fare.

что-кому́?   Acc.+Dat.

Мне оплати́ли все расхо́ды.
They paid (me) all my expenses.

6.11c   The verb **плати́ть (чем за что?** — Inst.+ЗА+Acc.) is also used figuratively:

Плати́ть добро́м за зло.
To pay for evil with good.

6.11d   The verb **плати́ться:поплати́ться** has the meaning of paying for something by suffering and is used with the same government — чем за что?

Он поплати́лся здоро́вьем за свою́ неосмотри́тельность.
He paid for his carelessness with his health.

OR:

Ты ещё попла́тишься за э́то.
Ты ещё до́рого запла́тишь за э́то
You'll pay dearly (i.e. suffer) for this yet.

ORAL DRILLS

1. Мы запла́тим за него́.
   Он запла́тит за нас.

   Он запла́тит за меня́.
   Я заплачу́ за него́.

   Бори́с запла́тит за И́горя.
   И́горь запла́тит за Бори́са.

   Мы запла́тим за него́.
   Я заплачу́ за него́.
   И́горь запла́тит за Бори́са.

Они заплáтят за твои́х дочерéй.
Он заплáтит за меня́.
Вы заплáтите за нас.
Мы заплáтим за всех.
Мы заплáтим за твои́х гостéй.
Ты заплáтишь за меня́.

2. Эта кни́га стóит 2 рубля́ 21 копéйку.
Я заплати́л за э́ту кни́гу два рубля́ двáдцать однý копéйку.

(3 р. 31 к., 4 р. 41 к., 5 р. 51 к., 7 р. 71 к., 8 р. 81 к., 9 р. 91 к.)

TRANSLATION DRILL

1. I'll pay for you if you pay for me.
2. What are you paying for?
3. Have you paid him for that work?
4. "How much did you pay for these books?" "21 r. 30 k."
5. "How much per month do you pay for your apartment?" "$101."
6. Who's paying for your education?
7. He never pays anyone.
8. I shouldn't have paid you all at once.
9. They'll pay all your expenses.
10. Before riding the subway you have to pay your fare.

RELATED WORDS & EXPRESSIONS

плáта pay, payment
платёж payment
зáработная плáта salary
зарплáта salary
плáтный requiring payment; paying
бесплáтный free
оплáта payment, remuneration

плати́ть:заплати́ть to pay

деньги в кáссу at the cash register
за проéзд в трамвáе for a streetcar ride
добрóм за добрó for good with good
услýгой за услýгу for one good turn with another
деньги кондýктору, продавцý the conductor, salesperson
налóг tax
зарплáту рабóчим workers their salaries
штраф a fine

6.12a УЗНАВА́ТЬ:УЗНА́ТЬ — TO FIND OUT, LEARN
УЗНА-ВА́+:УЗНА́Й+

что?   Acc.

Здесь он узна́л после́дние но́вости.
He found out the latest news here.

о ком-чём?   О+Prep.

Он ничего́ не мог узна́ть о бра́те.
He couldn't find out anything about his brother.

отку́да?   (у кого́? / от кого́? / из чего́?)   у, от, из+Gen.

У него́ я узна́л всё.
I've found out everything from him — i.e., I asked him and found out.

От друзе́й я узнава́л всё.
I would find out everything from my friends — they would tell me.

Я узна́л всё из его́ письма́.
I learned everything from his letter.

NOTE: The preposition **у** indicates asking and finding out (finding out actively); the preposition **от** indicates a more passive type of finding out:

Я узна́л у неё = Я её спроси́л.
Я узна́л от неё = Она́ мне сказа́ла.

6.12b УЗНАВА́ТЬ:УЗНА́ТЬ — RECOGNIZE

кого́-что?   Acc.

Я её узна́л по похо́дке.
I recognized her by her walk.

ORAL DRILLS

1. Её ба́бушка о́чень лю́бит спле́тничать.
   Она́ узнаёт все спле́тни у ба́бушки.

На́дина ба́бушка о́чень лю́бит спле́тничать.
На́дя узнаёт все спле́тни у ба́бушки.

(её ба́бушка, На́дина ба́бушка, Ми́шина ба́бушка, на́ша ба́бушка, Са́шина ба́бушка, па́пина ба́бушка, моя́ ба́бушка, твоя́ ба́бушка, их ба́бушка, ва́ша ба́бушка)

2. Мы не зна́ем, когда́ она́ прие́дет.
   Когда́ узна́ем, мы вам дади́м знать.

   Бори́с не зна́ет, когда́ она́ прие́дет.
   Когда́ узна́ет, он вам даст знать.

   (мы, Бори́с, я, она́, Ви́ктор и Ни́на, Лю́ба)

TRANSLATION DRILL

1. Where did you learn that?
2. I learn everything from the papers.
3. I couldn't learn anything from anyone.
4. From whom did you learn that?
5. We get all our gossip from our grandmother.
6. I learned about your intentions from Ivan.
7. I'm sorry, I didn't recognize you.
8. Don't you recognize me?
9. I didn't recognize your voice.
10. When you see him you won't recognize him. You'll only recognize him by his walk.
11. No one recognized me.

RELATED WORDS & EXPRESSIONS

зазнава́ться:зазна́ться   put on airs, be conceited
зазна́йка   conceited person

сознава́ть:созна́ть (что?)   to realize, be conscious of
созна́ние   consciousness; acknowledgment

познава́ть:позна́ть (кого́-что?)   to get to know, become acquainted with
познава́тельный   cognitive
позна́ние   cognition

признава́ть:призна́ть (что)?   to admit, recognize

признава́ться:призна́ться (кому́ в чём?)   to confess
призна́ться в любви́   make a declaration of love
призна́ться в свои́х оши́бках   admit one's mistakes
призна́ться в оши́бочности взгля́дов   admit one's mistakes, admit one's mistaken views
при́знанный   acknowledged, recognized
призна́тельность = благода́рность
призна́ние   confession, declaration

разузнава́ть:разузна́ть   to make inquiries, to find out

6.13a   ЯВЛЯ́ТЬСЯ:ЯВИ́ТЬСЯ — TO APPEAR, ARRIVE AT A DESIGNATED TIME, SHOW UP, PRESENT ONESELF, or TO TURN OUT TO BE
(synonymous to ока́зываться:оказа́ться).
ЯВЛЯ́Й+СЯ:ЯВИ́+СЯ

Она́ должна́ была́ прийти́ и сдава́ть экза́мен, но не яви́лась.
She was supposed to come and take an exam, but she didn't appear (show up).

куда́?   В, НА+Асс. / К+Dat.

Он не яви́лся на рабо́ту сего́дня.
He didn't show up for work today.

Вы должны́ бы́ли яви́ться к дире́ктору.
You were supposed to see the director.

кем-чем? / каки́м, како́й, каки́ми?   Instrumental complement

Результа́ты яви́лись неожи́данностью.
The results turned out to be unexpected.

6.3b   ПОЯВЛЯ́ТЬСЯ:ПОЯВИ́ТЬСЯ — TO SHOW (ONESELF), TO APPEAR
(synonymous to пока́зываться:показа́ться and opposite of исчеза́ть:исче́знуть — to disappear); TO COME (UNEXPECTEDLY)

Из-за облако́в появи́лось со́лнце.
The sun appeared (came out) from behind a cloud.

Мы его́ не жда́ли, но вдруг он появи́лся.
We weren't expecting him, but he suddenly appeared.

6.13c   ЯВЛЯ́ТЬСЯ — (impfv. only) — TO BE (serve as)

кем-чем? / каки́м, како́й, каки́ми?   Instrumental complement

Он явля́ется организа́тором забасто́вки.
He is the organizer of the strike.

Москва́ явля́ется столи́цей СССР.
Moscow is the capital of the USSR.

ORAL DRILLS

1. Москва́: Москва́ явля́ется столи́цей Сове́тского Сою́за.
   Вашингто́н: Вашингто́н явля́ется столи́цей Соединённых Шта́тов.

   (Москва́, Вашингто́н, Ки́ев, Рим, Софи́я, Бухаре́ст, Тбили́си, Ерева́н, Баку́, Ли́ма, Тегера́н, Ки́то, Отта́ва, Кабу́л)

2. Бори́са сего́дня не́ было на рабо́те.
   Бори́с сего́дня не яви́лся на рабо́ту.

   Его́ сего́дня не́ было на рабо́те.
   Он сего́дня не яви́лся на рабо́ту.

   (Бори́са, его́, Валенти́на, Валенти́ны, её, их матере́й, твоего́ отца́, твои́х бра́тьев, Вале́рия, Вале́рии, тебя́, вас, нас, меня́)

TRANSLATION DRILL

1. She was supposed to come at 9, but she didn't show up.
2. Why didn't you show up at work yesterday?
3. Will you show up at our place tonight?
4. Show yourself around here more often.
5. He appeared here unexpectedly.
6. This is proof of our friendship.
7. Alaska is our biggest state.
8. Don't show yourself there! It's dangerous!

RELATED WORDS & EXPRESSIONS

явле́ние   occurrence
появле́ние   appearance
я́вный   obvious, manifest, patent
я́вка   attendance, appearence
   Я́вка всех обяза́тельна.   Attendance obligatory.

явля́ться:яви́ться   to come:

   в шко́лу   to school
   в поликли́нику   to an infirmary
   на собра́ние   to a meeting
   на рабо́ту   to work
   к врачу́   to a physician
   к дире́ктору   to a director
   во́время   on time

явля́ться   to be:

    дру́гом   a friend
    враго́м   an enemy
    руководи́телем   in charge
    необходи́мостью   a necessity
    доказа́тельством   a proof
    организа́тором   organizer

явля́ть:яви́ть   to display, show

SECTION 6   REVIEW TRANSLATIONS

1. We messed around (spent time) with our relatives all day.
2. I'm not lucky in love. He's not lucky in cards.
3. Too much sun may harm you (your skin).
4. The Russians are very proud of their astronauts.
5. His mother is a very proud person.
6. They were finally able to obtain a confession from the criminal.
7. They swam until they reached the other side of the lake.
8. Let's have a bit of bread and sausage.
9. To whom can I complain about his behavior?
10. My dog barks a lot, but it doesn't bite. It has never bitten anyone.
11. I cannot eat (am forbidden to eat) sweets (salty things).
12. Their mother doesn't let them go to such movies.
13. He was recently permitted to go abroad.
14. Did you like yesterday's concert?
15. His parents promised him a car.
16. You pay too much for your apartment.
17. He doesn't appear anywhere.
18. Why didn't you appear at yesterday's meeting?
19. The USSR is the largest country in the world. What is the smallest?
20. Where did you find out about his arrival?

Section 7

Review Translations

7.1a ДОКА́ЗЫВАТЬ:ДОКАЗА́ТЬ — TO PROVE, DEMONSTRATE
ДОКА́ЗЫВАЙ+:ДОКАЗА́+

что?   Acc.

Я докажу́ правоту́ свои́х взгля́дов.
I'll prove the correctness of my views.

что+кому́?   Acc.+Dat.

Я доказа́л това́рищу его́ неправоту́.
I proved to my friend that he was wrong.

кому́+сою́з что   Dat.+conj. что

Я докажу́ ему́, что он оши́бся.
I'll prove to him that he's made a mistake.

сою́з что   conj. что

Писа́тель стара́ется доказа́ть, что о́бщество не понима́ло э́тих люде́й.
The author is trying to prove that society did not understand these people.

ORAL DRILLS

1. Он прав.
   Он дока́жет всем, что он прав.

   Ни́на права́.
   Ни́на дока́жет всем, что она права́.

   (он, Ни́на, мы, я, ты, Во́ва, ребя́та, вы, они́, я)

2. Они́ ду́мают, что вы не пра́вы.
   Докажи́те им, что вы пра́вы.

   Бори́с ду́мает, что вы не пра́вы.
   Докажи́те Бори́су, что вы пра́вы.

   (они́, Бори́с, все, Любо́вь Никола́евна, Ми́шин брат, На́дина сестра́, Шу́рины роди́тели, ва́ши сёстры, э́ти па́рни, Ю́рий Григо́рьевич)

TRANSLATION DRILL

1. What are you trying to prove to me? You haven't proved anything at all!
2. I was taking geometry, but I dropped it. I got fed up with proving theorems.
3. How can I prove my innocence to them?
4. I'm going to prove to you that he's lying.
5. I'll prove to all of you that we are correct.
6. Prove to me that I'm wrong, and I'll apologize to you.
7. If you can prove me wrong, I'll apologize to everyone.
8. He was trying to prove to the both of them that they'd made a mistake.
9. You haven't proved anything to me.
10. I don't have to prove anything to you; I'm right and that's all there is to it.
11. You haven't proved a single thing to anyone.

RELATED WORDS & EXPRESSIONS

доказа́тельный demonstrative, conclusive
доказа́тельность
доказа́тельство proof
доказу́емый demonstrable
доказу́емость

доказа́ть to prove:

    свою́ правоту́ you are right (one's correctness)
    теоре́му a theorem
    необходи́мость чего́-нибудь the necessity of something

7.2a ЖАЛЕ́ТЬ:ПОЖАЛЕ́ТЬ—TO REGRET, FEEL SORRY FOR
ЖАЛЕ́Й+

Сходи́те в теа́тр на э́тот спекта́кль. Вы не пожале́ете.
Go to this performance at the theater. You won't regret (it).

о ком-чём? О+Prep.

Хва́тит жале́ть о поте́рянном вре́мени.
Enough worrying about lost time.

кого́-что? / кого́-чего́? Acc. and Gen.

Он уже́ давно́ не справля́ет свои́х имени́н, он де́ньги (де́нег) жале́ет.
He hasn't celebrated his birthday for a long time. He regrets spending money.

союз что   conj. что

> Я о́чень жале́ю, что не посмотре́л э́тот фильм.
> I really regret not having seen this film.

Note the following impersonal constructions which are synonymous to **жале́ть**:

кому́+жаль+кого́-что?
Dat.+жаль+Acc.

кому́+жаль+чего́?
Dat.+жаль+Gen.

> Мне жаль его́.
> I'm sorry for him.

> Им бы́ло жаль его́.
> They were sorry for him.

> Мне жаль его́ сестру́.
> I'm sorry for his sister.

> Мне жаль де́нег.
> I regret the money.

> Мне жаль, что вы не пришли́.
> I'm sorry that you didn't come.

жаль   it's too bad, too bad, it's a pity.

> Жаль, что вы не зна́ли об э́том.
> It's too bad you didn't know about that.

ORAL DRILL

1. Я там истра́тил мно́го де́нег.
   Я о́чень жале́ю об истра́ченных деньга́х.

   Бори́с там истра́тил мно́го де́нег.
   Бори́с о́чень жале́ет об истра́ченных деньга́х.

   (я, Бори́с, на́ши друзья́, её подру́ги, мои́ бра́тья, вы, ты, ва́ши сёстры, они́ все)

TRANSLATION DRILL

1. I only regret one thing.
2. Go there, you won't regret it.
3. Enough worrying about the past! You should think about the future.
4. What do older people often regret?
5. I'd go there, but I grudge the time (I don't want to spend the time).

6. Don't feel sorry for anyone or anything.
7. He's to be pitied.
8. It's too bad you weren't there. You would have had a good time.
9. At first I felt sorry for him.
10. We're very sorry for you.
11. I don't feel sorry for anyone.
12. Too bad.
13. I don't regret anything.
14. Please, have mercy on us!

RELATED WORDS & EXPRESSIONS

жáлкий pitiful
жáлость pity, compassion
жаль it's a shame, pity

жалéть to pity, to regret:

       человéка a person
       дéньги / дéнег money
       врéмя / врéмени time

жалéть to regret:

       о прóшлом the past
       о прошéдшей мóлодости one's bygone youth
       о потéрянном врéмени lost time

7.3a ЗДОРÓВАТЬСЯ:ПОЗДОРÓВАТЬСЯ — TO SAY HELLO, GREET, TO SAY «ЗДРАВСТВУЙТЕ» ЗДОРÓВАЙ+СЯ

с кем?   C+Inst.

Он с ней поздорóвался, но онá емý не отвéтила.
He said hello to her, but she didn't return his greeting (didn't answer).

ORAL DRILLS

1. Я с ней не поздорóвался.
   Онá со мной никогдá не здорóвается.

   Кóля с ней не поздорóвался.
   Онá с Кóлей никогдá не здорóвается.

   (я, Кóля, Дмúтрий Ивáнович, Любóвь Арсéньевна, егó дéти, наш секретáрь, мой дóчери, егó мать, её дя́дя)

2. Вот идёт ваш профéссор.
   Поздорóвайтесь с ним!

   Вот идёт твой знакóмый.
   Поздорóвайся с ним!

   (ваш профéссор, твой знакóмый, твой врач, ваш учи́тель, твой дя́дя Вáня, твоя́
   тётя Ля́ля, вáши друзья́)

TRANSLATION DRILL

1. Who was that: a) that you just said hello to? b) that just said hello to you?
2. "Why didn't you say hello to her?" "I've already said hello to her (once today)."
3. How many times a day do people usually say hello to each other?
4. I never say hello to any of them, and none of them ever says hello to me.
5. He always says hello to everyone.
6. Since we've quarreled she's quit saying hello to me.
7. Here comes my boss. Say hello to him!
8. Don't say hello to strange (unfamiliar) people!
9. "What do you say to someone when he or she sneezes?" "God bless you."

RELATED WORDS & EXPRESSIONS

здорóвый   healthy
   здóрово   splendidly, magnificently, very much
   здорóво   hello
   здоровéнный   robust, muscular, powerful
здорóвье   health (note spelling)
здрáвствовать   to prosper, thrive
   Он живёт и здрáвствует.
   Да здрáвствует...
здрáвый   sensible
   здрáвый смысл   common sense
   здрáвница   sanatorium
   здравоохранéние   public health

здорóваться   to greet:

   с учи́телем, с роди́телями   one's teacher, parents
   с товáрищами   one's friends
   с сосéдом (зá руку)   a neighbor (by the hand)
   с прису́тствующими   those who are present

7.4a   ЗНАКÓМИТЬ:ПОЗНАКÓМИТЬ — TO INTRODUCE, ACQUAINT
                 ЗНАКÓМИ+

когó?   Acc.

Нас не знакóмили, но мы здорóваемся при встрéче.
We haven't been introduced, but we say hello.

когó-чтó+с кем-чем?   Acc.+C+Inst.

Пóсле зáвтрака мы вас познакóмим с нáшим гóродом.
After breakfast we'll acquaint you with our town.

Пожáлуйста, познакóмь меня с этой дéвушкой!
Please, acquaint me (introduce me to) with this girl!

7.4b ЗНАКÓМИТЬСЯ:ПОЗНАКÓМИТЬСЯ
TO MEET, BECOME ACQUAINTED, GET TO KNOW

Мы недáвно познакóмились.
We met each other (became acquainted) recently.

с кем-чем?   C+Inst.

Я хочý познакóмиться с этой дéвушкой.
I want to meet this girl.

7.4c БЫТЬ ЗНАКÓМЫМ — TO BE ACQUAINTED, TO KNOW SLIGHTLY
(used predicatively in short form)

с кем-чем?   C+Inst.

Мы с ней мáло знакóмы.
She and I don't know each other well.

знакóмый, знакóмая, знакóмые   acquaintance(s).

ORAL DRILLS

1. Вот Ивáн. Вот наш нóвый стажёр.
Познакóмь Ивáна с нáшим нóвым стажёром.

Вот Иван. Вот бáбушка и дéдушка.
Познакóмь Ивáна с бáбушкой и дéдушкой.

Вот Ива́н.

(Вот наш но́вый стажёр, ба́бушка и де́душка, на́ши го́сти, на́ши но́вые сосе́ди, твой дя́дя и тётя, её дочь, их мать, э́ти серьёзные па́рни, на́ши де́ти, на́ши па́рни, её бы́вший муж, её оте́ц, наш учи́тель, на́ши учителя́)

2. Ра́зве вы Бори́са Никола́евича не зна́ете?
   Хоти́те, я вас познако́млю с ним?

   Ра́зве ты Ле́ну не зна́ешь?
   Хо́чешь, я тебя́ познако́млю с ней?

   (вы... Бори́с Никола́евич, ты... Лю́ба, вы... мой оте́ц, ты... моя́ сестра́, вы... Пётр Петро́вич)

TRANSLATION DRILL

1. Who would you like to meet here?
2. Who was it you wanted me to introduce you to?
3. Who was it you wanted to introduce me to?
4. Who can I introduce you to?
5. I believe I've met everyone here except you.
6. Kolya, please, introduce me to your sister.
7. I'd like you to meet: a) my favorite uncle and aunt; b) my grandfather and grandmother.
8. Introduce Ivan to our guests.
9. I want to introduce you to: a) my sisters and brothers; b) my sons and daughters; c) my friends and enemies.
10. We're not (really) friends, just acquaintances.
11. Are you acquainted with Lenin's works?
12. I've never met her but we always say hello.
13. "Did you meet anyone interesting there?" "I didn't meet anyone at all there."
14. I met my wife when we were students at MGU.
15. Who else did you meet there?
16. Don't introduce me to anyone!
17. Have you met my daughter?
18. I know her slightly.
19. Why did you say hello to him, do you know him?

RELATED WORDS & EXPRESSIONS

знако́мство   acquaintance, knowledge (of)
ознако́мить/ся   to familiarize
    ознакомле́ние
не/знако́мец   un/known person
не/знако́мка

познако́мить   to introduce:

    кого́ с кем?   who(m) with whom?
    това́рища с бра́том   a friend with (your) brother

познако́мить или **ознако́мить**   to introduce or familiarize:

слу́шателей с труда́ми учёного   listeners with the works of a scholar
аудито́рию с исто́рией го́рода   a group of listeners with the history of a city
сотру́дников с пла́ном рабо́ты   co-workers with the work plan
студе́нтов с ру́сской исто́рией   students with Russian history
иностра́нцев с сове́тской литерату́рой   foreigners with Soviet literature
студе́нтов с но́вой програ́ммой   students with a new program

ознако́миться   to familiarize oneself:

с ру́сской поэ́зией   with Russian poetry
с ро́лью   with a role
с ру́кописью   with a manuscript
с обстано́вкой   with the surroundings
с усло́виями   with conditions
с де́лом   with the matter at hand

7.5a ОСВОБОЖДА́ТЬСЯ:ОСВОБОДИ́ТЬСЯ — TO GET FREE, OFF, RID OF
ОСВОБОЖДА́Й+СЯ:ОСВОБОДИ́+СЯ

Как то́лько освобожу́сь, приду́.
As soon as I become free (get off), I'll come.

от кого́-чего́?   OT+Gen.

Вы ра́но освободи́лись от рабо́ты сего́дня.
You got off work early today.

7.5b ОСВОБОЖДА́ТЬ:ОСВОБОДИ́ТЬ — TO FREE, LIBERATE, EMPTY

кого́-что?   Acc.

Наш го́род освободи́ли лишь в 1945 году́.
Our city was freed only in 1945.

На́до освободи́ть кварти́ру неме́дленно.
It's necessary to vacate the apartment immediately.

кого́-что от кого́-чего́?   Acc.+OT+Gen.

Меня́ освободи́ли от дежу́рства сего́дня.
I was freed from duty today.

7.5c   Other verbs having the same government and meaning similar to
освобожда́ться:освободи́ться are:

> **избавля́ться:изба́виться**   to get rid of
> **спаса́ться:спасти́сь**   to get away from, save oneself
> **отде́лываться:отде́латься**   to rid oneself of, to get rid of

ORAL DRILL

Мы придём пря́мо с рабо́ты.
Мы придём, как то́лько мы освободи́мся от рабо́ты.

Я приду́ пря́мо с рабо́ты.
Я приду́, как то́лько я освобожу́сь от рабо́ты.

   (мы, я, Бори́с, ты, вы, я, они́, она́, мы)

TRANSLATION DRILL

1. I'll come as soon as I get off duty.
2. I went swimming after I got off work yesterday.
3. In what year were the serfs set free in Russia? Who freed them?
4. He bothers me all the time. I just can't get rid of him.
5. I've just got rid of one (thing), and now I've got another.
6. How did you manage to get away from the Germans?
7. I'd like to get out of (going to) this meeting, but I don't think I'll be able to.
8. What tedious work! Can't we get out of doing it?
9. I wanted to get rid of the whole lot of them, but I didn't get rid of anyone.
10. Is the apartment still free?
11. You're free to do anything you want.
12. Is this seat vacant?

RELATED WORDS & EXPRESSIONS

освободи́тель   liberator
освободи́тельный   liberation, emancipation (adj.)
освобожде́ние   liberation
избави́тель   deliverer
спаса́тель   lifesaver
Спаси́тель   Saviour
свобо́да   freedom
   на свобо́де   at large, at leisure
свобо́дный   free
ста́туя Свобо́ды   Statue of Liberty
спаса́тельный   life-saving
   спаса́тельный по́яс   lifebelt
Спас-на-Крови́   Saviour on the Blood

освободи́ться to free oneself of:

> **от гнёта** oppression
> **от око́в, от нало́гов** chains, taxes
> **от предрассу́дков** prejudices
> **от обя́занностей** duties
> **от бре́мени** burden
> **от влия́ния** an influence
> **от и́га, от долго́в** a yoke, debts
> **от забо́т** cares, worries

спасти́сь to save oneself:

> **от враго́в** from enemies
> **от ги́бели** from perishing
> **от сме́рти** from death
> **от пресле́дования** from pursuit
> **от жары́** the heat
> **от дождя́** the rain

7.6a РА́ДОВАТЬСЯ:ОБРА́ДОВАТЬСЯ — TO BE HAPPY, PLEASED DELIGHTED; TO REJOICE (OVER)
РА́Д-ОВА+СЯ

Он ра́довался как дитя́, когда́ его́ хвали́ли.
He would beam (rejoice) like a child when he was praised.

кому́-чему́   Dat.

> Мать обра́довалась письму́ сы́на.
> The mother was delighted at her son's letter.

за кого́?   ЗА+Acc.

> Мы о́чень ра́дуемся за вас.
> We're very happy for you.

7.6b РА́Д, -А, -Ы— HAPPY, PLEASED, DELIGHTED, GLAD

There is no long form for this adjective.

кому́-чему́?   Dat.

> Мы все ра́ды твои́м успе́хам.
> We're all very glad of your successes.

за кого?   ЗА+Асс.

> Мы о́чень ра́ды за вас.
> We're very happy for you.

+инф./+сою́з что   +conj. что/+Infinitive

> Я всегда́ рад помо́чь вам.
> I'm always glad to help you.

> Я рад, что он пришёл.
> I'm glad that he has come.

7.6c РА́ДОВАТЬ:ОБРА́ДОВАТЬ—TO MAKE HAPPY, TO PLEASE

кого́-что?   Асс.

> Прия́тно обра́довать челове́ка.
> It's nice to make someone happy.

кого́-что+чем   Асс. +Inst.

> Он обра́довал нас свои́ми успе́хами.
> He made us happy with his success.

ORAL DRILLS

1. Ми́шин прие́зд обра́довал нас всех.
   Мы все ра́дуемся Ми́шиному прие́зду.

   Ми́шин прие́зд обра́довал мать.
   Мать ра́дуется Ми́шиному прие́зду.

   Ми́шин прие́зд обра́довал: нас всех, мать, роди́телей, ка́ждого из них, ба́бушку и де́душку, вас

2. Сего́дня ничего́ меня́ не ра́дует.
   Я сего́дня ничему́ не ра́дуюсь.

   Сего́дня ничего́ её не ра́дует.
   Она́ сего́дня ничему́ не ра́дуется.

   Сего́дня ничего́ меня́ не ра́дует.
   Сего́дня ничего́ её не ра́дует.
   Сего́дня ничего́ Петра́ не ра́дует.
   Сего́дня ничего́ их не ра́дует.
   Сего́дня ничего́ его́ не ра́дует.
   Сего́дня ничего́ вас не ра́дует.
   Сего́дня ничего́ тебя́ не ра́дует.

3. Сего́дня всё меня́ ра́дует.
   Сего́дня я ра́дуюсь всему́.

   Сего́дня всё её ра́дует.
   Сего́дня она́ ра́дуется всему́.

   Use the cues in No. 2

TRANSLATION DRILL

1. What are they all so pleased about?
2. We're delighted by your success and achievements.
3. Just what are you so happy about? You don't have anything to be happy about.
4. They all rejoiced at the good news.
5. They're all happy at the good news.
6. I'm happy about everything today.
7. Rejoice and be happy (веселиться)!
8. Mother was extremely happy at Sasha's arrival.
9. I'm very happy for the both of you.
10. I'm not happy about anything.
11. None of us was glad to see him.
12. Nothing will cheer me up today.
13. I'm glad.
14. I was pleased to have the opportunity to tell him what I thought about him.

RELATED WORDS & EXPRESSIONS

ра́дость gladness, joy
ра́достный glad, joyous
ра́дуга rainbow
  ра́дужный cheerful, optimistic
жизнера́достный full of joie de vivre
раду́шный cordial
раду́шие cordiality

ра́доваться to rejoice at:

  успе́хам друзе́й the success of friends
  друзья́м friends
  гостя́м guests
  встре́че a meeting
  весне́, ле́ту, о́сени, зиме́ spring, summer, fall, winter
  достиже́ниям achievements
  прие́зду това́рища a friend's arrival

7.7a   УДИВЛЯ́ТЬСЯ:УДИВИ́ТЬСЯ—TO BE SURPRISED, AMAZED ASTONISHED
УДИВЛЯ́Й+СЯ:УДИВИ́+СЯ

кому́-чему́?   Dat.

Мы все удиви́лись его́ све́жему ви́ду.
We were all surprised at his fresh appearance.

Я ника́к не удивля́юсь его́ поведе́нию.
I'm not at all surprised at his behavior.

7.7b The verbs **изумля́ться:изуми́ться** and **поража́ться:порази́ться** are synonymous to **удивля́ться**. Удивля́ться is the most neutral verb for the expression of surprise. Изумля́ться indicates a greater degree of surprise and amazement, and **поража́ться** indicates the greatest degree. All are used with dative complements. All three verbs may be used without the reflexive particle -ся as transitive verbs. The verb **поража́ть** has the additional meaning of to defeat.

кого́-что+чем?/кого́-что?   Acc. +Inst. / Acc.

Э́тим вы никого́ не удиви́те (изуми́те).
You won't surprise (amaze) anyone with that.

Его́ поведе́ние меня́ никак не удивля́ет.
His conduct doesn't surprise me at all.

Мастерство́ скрипача́ порази́ло всю пу́блику.
The violinist's mastery astounded the public.

Нам удало́сь порази́ть неприя́теля.
We were able to defeat the enemy.

When used with an instrumental complement, the verb **поража́ться:порази́ться** is synonymous to the verb **восхища́ться:восхити́ться**—to be carried away by, to admire.

ORAL DRILLS

1. Ничего́ его́ не удивля́ет.
    Он ничему́ не удивля́ется.

    Ничего́ нас не удивля́ет.
    Мы ничему́ не удивля́емся.

Ничего́ его́ не удивля́ет.
Ничего́ нас не удивля́ет.
Ничего́ вас не удивля́ет.
Ничего́ меня́ не удивля́ет.
Ничего́ их не удивля́ет.
Ничего́ тебя́ не удивля́ет.
Ничего́ её не удивля́ет.

2. Таки́е но́вости Бори́са не удивя́т.
Бори́с не удиви́тся таки́м новостя́м.

Таки́е но́вости её не удивя́т.
Она́ не удиви́тся таки́м новостя́м.

Таки́е но́вости Бори́са не удивя́т.
Таки́е но́вости её не удивя́т.
Таки́е но́вости нас не удивя́т.
Таки́е но́вости меня́ не удивя́т.
Таки́е но́вости На́дю не удивя́т.
Таки́е но́вости Петра́ не удивя́т.
Таки́е но́вости их не удивя́т.
Таки́е но́вости меня́ не удивя́т.
Таки́е но́вости никого́ не удивя́т.

3. Её глу́пое поведе́ние меня́ о́чень удиви́ло.
Я о́чень удивля́юсь её глу́пому поведе́нию.

Его́ глу́пые посту́пки меня́ о́чень удиви́ли.
Я о́чень удивля́юсь его́ глу́пым посту́пкам.

Её глу́пое поведе́ние меня́ о́чень удиви́ло.
Его́ глу́пые посту́пки меня́ о́чень удиви́ли.
Ва́ша мане́ра разгова́ривать меня́ о́чень удиви́ла.
Её мне́ние меня́ о́чень удиви́ло.
Его́ нахо́дчивость меня́ о́чень удиви́ла.
Их неожи́данный прие́зд меня́ о́чень удиви́л.
Его́ работоспосо́бность меня́ о́чень удиви́ла.
Их глу́пые слова́ меня́ о́чень удиви́ли.
Его́ зна́ния меня́ о́чень удиви́ли.
Э́та неожи́данная весть меня́ о́чень удиви́ла.

TRANSLATION DRILL

1. What are you so surprised at?
2. I'm surprised by all of you.
3. There's nothing to be so surprised about.
4. I'm not surprised by anyone or anything.
5. Don't be surprised if we come late.
6. You won't amaze anyone with that.
7. We were all shocked by his behavior.
8. The whole world was astonished by his bravery.
9. Don't be surprised at anything there!
10. I was astounded at: a) his appearance (вид), b) this piece of news.
11. None of us was surprised at his unexpected appearance.
12. We're surprised at their inventiveness.

RELATED WORDS & EXPRESSIONS

удивлéние, изумлéние   surprise, amazement
поражéние   defeat
быть поражённым чем?   to be shocked (by)+Instrumental complement
удивлéние
   удиви́тельный
   удиви́тельно
изумлéние
   изуми́тельный
   изуми́тельно
поражéние
   порази́тельный
   порази́тельно
ди́во   wonder, marvel
диви́ться+Dat.   to wonder at, marvel
   ди́вный   wonderful, marvelous

удиви́ться   to be surprised at:

    неожи́данному приéзду   an unexpected arrival
    си́ле   strength
    знáниям   knowledge
    встрéче   a meeting
    вы́бору   a choice
    нахóдчивости   inventiveness

порази́ться: to be astonished at:

    нóвости   a piece of news
    извéстию   news
    мýжеству   courage
    отвáге   bravery
    красотóй гóрода   the beauty of a city

7.8a   УЛЫБÁТЬСЯ:УЛЫБНУ́ТЬСЯ — TO SMILE
УЛЫБÁЙ+СЯ:УЛЫБНУ́+СЯ

Он молчáл и подозри́тельно улыбáлся.
He was silent and smiled suspiciously.

комý-чемý?   Dat.

Онá привéтливо улыбнýлась нам.
She gave us a friendly smile.

Наконéц счáстье им улыбнýлось.
Finally happiness (fortune) smiled on them.

ORAL DRILLS

1. Почему́ вы так смо́трите на нас?
   Почему́ вы нам так улыба́етесь?

   Почему́ вы так смо́трите на Бори́са?
   Почему́ вы Бори́су так улыба́етесь?

   Почему́ вы так смо́трите на нас?
   Почему́ вы так смо́трите на Бори́са?
   Почему́ вы так смо́трите на меня́?
   Почему́ вы так смо́трите на Ко́лю и Са́шу?
   Почему́ вы так смо́трите на него́?
   Почему́ вы так смо́трите на ка́ждого из них?
   Почему́ вы так смо́трите на них всех?

2. Мы шли по у́лице и уви́дели Бори́са.
   Бори́с улыбну́лся нам и пошёл да́льше.

   Я шёл по у́лице и уви́дел Ири́ну.
   Ири́на улыбну́лась мне и пошла́ да́льше.

   Мы шли по у́лице и уви́дели Бори́са.
   Я шёл по у́лице и уви́дел Ири́ну.
   Она́ шла по у́лице и уви́дела Петра́ и Па́вла.
   Вы шли по у́лице и уви́дели Любо́вь Дми́триевну.
   Мы шли по у́лице и уви́дели Васи́лия Петро́вича.
   Они́ шли по у́лице и уви́дели Ни́ну Никола́евну.
   Мы все шли по у́лице и уви́дели Ли́дию Григо́рьевну.

TRANSLATION DRILLS

1. Who is he smiling at so happily?
2. Who was that who just smiled at you?
3. Who was that who you just smiled at?
4. He's the one who smiles at all the girls.
5. Why don't you ever smile at anyone?
6. No one ever smiles at me.
7. Why are you smiling like that?

RELATED WORDS & EXPRESSIONS

улы́бка   smile

улыба́ться   to smile at:

   друзья́м   friends
   друг дру́гу   each other
   весне́   spring
   сосе́дям   neighbors

Сча́стье мне улыбну́лось.
Жи́знь ему́ улыбну́лась.

7.9a   УХА́ЖИВАТЬ — TO COURT; TO TAKE CARE OF; TO NURSE; TO TEND
УХА́ЖИВАЙ+

за кем-чем?   3A + Inst.

За кем он уха́живает на э́той неде́ле?
Who's he courting this week?

Кто у вас так хорошо́ уха́живает за цвета́ми?
Who tends to your flowers so well?

ORAL DRILLS

1. Моя́ мать больна́.
   Я до́лжен уха́живать за больно́й ма́терью.

   Её оте́ц бо́лен.
   Она́ должна́ уха́живать за больны́м отцо́м.

      Моя́ мать больна́.
      Её оте́ц бо́лен.
      Её дочь больна́.
      Его́ сестра́ больна́.
      Мой ребёнок бо́лен.
      Её де́ти больны́.
      На́ши роди́тели больны́.
      Его́ тётя больна́.
      На́ши де́душка и ба́бушка больны́.
      Его́ мать больна́.

2. Он мно́го забо́тится о своём до́ме.
   Он лю́бит уха́живать за свои́м до́мом.

   Он мно́го забо́тится о своём са́де.
   Он лю́бит уха́живать за свои́м до́мом.

      Он мно́го забо́тится о своём до́ме.
      Он мно́го забо́тится о своём са́де.
      Он мно́го забо́тится о свое́й семье́.
      Он мно́го забо́тится о свои́х вну́ках.
      Он мно́го забо́тится о свои́х де́тях.
      Он мно́го забо́тится о свое́й маши́не.
      Он мно́го забо́тится о свои́х студе́нтах.

TRANSLATION DRILL

1. Who's he courting now? Who's courting you now?
2. Is he the one who's courting your sister?
3. Right now he's not courting anyone.
4. There's no one for him to court.

5. No one is courting her.
6. He courted: a) both of them, b) all of them, c) every single one of them.
7. You really know how to take care of your garden.
8. The sick man requires constant care.
9. Is anyone taking care of your parents?
10. I can't come. I have to take care of (my) sick child.
11. There's no one to take care of my parents.
12. No one is taking care of my parents.
13. Who's going to take care of your house while you're away.
14. What is a "boyfriend" (ухажёр)?

RELATED WORDS & EXPRESSIONS

ухо́д   care, nursing
уха́живание   courting
выха́живать:вы́ходить   to nurse (back to health)
ухажёр   boyfriend, courter
уха́живать за больны́м   to nurse a patient
вы́ходить больно́го   to nurse, treat a patient

уха́живать   to care for:

> **за больны́м**   a patient, sick person
> **за ребёнком**   a child
> **за цвета́ми**   for plants, flowers

уха́живать   to court:

> **за люби́мой же́нщиной**   a favorite female
> **за краси́вой де́вушкой**   a beautiful girl

ухо́д   care for:

> **за ребёнком**   a child
> **за больны́м**   a sick person
> **за цвета́ми**   plants and flowers
> **за посе́вами**   crops

7.10a   УЧА́СТВОВАТЬ (impf. only) — TO PARTICIPATE, TAKE PART (IN)
      ПРИНИМА́ТЬ:ПРИНЯ́ТЬ УЧА́СТИЕ
            УЧА́СТВ-ОВА+

в чём?   В+Prep.

Мы уча́ствовали во мно́гих демонстра́циях.
We participated in many demonstrations.

Он успе́л приня́ть уча́стие во мно́гих конфере́нциях.
He managed to participate in a lot of conferences.

ORAL DRILL

1. Сего́дня на́ши друзья́ устра́ивают студе́нческий ве́чер.
   Мы то́же уча́ствуем в э́том ве́чере.

   Сего́дня мои́ друзья́ устра́ивают студе́нческий ве́чер.
   Я то́же уча́ствую в э́том ве́чере.

   Сего́дня на́ши друзья́ устра́ивают студе́нческий ве́чер.
   Сего́дня мои́ друзья́ устра́ивают студе́нческий ве́чер.
   Сего́дня твои́ друзья́ устра́ивают студе́нческий ве́чер.
   Сего́дня их друзья́ устра́ивают студе́нческий ве́чер.
   Сего́дня её друзья́ устра́ивают студе́нческий ве́чер.
   Сего́дня его́ друзья́ устра́ивают студе́нческий ве́чер.

TRANSLATION DRILL

1. How many conferences did you participate in this year?
2. I didn't participate in: a) any conferences, b) a single conference this year.
3. He didn't take part in any student demonstrations.
4. Do you ever participate in student shows?
5. You never participate in anything.
6. Our team didn't take part in any competition this year.
7. Don't take part in any kind of demonstrations.

RELATED WORDS & EXPRESSIONS

уча́ствовать   to participate in:

    в рабо́те work
    в бою́ battle
    в пара́де, в демонстра́ции parade
    в вы́борах, голосова́нии an election
    в спорти́вных состяза́ниях sport competition
    в конце́рте a concert
    в заседа́нии a meeting

уча́стие   participate in:

    в рабо́те in work
    в спекта́кле a show
    в экспеди́ции expedition
    в забасто́вке a strike

7.11a   ХВА́СТАТЬСЯ:ПОХВА́СТАТЬСЯ — TO BOAST, BRAG
ХВА́СТАЙ+СЯ

Она́ о́чень люби́ла хва́статься.
She liked to boast.

кем-чем?   Inst.

Он хвáстался дéдом-герóем, егó пóдвигами.
He boasted of his hero-grandfather, of his deeds.

пéред кем-чем?   ПÉРЕД+Inst.

Он всегдá хвáстается пéред людьмú.
He always brags in front of people.

ORAL DRILL

1. Онá мнóго говорúт о своúх родúтелях.
   Онá всегдá хвáстается своúми родúтелями.

   Онá мнóго говорúт о своём брáте.
   Онá всегдá хвáстается своúм брáтом.

   Онá мнóго говорúт:

   о своúх родúтелях.
   о своём брáте.
   о своéй дóчери.
   о своúх дéтях.
   о своём сы́не.
   о своéй семьé.
   о своúх сёстрах.
   о своéй мáтери.
   о своём дя́де.
   о своúх дочеря́х.
   о своúх сыновья́х.

TRANSLATION DRILL

1. What's he bragging about now?
2. Our teacher always boasts about the success of his students.
3. There's nothing for you to boast about.
4. I never brag about anything.
5. He never brags in front of anyone.
6. What do you call a person who boasts all the time?
7. Is she the one who's always boasting of her famous relatives?

RELATED WORDS & EXPRESSIONS

хвастýн braggart
хвастлúвый boastful
хвастовствó boasting, bragging

хвáстаться   to boast about:

свои́ми ученика́ми   one's students
зна́ниями   knowledge
успéхами   success
свое́й семьёй   one's family

хвáстаться   to boast:

пéред друзья́ми, пéред роди́телями   in front of friends, parents

7.12a   ХВАТА́ТЬ:ХВАТИ́ТЬ — (here) TO SUFFICE
BE ENOUGH, BE SUFFICIENT
НЕ ХВАТА́ТЬ:НЕ ХВАТИ́ТЬ — NOT TO BE ENOUGH, TO BE LACKING
ХВАТА́Й+:ХВАТИ́+

These verbs are used impersonally in both positive and negative statements. That which is sufficient or lacking is in the genitive case.

Хвáтит!
That's enough (That'll be enough).

Хвáтит говори́ть глу́пости!
It's about time to stop talking nonsense.

кому́?   Dat.

Вам хвáтит двух рубле́й?
Will two rubles be enough for you?

Нам не хватáло врéмени, чтóбы э́то сдéлать.
We didn't have enough time to do this.

кого́-чего́?   Gen.

Вас óчень не хватáло.
You were greatly missed.

Э́того ещё не хватáло!
As if that wasn't enough. That's the limit.

у когó?   У+gen.

Как у вас хватáет врéмени на всё?
How do you have enough time for everything.

с кого?   C+Gen.

Хва́тит с вас!
That's enough from you!

ORAL DRILLS

1. Я уже́ доста́точно вы́пил.
   С меня́ хва́тит.

   Она́ уже́ доста́точно вы́пила.
   С неё хва́тит.

   (Я, Она́, Они́, Вы, Ты, Вы, Мы, Вы все)

2. Вот вам ру́бль.
   Вам хва́тит рубля́?

   Вот вам 2 рубля́.
   Вам хва́тит двух рубле́й?

   (Вот вам: ру́бль, 2 рубля́, 3 рубля́, 4 рубля́, 21 рубль, 25 рубле́й, 35 рубле́й, 40 рубле́й, 50 рубле́й, 100 рубле́й, 200 рубле́й, 500 рубле́й, 1000 рубле́й)

TRANSLATION DRILLS

1. Something's missing here.
2. That's what's missing.
3. What else is lacking?
4. I hope they had enough money.
5. Will you have enough time?
6. Say when (it will be enough)!
7. You simply don't have enough (lack) patience.
8. I don't have the strength to move the cupboard away from the wall.
9. My book is missing 4 pages.
10. Enough drinking! Let's eat!
11. Will $500 be enough for you?

RELATED WORDS & EXPRESSIONS

Си́лы мне хва́тит.
Де́нег нам хва́тит.
Ума́ ему́ хва́тит.
хва́тит+Impf. verb   That's enough
Хва́тит говори́ть глу́пости = Дово́льно говори́ть глу́пости.

SECTION 7   REVIEW TRANSLATIONS

1. The prosecutor[1] was trying to prove his guilt to the jury.
2. He doesn't want to be pitied.
3. Don't feel sorry for us.
4. "Why didn't you greet (say hello to) him?" "I already have."
5. He didn't want to meet those people, so I didn't introduce him to them.
6. Today I got off work at 3 p.m.
7. She always rejoices at her son's success(es).
8. We're always glad to see you.
9. You shouldn't be surprised at his behavior. He always acts like that. There's nothing to be surprised at.
10. I was flabbergasted at her perfect (pure) pronunciation.
11. Why was he smiling at us so strangely?
12. I took care of my sick mother for two years.
13. Who of you participated in yesterday's demonstration?
14. Have you ever taken part in a demonstration?
15. A braggart will always find something (что) to brag about.
16. I hope that we'll have enough time to finish these sentences.
17. I didn't have enough money to buy you a gift.
18. Lots of things were missing there. There were a lot of things missing.

[1]прокуро́р   prosecutor

Section 8

Review Translations

8.1a ВКЛЮЧА́ТЬ:ВКЛЮЧИ́ТЬ — TO TURN ON, PLUG IN
ВКЛЮЧА́Й+:ВКЛЮЧИ́+

что?   Acc.

Включи́те свет (ра́дио), пожа́луйста.
Turn on the light (radio), please.

8.1b ВКЛЮЧА́ТЬ:ВКЛЮЧИ́ТЬ — TO INCLUDE

кого́-что+во что?   Acc.+В+Acc.

Меня́ включи́ли в соста́в брига́ды.
I was included in (the composition of) the brigade.

Прошу́ включи́ть э́тот пункт в пове́стку дня.
Please include this point in today's agenda.

8.1c ВКЛЮЧА́ТЬСЯ:ВКЛЮЧИ́ТЬСЯ — TO TURN ON, START (intransitive)

На́ше ра́дио автомати́чески включа́ется.
Our radio turns on automatically.

8.1d ВКЛЮЧА́ТЬСЯ:ВКЛЮЧИ́ТЬСЯ — TO JOIN, PUT ONESELF INTO

во что?   В+Acc.

Вам ну́жно включи́ться в обще́ственную рабо́ту.
You need to take up some community work.

8.1e ВЫКЛЮЧА́ТЬ:ВЫ́КЛЮЧИТЬ — TO TURN OFF (transitive)
ВЫКЛЮЧА́ТЬСЯ:ВЫ́КЛЮЧИТЬСЯ — TO TURN OFF (intransitive)
ВЫКЛЮЧА́Й+:ВЫ́КЛЮЧИ+

что?   Acc.

Вы́ключите свет, пожа́луйста.
Turn off the light, please.

Свет автомати́чески выключа́ется.
The light turns off by itself.

8.1f ВЫКЛЮЧА́ТЬ:ВЫ́КЛЮЧИТЬ—TO EXCLUDE, TO TAKE OFF, STRIKE
FROM

кого́-что из чего?   Acc.+ИЗ+Gen.

Его́ фами́лию придётся вы́ключить из спи́ска.
We'll have to take his name from the list.

8.1g ИСКЛЮЧА́ТЬ:ИСКЛЮЧИ́ТЬ — TO EXCLUDE, EXPEL
ИСКЛЮЧА́Й+ИСКЛЮЧИ́+

кого́-что из чего́?   Acc.+ИЗ+Gen.

Э́тот но́мер исключи́ли из програ́ммы.
This number was excluded from the program.

Его́ исключи́ли из университе́та.
He was expelled from the university.

Note: де́лать:сде́лать исключе́ние   to make an exception.

ORAL DRILLS

1. Я ужé включи́л телеви́зор.
   Телеви́зор ужé включён.

   Я ужé включи́л ра́дио.
   Ра́дио ужé включено́.

   Я ужé вы́ключил утю́г.
   Утю́г ужé вы́ключен.

   Я ужé вы́ключил телеви́зор.
   Телеви́зор ужé вы́ключен.

   Я ужé включи́л газ.
   Я ужé включи́л горя́чую во́ду.
   Я ужé вы́ключил электри́чество.
   Я ужé включи́л плиту́.
   Я ужé вы́ключил духо́вку.
   Я ужé включи́л мото́р.
   Я ужé включи́л электри́чество.
   Я ужé вы́ключил горя́чую во́ду.
   Я ужé вы́ключил газ.
   Я ужé вы́ключил плиту́.
   Я ужé вы́ключил духо́вку.
   Я ужé вы́ключил мото́р.

2. Он хорошо́ у́чится.
   Éсли он бу́дет пло́хо учи́ться, его́ исключа́т из университе́та.

   Мы хорошо́ у́чимся.
   Éсли вы бу́дете пло́хо учи́ться, вас исключа́т из университе́та.

   Он хорошо́ у́чится.
   Я хорошо́ учу́сь.
   Ребя́та хорошо́ у́чатся.
   Мои́ до́чери хорошо́ у́чатся.
   Мой брат хорошо́ у́чится.
   Мои́ сёстры хорошо́ у́чатся.
   Её сыновья́ хорошо́ у́чатся.
   Ваш сын хорошо́ у́чится.

TRANSLATION DRILL

1. You shouldn't have turned on the light. It's still light out.
2. I should like to include the following points in today's agenda.
3. Would you please turn out the light.
4. Were you included in the list of those who are going south?
5. "What time is it?" "It's seven o'clock." "Turn on the TV, I want to watch the news."
6. Don't turn off the TV, I want to watch this program.
7. If you're a bad student (If you study poorly), you'll get expelled from the university.
8. "Couldn't you make an exception for me?" "We don't make exceptions for anyone."
9. They run every day. I'd like to join their group.
10. Don't turn on the lights, it's still light out.
11. "Did you have the TV on this morning?" "Yes, I had it on for an hour and watched a stupid show about life in Poland."

RELATED WORDS & EXPRESSIONS

включи́тельно   inclusive
выключа́тель   (light) switch
заключа́ть:заключи́ть   to conclude, confine
заключа́ться   to lie in, consist of
заключе́ние   conclusion, confinement
  в заключе́ние   in conclusion

включи́ть   to turn on, to include:

>   **мото́р**   a motor
>   **электри́чество**   the electricity
>   **свет**   the lights
>   **сло́во в слова́рь**   a word in a dictionary
>   **пункт в догово́р**   a point in a treaty (agreement)
>   **но́мер в програ́мму**   a number in a program

исключи́ть   to exclude:

>   **пункт из програ́ммы**   a point from the program
>   **главу́ из рома́на**   a chapter from a novel

заключи́ть   to conclude, confine:

>   **соглаше́ние**   an agreement
>   **догово́р, контра́кт**   a treaty (agreement), contract
>   **мир, переми́рие**   peace, a truce
>   **престу́пника в тюрьму́**   a criminal to jail

8.2a   ВОЗРАЖА́ТЬ:ВОЗРАЗИ́ТЬ — TO OBJECT
ВОЗРАЖА́Й+:ВОЗРАЗИ́+

Вы не возража́ете, е́сли я закурю́?
Would you mind if I smoked?

Я возрази́л, но никто́ не обрати́л внима́ния на э́то.
I objected, but no one paid any attention to that.

кому́?   Dat.

Он не знал, как ей возрази́ть.
He didn't know how to object to her.

про́тив чего́?   ПРО́ТИВ+Gen.

Вы не возража́ете про́тив моего́ предложе́ния?
You don't object to my proposal?

8.2b   The verb **протестовать:запротестовать** (to protest) is used with no complement or with **против**+Gen.

Мно́гие протесту́ют про́тив несправедли́вости.
A lot of people protest against injustice.

NOTE: "to mind" (in the sense of to object to or to be against)   **име́ть про́тив**+Gen.

Я ничего́ не име́ю про́тив (э́того).
I don't mind. I've nothing against this.

Что вы име́ете про́тив меня́?
What do you have against me?

не прочь+Inf.   not to mind

Я не прочь. Я не прочь вы́пить ча́шку ча́ю (ча́я).
O.K., let's. I wouldn't mind a cup of tea.

Мне всё равно́.   I don't mind. I don't care (it's all the same to me).

ORAL DRILL

1. Я с ва́ми не согла́сен.
    Я вам бу́ду возража́ть.

    Я с Петро́м Петро́вичем не согла́сен.
    Я Петру́ Петро́вичу бу́ду возража́ть.

    Мы с ва́шими вы́водами не согла́сны.
    Мы про́тив ва́ших вы́водов бу́дем возража́ть.

    Мы с ва́шими слова́ми не согла́сны.
    Мы про́тив ва́ших слов бу́дем возража́ть.

    Я с ва́ми не согла́сен.
    Мы с Петро́м Петро́вичем не согла́сны.
    Он с ва́шими вы́водами не согла́сен.
    Мы с ва́шим предложе́нием не согла́сны.
    Она́ с И́горем не согла́сна.
    Она́ с на́шим реше́нием не согла́сна.
    Они́ со мной не согла́сны.
    Они́ с мое́й то́чкой зре́ния не согла́сны.
    Я с тобо́й не согла́сен.
    Я с твои́ми замеча́ниями не согла́сен.
    Она́ с Любо́вью Ива́новной не согла́сна.

2. Почему́ вы так гру́бо обраща́етесь со мной?
    Что вы име́ете про́тив меня́?

    Почему́ он так гру́бо обраща́ется с мои́ми бра́тьями?
    Что он име́ет про́тив мои́х бра́тьев?

Почему́ вы так гру́бо обраща́етесь со мной?
Почему́ он так гру́бо обраща́ется с мои́ми бра́тьями?
Почему́ вы так гру́бо обраща́етесь с мои́ми детьми́?
Почему́ она́ так гру́бо обраща́ется с твое́й жено́й?
Почему́ они́ так гру́бо обраща́ются с на́шими друзья́ми?
Почему́ вы так гру́бо обраща́етесь с ней?
Почему́ она́ так гру́бо обраща́ется с ним?
Почему́ вы так гру́бо обраща́етесь с на́ми все́ми?
Почему́ они́ так гру́бо обраща́ются с на́шими сёстрами?
Почему́ он так гру́бо обраща́ется с на́шими ребя́тами?
Почему́ вы так гру́бо обраща́етесь с э́тими гра́жданами?

TRANSLATION DRILL

1. Do you mind if I turn on the light?
2. He was the only one who didn't object to my proposal.
3. No one opposed (had any objections to) the speaker.
4. Everyone opposed him.
5. No one objected to my decision.
6. I object to the way he conducts his classes.
7. I hope no one will object to our project.
8. Why didn't you object to his proposal?
9. Do you have any objections to my telling them about this?
10. He is not used to having people object to him like that.

RELATED WORDS & EXPRESSIONS

возраже́ние   objection

возража́ть:возрази́ть   to object to:

    докла́дчику   the speaker
    реда́ктору   the editor
    руководи́телю   the leader
    собесе́днику   the interlocutor

      про́тив   about

        предложе́ния   a proposal
        прое́кта   a project
        при́нятого реше́ния   the decision which was made

8.3а   ГРОЗИ́ТЬ:ПОГРОЗИ́ТЬ (ПРИГРОЗИ́ТЬ)
TO THREATEN, TO MAKE THREATS
ГРОЗИ́+

кому́-чему́?   Dat.

Мать грози́ла сы́ну, что нака́жет его́.
The mother threatened to punish her son.

кому́-чему́+чем?   Dat.+Inst.

Мать грози́ла сы́ну па́льцем.
The mother shook her finger at her son.

с инф. / с сою́зом что   with conj. что / with inf.

Он грози́л поджёчь наш дом.
He threatened to burn our house.

Сын грози́л, что убежи́т и́з дому.
The son threatened to run away from home.

8.3b   УГРОЖА́ТЬ — TO THREATEN, MENACE
УГРОЖА́Й+

«Не сме́йте угрожа́ть!» — кри́кнул он.
"Don't you dare threaten (me)!" he shouted.

кому́-чему́?   Dat.

Ей угрожа́ла нищета́.
She was threatened by poverty.

кому́-чему́+чем?   Dat.+Inst.

Он нам угрожа́л револьве́ром.
He threatened us with the revolver.

с сою́зом что   with conj. что

Он угрожа́л (тем), что не придёт.
He threatened not to come.

ORAL DRILL

Оте́ц сказа́л, что нака́жет нас.
Оте́ц грози́л нам наказа́нием.

Мать сказа́ла, что нака́жет сы́на.
Мать грози́ла сы́ну наказа́нием.

Отец сказал, что накажет нас.

Мать сказала, что накажет сына.

Отец сказал, что накажет дочь.

Мы сказали, что накажем этих парней.

Мать сказала, что накажет детей.

Она сказала, что накажет твоих сестёр.

Учитель сказал, что накажет учеников.

Я сказал, что накажу его; их; всех; каждого из них.

TRANSLATION DRILL

1. Don't you threaten me!
2. I'm not threatening anyone.
3. Why are you shaking your fist at him like that?
4. Don't be afraid. There's nothing threatening you.
5. He threatened to tell everyone about the both of us.
6. Just who do you think you're threatening.
7. The thief threatened the woman with a knife.
8. Our teacher threatened to fail us, but we threatened to complain to the dean about her.
9. The father threatened to punish his son if he didn't behave.

RELATED WORDS & EXPRESSIONS

гроза   storm
грозный   threatening
угроза   threat

грозить   to threaten:

   человеку кулаком   a person with your fist, to shake your fist at someone
   забастовщикам арестами, судом   strikers with arrests, court action

угрожать   to threaten:

   ребёнку наказанием   to punish a child, (a child with punishment)

8.4a   ГРУБИТЬ:НАГРУБИТЬ — TO BE RUDE, SPEAK COARSELY
         ГРУБИЙ+

Где вы так научились грубить?
Where did you learn to be so rude?

кому-чему?   Dat.

   Никому не груби!
   Don't be rude to anyone.

ORAL DRILL

Мы не разгова́риваем с её бра́том.
Он нам всегда́ груби́т.

Бори́с не разгова́ривает с её бра́том.
Он Бори́су всегда́ груби́т.

Мы не разгова́риваем с её бра́том.
Бори́с не разгова́ривает с её бра́том.
На́ша мать не разгова́ривает с её бра́том.
Они́ не разгова́ривают с её бра́том.
Э́ти па́рни не разгова́ривают с её бра́том.
Де́ти не разгова́ривают с её бра́том.
(Мои́ сёстры, на́ши до́чери, Любо́вь Ива́новна, оте́ц)

TRANSLATION DRILL

1. Her brother is rude to everyone.
2. I'm not rude to anyone, and no one is ever rude to me.
3. Don't be rude to anyone.
4. Why were you so rude to her?
5. Is he always so rude to you?
6. Are they always so rude to each other?
7. You shouldn't be rude to elders.
8. He said something rude to his teacher, and the teacher sent him home.
9. She doesn't like people to be rude to her.
10. I'm not used to people being rude to me.
11. Don't be rude to your teachers.
12. She's mad at him because he said something rude to her.

RELATED WORDS & EXPRESSIONS

грубия́н   rude person
гру́бый   rude
грубия́нка   rude person (f.)

груби́ть:награби́ть   to be rude to:

      преподава́телю   a teacher
      нача́льству   the boss
      ста́ршим   elders
      учителя́м   teachers

гру́бость   rudeness, coarseness; rude remark
хам   very rude person, boor
ха́мка   boor (f.)
хами́ть:нахами́ть кому́-чему́?   to be rude
хаме́ть:охаме́ть   to become a boor
ха́мство   boorishness, grossness

8.5a **ДАРИ́ТЬ:ПОДАРИ́ТЬ** — TO GIVE AS A GIFT
ДАРИ́+:ПОДАРИ́+

что?   Acc.

Скажи́те, пожа́луйста, что обы́чно да́рят в таки́х слу́чаях?
Tell me, please, what do people usually give in such instances.

что+кому́?   Acc.+Dat.

Оте́ц подари́л сы́ну велосипе́д.
The father gave his son a bicycle.

NOTE: **де́лать:сде́лать кому́-нибу́дь пода́рок** to give someone a gift.

ORAL DRILL

1. У моего́ отца́ ско́ро бу́дет день рожде́ния.
Что я ему́ подарю́?

У его́ ма́тери ско́ро бу́дет день рожде́ния.
Что он ей пода́рит?

У моего́ отца́ ско́ро бу́дет день рожде́ния.
У его́ ма́тери ско́ро бу́дет день рожде́ния.
У её дя́ди ско́ро бу́дет день рожде́ния.
У их ба́бушки ско́ро бу́дет день рожде́ния.
У на́ших роди́телей ско́ро бу́дет день рожде́ния.
У твоего́ сы́на ско́ро бу́дет день рожде́ния.
У мое́й ма́мы ско́ро бу́дет день рожде́ния.
У на́шего дя́ди Ва́ни ско́ро бу́дет день рожде́ния.

TRANSLATION DRILL

1. What do you usually get for your birthday?
2. What are you giving your parents for Christmas?
3. You've given me a very nice gift.
4. Grandmother didn't give us anything last year.
5. Every Christmas she gives me the same thing.
6. I gave her perfume for her birthday. I think she wanted me to give her flowers.
7. No one ever gives me anything for my birthday.
8. When I became sixteen my parents gave me a car.
9. We're not giving them anything this year because they didn't give us anything last year.
10. My father bequeathed his library to the city.
11. No one has ever given me flowers.
12. This is the first time in my life that anyone has given me flowers.

RELATED WORDS & EXPRESSIONS

дар   gift, grant
 дары́
пода́рок   present
пода́рочный
одарённый   gifted
  ода́ривать:одари́ть   to endow with

дари́ть:подари́ть   to give, present:

> игру́шку ребёнку   a toy to a child
> кни́гу това́рищу   a book to a friend
> соба́ку сы́ну   a dog to one's son
> библиоте́ку го́роду   (bequeath) a library to the city
> цветы́ учи́телю   flowers to a teacher

8.6a   ДОГОВА́РИВАТЬСЯ:ДОГОВОРИ́ТЬСЯ — TO ARRANGE, NEGOTIATE, COME TO AN AGREEMENT
ДОГОВА́РИВАЙ+СЯ:ДОГОВОРИ́+СЯ

о чём?   O+Prep.

> Мы договори́мся по́зже о ме́сте встре́чи.
> We'll agree on a place to meet later.

с кем?   C+Inst.

> Догова́ривайтесь с Пе́тей — он в ку́рсе де́ла.
> Make arrangements with Peter, he knows what's going on.

с инф.   w/Inf.

> Мы договори́лись пое́хать в Крым.
> We agreed to go to the Crimea.

The verb сгова́риваться:сговори́ться (same government as догова́ри-
ваться:договори́ться) also means to agree, to arrange, or to make an
appointment. It is less formal in meaning than догова́риваться and often
has the meaning of agreeing to do something secretly. This meaning is
evident in the nouns:

> догово́р   agreement, treaty, contract
> сго́вор   compact, deal, secret agreement

In the expressions **договори́ться до абсу́рда, неле́пости** (до+Gen.), **договори́ться** has the meaning of reaching the point of uttering nonsense or absurdities.

ORAL DRILL

Я встре́чу её о́коло кино́.
Мы с ней договори́лись встре́титься о́коло кино́.

Я встре́чу Бори́са о́коло кино́.
Мы с Бори́сом договори́лись встре́титься о́коло кино́.

Я встре́чу её пе́ред кино́.
Я встре́чу Бори́са пе́ред кино́.
Я встре́чу её мать пе́ред кино́.
Я встре́чу твоего́ дя́дю пе́ред кино́.
Я встре́чу тебя́ пе́ред кино́.
Я встре́чу вас пе́ред кино́.
Я встре́чу его́ отца́ пе́ред кино́.
Я встре́чу твою́ дочь пе́ред кино́.
Я встре́чу ва́шу семью́ пе́ред кино́.

TRANSLATION DRILL

1. It's impossible to come to any kind of agreement with him.
2. We and the foreign students agreed to meet at 2:40.
3. Let's agree as to where to meet.
4. We'll meet at 2:15, by the entrance to the subway. Agreed? (OK?)
5. Why is it always so difficult to come to an agreement with you?
6. I don't think that you and I will ever see eye to eye.
7. If you're able to reach an agreement with her, let us know.
8. I'm not used to making agreements this way.
9. I wasn't able to reach an agreement with any of them.
10. Let's settle when you're going to take this exam.

RELATED WORDS & EXPRESSIONS

договори́ться   to agree

перегово́ры negotiations:

о встре́че с това́рищем   with a friend about a meeting
встре́титься с това́рищем   to meet with a friend
с ребя́тами о ме́сте встре́чи   where to meet with the guys
о пое́здке about a trip

8.7a   НУЖДА́ТЬСЯ — TO BE IN NEED (OF), REQUIRE, (IMPFV. ONLY)
НУЖДА́Й+СЯ

Она́ о́чень нужда́лась, но не жа́ловалась.
She was really in need, but she didn't complain.

в ком-чём?   В+ Prep.

Он нужда́ется в хоро́шем дру́ге.
He's in need of a good friend.

Кто не нужда́ется в деньга́х?
Who hasn't been in need of money?

ORAL DRILLS

1. Им о́чень нужна́ по́мощь.
   Они́ о́чень нужда́ются в по́мощи.

   Им о́чень ну́жен ваш сове́т.
   Они́ о́чень нужда́ются в ва́шем сове́те.

   Им о́чень нужна́ по́мощь.
   Им о́чень ну́жен ваш сове́т.
   Им о́чень ну́жен о́тдых.
   Им о́чень нужны́ хоро́шие друзья́.
   Им о́чень нужны́ де́ньги.
   Им о́чень ну́жно пра́вильное пита́ние.
   Им о́чень ну́жен све́жий во́здух.

2. Им нужна́ по́мощь?
   Они́ ни в ка́кой по́мощи не нужда́ются.

   Им ну́жен сове́т?
   Они́ ни в како́м сове́те не нужда́ются.

   Им нужна́ по́мощь?
   Им ну́жен сове́т?
   Им нужны́ друзья́?
   Им нужны́ де́ньги?
   Им ну́жен о́тдых?

TRANSLATION DRILL

1. We're in dire need of your advice.
2. I don't know if they are in need of any advice or not.
3. They told us that they are in need of our help.
4. Who isn't in need of money? Who hasn't been in need of money?
5. Someday I won't be in need of anything. Just when will that someday come?

6. These plants are really in need of light.
7. If you're in need of something, call on us.
8. Are they in need of anything?
9. You need some good advice.
10. She'll tell you that she doesn't need anything.
11. My parents are very needy.
12. I'm not in need of any help.

RELATED WORDS & EXPRESSIONS

ну́жный necessary
нужда́ need
принужда́ть:прину́дить   to force, to compell
  принуждённый
  принуди́тельный compulsory, forced

нужда́ться   to be in need of:

   в по́мощи help
   в сове́те advice
   в о́тдыхе rest
   в лече́нии treatment, medical help

8.8a   ПОДРАЖА́ТЬ — TO IMITATE, COPY (impfv. only)
ПОДРАЖА́Й+

кому́-чему́?   Dat.

Шко́льник стара́лся подража́ть учи́телю.
The schoolboy tried to imitate his teacher.

кому́-чему́ в чём?   Dat.+B+Prep.

Мла́дший брат подража́ет ста́ршему во всём.
The younger brother imitates his older brother in everything (he does).

ORAL DRILL

Она́ пошла́ в мать.
Она́ подража́ет ма́тери во всём.

Она́ пошла́ в отца́.
Она́ подража́ет отцу́ во всём.

   Она́ пошла́ в мать.
   Она́ пошла́ в отца́.

Она́ пошла́ в тётю.
Она́ пошла́ в тётю Ли́ду.
Она́ пошла́ в дя́дю Стёпу.
Она́ пошла́ в ста́ршего бра́та.
Она́ пошла́ в ба́бушку.
Она́ пошла́ в де́душку.

TRANSLATION DRILL

1. Can you imitate the sound of an owl?
2. This is an imitation of Dostoevsky.
3. Children always imitate grown-ups.
4. She imitates her father in everything she does.
5. You shouldn't imitate others.
6. A lot of people say that Sholokhov imitates Tolstoy and that Leonov imitates Dostoevsky. Leonov's novel *The Thief* is a clear imitation of Dostoevsky.

RELATED WORDS & EXPRESSIONS

подража́ние (кому́-чему́) imitation
подража́тель imitator
подража́тельный imitative

8.9a ПОЗДРАВЛЯ́ТЬ:ПОЗДРА́ВИТЬ — TO CONGRATULATE
ПОЗДРАВЛЯ́Й+:ПОЗДРА́ВИ+

кого́?   Acc.

Вы его́ уже́ поздра́вили?
Have you already congratulated him?

кого́+с чем?   Acc.+С+Inst.

Поздравля́ю вас с наступа́ющими пра́здниками.
I congratulate you with the approaching holidays. i.e., Happy Holidays!

ORAL DRILL

За́втра Но́вый год.
Хочу́ поздра́вить вас с Но́вым го́дом.

За́втра Пе́рвое ма́я.
Хочу́ поздра́вить вас с Пе́рвым ма́я.

За́втра Но́вый год.
За́втра Пе́рвое ма́я.
За́втра у вас день рожде́ния.
За́втра Рождество́ Христо́во.
За́втра Восьмо́е ма́рта.
За́втра у вас имени́ны.
За́втра Междунаро́дный день же́нщины.
За́втра День Побе́ды.
За́втра День Конститу́ции.
За́втра День Незави́симости.

TRANSLATION DRILL

1. I would like to wish all of you a Happy New Year.
2. On the 8th of March in the Soviet Union all the men wish all the women a Happy Woman's Day and give them flowers.
3. "We wish you a Merry Christmas and a Happy New Year." "The same to you."
4. My congratulations.
5. Congratulations on your success.
6. Happy Birthday!
7. I'd like to congratulate you on your promotion.
8. We wished each other a Happy New Year and then sat down to eat.
9. What are they congratulating him on?
10. Happy May Day!

RELATED WORDS & EXPRESSIONS

поздравле́ние congratulations
поздрави́тельный congratulatory
с наступа́ющим = с Но́вым го́дом

поздравля́ть:поздра́вить to congratulate:

с побе́дой on a victory
с награ́дой on winning a prize
с днём рожде́ния on a birthday, to wish a Happy Birthday
дру́га с уда́чей a friend on his success
коллекти́в с успе́хом the collective on its success

8.10a ПРИГОВА́РИВАТЬ:ПРИГОВОРИ́ТЬ — TO SENTENCE
ПРИГОВА́РИВАЙ+:ПРИГОВОРИ́+

кого́+к чему́? Acc.+К+Dat.

Судья́ приговори́л их к расстре́лу.
The judge sentenced them to be shot.

ORAL DRILL

Он просидéл в тюрьмé 1 год.
Егó приговорúли к одномý гóду тюрéмного заключéния.

Он просидéл в тюрьмé 2 гóда.
Егó приговорúли к двум годáм тюрéмного заключéния.

Он просидéл в тюрьмé 5 лет.
Его приговорúли к пятú годáм тюрéмного заключéния.

Он просидéл в тюрьмé 1 год.
(двá гóда, три гóда, четы́ре гóда, пять лет, вóсемь лет, одúннадцать лет, двáдцать лет, двáдцать два гóда, двáдцать пять лет, сóрок лет)

TRANSLATION DRILL

1. The judge sentenced them to 10, 20, 22, 25 years in prison.
2. Dissidents are not given prison terms. They are put in asylums.
3. During the 1930s wreckers (вредители) were frequently sentenced to be shot.
4. A lot of people were sentenced to death.
5. How many years did they sentence him to?

RELATED WORDS & EXPRESSIONS

приговóр   criminal sentence

приговáривать:приговорúть   to sentence:

> винóвного к штрáфу   a guilty person to a fine
> престýпника к тюрéмному заключéнию   a criminal to prison
> к расстрéлу   to be shot
> к смéртной кáзни   to death

8.11a   ПРИДÉРЖИВАТЬСЯ — TO STICK TO, HOLD TO, ADHERE TO
ПРИДÉРЖИВАЙ+СЯ

чегó?   Gen.

Он всю́ жизнь придéрживался стрóгих прáвил.
He followed hard and fast rules all his life.

8.11b   ДЕРЖА́ТЬСЯ = ПРИДЕ́РЖИВАТЬСЯ
ДЕРЖА́+СЯ

чего?   Gen.

Я то́же держу́сь того́ взгля́да.
I'm also of that opinion.

Держи́тесь пра́вой/ле́вой стороны́!
Keep right/left.

8.11c   ДЕРЖА́ТЬСЯ — TO HOLD ONTO

за кого́-что?   ЗА+Acc.

Ребёнок держа́лся за мать.
The child held onto its mother.

Держи́тесь за по́ручни!
Hold onto the handrails!

ORAL DRILL

Я так и ду́мал.
Я приде́рживаюсь того́ же мне́ния.

Мы так и ду́мали.
Мы приде́рживаемся того́ же мне́ния.

Я так и ду́мал.
Мы так и ду́мали.
Они́ так и ду́мали.
Она́ так и ду́мала.
Ты так и ду́мал.
Вы так и ду́мали.
Ка́ждый из нас так и ду́мал.
Мы все так и ду́мали.

TRANSLATION DRILL

1. I share the same opinion/opinions as you.
2. "Hold onto me!" said the woman to her son.
3. The mother told her son to hold onto her.

4. I think that we have different opinions.
5. Why does he hold on to his job like that? What's he scared of?
6. There's nothing to hold onto.
7. He told us to keep to the right.
8. Stay on the road!
9. I hold a different point of view.
10. It's all the same to me if you have a different opinion or not.
11. Why aren't you (pl.) holding onto the banister. Hold onto the banister!

RELATED WORDS & EXPRESSIONS

держа́ть:сдержа́ть   to hold
держа́ва   power, orb
  держа́вный   sovereign
сде́ржанный   reserved
содержа́ть   to contain, keep
содержа́тельный   rich in content
содержа́ние   content
содержи́мое   contents
содержа́нка   kept woman
заде́рживать/ся:задержа́ть/ся   to delay, stay too long
заде́ржка   delay
задержа́ние   detention, arrest

держа́ть:

      сло́во   keep your word
      речь   give a speech
      экза́мен   take an exam

      подержи́, пожа́луйста   Hold (this) please!

держа́ться:приде́рживаться   adhere to:

      определённого мне́ния   a definite opinion
      определённой /друго́й/ то́чки зре́ния   point of view
      бу́квы зако́на   the letter of the law
      твёрдых при́нципов   firm principles
      нейтралите́та   neutrality
      тради́ций   traditions
      доро́ги, тропы́   the road, the park

держа́ться   to hold onto:

      за перила   the banister
      за своё ме́сто   one's place
      за се́рдце   one's heart
      за го́лову   one's head
      за свою́ рабо́ту   one's job

8.12a УГОВА́РИВАТЬ:УГОВОРИ́ТЬ
TO TRY TO PERSUADE:TO PERSUADE
УГОВА́РИВАЙ+:УГОВОРИ́+

кого?   Acc.

Наконе́ц его́ уговори́ли.
Finally they persuaded him.

кого́+инф.   Acc. + Inf.

Его́ уговори́ли уча́ствовать в спекта́кле.
They persuaded him to participate in the performance.

8.12b ОТГОВА́РИВАТЬ:ОТГОВОРИ́ТЬ — TO DISSUADE, TALK OUT OF

кого́+от чего?
Acc.+OT+Gen.

Нам удало́сь отговори́ть его́ от пое́здки.
We succeeded in talking him out of the trip.

кого́+делать что?   Acc.+Inf. (impfv.)

Мы отговори́ли их уезжа́ть.
We talked them out of leaving.

ORAL DRILL

Мы хоти́м, что́бы Бори́с уе́хал.
Мы уговори́м Бори́са уе́хать.

Мы хоти́м, что́бы они́ уе́хали.
Мы уговори́м их уе́хать.

Мы хоти́м, что́бы Бори́с уе́хал.
Мы хоти́м, что́бы они́ уе́хали.
Мы хоти́м, что́бы их друзья́ уе́хали.
Мы хоти́м, что́бы э́ти англича́не уе́хали.
Мы хоти́м, что́бы он уе́хал.
Мы хоти́м, что́бы ва́ши тётя и дя́дя уе́хали.
Мы хоти́м, что́бы его́ сёстры уе́хали.
Мы хоти́м, что́бы их ма́тери уе́хали.
Мы хоти́м, что́бы ва́ши бра́тья уе́хали.

TRANSLATION DRILL

1. I'm trying to persuade him into dropping this course.
2. He won't drop this course. Just try to persuade him.
3. You don't have to persuade me. I'll do it anyhow.
4. You've talked me into it.
5. He talked her into marrying him.
6. She talked him into marrying her.
7. I'm trying to talk my father into buying a car for me.
8. Are you still trying to talk your parents into buying you a car?
9. I don't know why I let you talk me into coming here.
10. I hope we can convince them into going with us.
11. He wouldn't have done that if you hadn't talked him into doing it.
12. She was trying to talk him into leaving, but he talked her into letting him stay.
13. You'll never talk them into selling their house.

RELATED WORDS & EXPRESSIONS

угово́р   agreement, compact
уговори́ться=договори́ться /разг./

угова́ривать:уговори́ть   to persuade:

> бра́та уе́хать   one's brother to leave
> отца́ не серди́ться   one's father not to be angry
> ребёнка послу́шаться   a child to listen

отгова́ривать:отговори́ть   to dissuade:

> бра́та от пое́здки   one's brother from a trip
> бра́та е́хать   one's brother from going
> това́рища от уча́стия в пье́се   a friend from participating in a play

8.13a   УСТРА́ИВАТЬ:УСТРО́ИТЬ — TO ARRANGE, ORGANIZE, ESTABLISH, MAKE
УСТРА́ИВАЙ+:УСТРО́Й-И+

что?   Acc.

> Она́ ве́чно устра́ивает сканда́лы.
> She always causes a lot of trouble.

> Мы устро́им ве́чер для них.
> We'll have a party (evening) for them.

кого?   Acc.

Это вас устра́ивает?
Does this suit you?

кого́+куда́?   Acc.+Acc.

Он хоте́л устро́ить отца́ на рабо́ту.
He wants to get his father a job.

8.13b   УСТРА́ИВАТЬСЯ:УСТРО́ИТЬСЯ — TO SETTLE GET A JOB, GET ORGANIZED

Всё устро́илось так, как хоте́ли.
Everything turned out all right.

кем?   Inst.

Он устро́ился библиоте́карем.
He got a job as a librarian.

куда́ и где?   Acc. and Prep.

Он хо́чет устро́иться в Москве́ на рабо́ту.
He wants to find a job in Moscow.

Его́ жена́ устро́илась убо́рщицей у нас в шко́ле.
His wife got a job as a maid in our school.

ORAL DRILLS

1. Он переезжа́ет в Бо́стон.
   Он устро́ился на рабо́ту в Бо́стоне.

   Она́ переезжа́ет в Москву́.
   Она́ устро́илась на рабо́ту в Москве́.

   Он переезжа́ет в Бо́стон.
   Она́ переезжа́ет в Москву́.
   Мы переезжа́ем в Чика́го.
   Наш дя́дя переезжа́ет в Со́чи.
   Они́ переезжа́ют в Ме́ксику.
   Он переезжа́ет в Теха́с.
   Моя́ тётя переезжа́ет на Гава́йские острова́.
   Мой друг переезжа́ет в Сан-Франци́ско.
   Мой оте́ц переезжа́ет в Тегера́н.

2. Мы ва́шим предложе́нием недово́льны.
   Ва́ше предложе́ние нас не устра́ивает.

Бори́с Андре́евич ва́шим предложе́нием недово́лен.
Ва́ше предложе́ние Бори́са Андре́евича не устра́ивает.

Мы ва́шим предложе́нием недово́льны.
Бори́с Андре́евич ва́шим предложе́нием недово́лен.
Нача́льник ва́шим предложе́нием недово́лен.
Ребя́та ва́шим предложе́нием недово́льны.
Мои́ бра́тья ва́шим предложе́нием недово́льны.
На́ши де́ти ва́шим предложе́нием недово́льны.
Я ва́шим предложе́нием недово́лен/дово́льна.
Мы все ва́шим предложе́нием недово́льны.
Любо́вь Никола́евна ва́шим предложе́нием недово́льна.
Никто́ не дово́лен ва́шим предложе́нием.

TRANSLATION DRILL

1. That doesn't suit me.
2. He made a really big stink.
3. I'd really like to get a good easy job.
4. Have you landed a job yet.
5. You've really gotten nicely settled in your new apartment.
6. If you don't help me get a job, I'll cause you one hell of a lot of trouble.
7. So far he hasn't gotten a job anywhere.
8. Today we're having an evening for our teachers.
9. I hope you can arrange everything for them.
10. Everything turned out the opposite of what we wanted.

RELATED WORDS & EXPRESSIONS

устро́йство   structure, arrangement
   благоустро́йство   organization of public services and amenities
   благоустро́енный   well-organized, comfortable
настра́ивать:настро́ить   to tune, attune, incite, incline
   настрое́ние   mood
   настро́йщик   tuner
расстра́ивать:расстро́ить   to upset
   расстро́йство   disorder, derangement
   настро́ить пиани́но   to tune a piano
   расстро́йство желу́дка   upset stomach, diarrhea

устра́ивать:устро́ить   to get:

      сы́на на рабо́ту   one's son a job
      больно́го в санато́рий   a patient into a sanatorium

устра́иваться:устро́иться   to get:

      на тёплое месте́чко   an easy, secure job
      в но́вой кварти́ре   set up in a new apartment

SECTION 8   REVIEW TRANSLATIONS

1. Did you want to include them in the guest list?
2. My brother has been expelled from his institute.
3. Why didn't you object to his proposal?
4. Everyone objected to our decision.
5. A great catastrophe threatened our city.
6. Does he always treat everyone so rudely?
7. She received a lot of gifts, but we didn't give her anything.
8. I don't think that you and I will ever come to an agreement about this.
9. I need your help very much.
10. It is impossible to imitate Pushkin's style.
11. I'd like to wish you a Happy New Year. You, too.
12. Congratulations (I congratulate you) on your promotion.
13. My brother was sentenced to be shot.
14. Hold on!
15. If you hold onto the banister you won't fall.
16. We finally persuaded my mother-in-law to leave.
17. I hope this suits you.
18. You've gotten settled nicely in your new house.
19. My grandmother got a job as a nanny in a rich Arab family.

Section 9

9.1a БРА́ТЬСЯ:ВЗЯ́ТЬСЯ
TO UNDERTAKE, BEGIN, START ON, GET DOWN (TO)

9.1b ПРИНИМА́ТЬСЯ:ПРИНЯ́ТЬСЯ
TO BEGIN, START, GET DOWN TO, START ON

9.1c САДИ́ТЬСЯ:СЕСТЬ (with inanimate complement only) — TO BEGIN

за кого́-что?   ЗА+Acc.

> Он не зна́ет, как приня́ться за э́то.
> He doesn't know how to go about that.

> На́до сесть (взя́ться, приня́ться) за рабо́ту.
> We've got to begin work (get working).

> На́до хороше́нько взя́ться (приня́ться) за э́того лентя́я.
> We've got to really get after this lazybones.

с инф.   W/Inf.

> Он сел рабо́тать.
> He began to work.

> Он принялся́ (приня́лся) петь.
> He began to sing.

The verb сесть+Inf. implies sitting down to do something:

> Он сел отдохну́ть.
> He sat down to take a rest.

An infinitive is NOT used after бра́ться:взя́ться.

NOTE the additional uses of the verb бра́ться:взя́ться.

9.1d БРА́ТЬСЯ:ВЗЯ́ТЬСЯ+ОТКУ́ДА — TO COME FROM; TO APPEAR FROM

> Ми́ша, отку́да ты взя́лся?
> Misha, where in the world did you come from!

9.1e БРА́ТЬСЯ:ВЗЯ́ТЬСЯ+ЗА КОГО́-ЧТО — TO GRASP, GRAB HOLD OF

Возьми́тесь за верёвку!
Grab the rope!

ORAL DRILLS

1. Мне всё надое́ло.
   Я ни за что не беру́сь.

   Бори́су всё надое́ло.
   Бори́с ни за что не берётся.

   Мне всё надое́ло.
   Бори́су всё надое́ло.
   Твои́м бра́тьям всё надое́ло.
   На́шим ребя́там всё надое́ло.
   На́шим сёстрам всё надое́ло.
   Э́тим парня́м всё надое́ло.
   Ба́бушке всё надое́ло.
   Твоему́ дя́де всё надое́ло.
   Мое́й ма́тери всё надое́ло.
   На́шим друзья́м всё надое́ло.

2. Мне уже́ давно́ пора́ бра́ться за э́тот докла́д.
   Я возьму́сь за него́ за́втра.

   Бори́су уже́ давно́ пора́ бра́ться за э́тот докла́д.
   Бори́с возьмётся за него́ за́втра.

   (мне, Бори́су, Петру́, ребя́там, твое́й сестре́, нам, ему)

3. Я немно́го уста́л.
   Я сейча́с ся́ду отдохну́ть.

   Бори́с немно́го уста́л.
   Бори́с сейча́с ся́дет отдохну́ть.

   Я немно́го уста́л.
   Бори́с немно́го уста́л.
   Ребя́та немно́го уста́ли.
   Мы немно́го уста́ли.
   Ты немно́го уста́л.
   Вы немно́го уста́ли.
   Бори́с и Пётр немно́го уста́ли.
   Все немно́го уста́ли.

TRANSLATION DRILL

1. I don't know what's come over him. He stays at home all the time and doesn't undertake (begin, start to do) anything.
2. You should sit down and take a rest.

3. I'll take care of these problems tomorrow. (I'll get after them tomorrow.)
4. It's high time to start working.
5. One of you should really get after those lazy-bones. It's time for them to get down to work.
6. After supper I'm going to get to work on this report.
7. He lost his parents during the war, and so his grandparents had to take care of his upbringing.
8. I haven't seen you so long; where did you come from?
9. This is a very steep staircase. Grab hold of the banister, or you'll fall.
10. You'd better get started on your homework. It'll soon be midnight.
11. Do you know how to go about this?
12. I'm tired of driving. You take the wheel for a while!
13. Everything will be all right after we settle down to work.

RELATED WORDS & EXPRESSIONS

бра́ться:взя́ться за   to begin:

чте́ние   reading
уче́ние   study
кни́гу   a book
перо́   writing

принима́ться:приня́ться   to begin, start, set down to, start on:
сади́ться:сесть:

за кни́гу   a book
за руль   the wheel, helm
за рабо́ту (рабо́тать)   work
за шитьё (шить)   sewing
занима́ться   to study

9.2a ПО́МНИТЬ:ВСПО́МНИТЬ — TO REMEMBER, RECOLLECT
REINSTATE IN ONE'S MEMORY
ПО́МНИ÷:ВСПО́МНИ÷

кого́-что?   Acc.

Я вас хорошо́ по́мню.
I remember you well.

Он стара́лся вспо́мнить забы́тое стихотворе́ние.
He was trying to remember the forgotten poem.

Постара́йтесь вспо́мнить её!
Try to remember (place) her!

о ком-чём?   О+Prep.

> Я ничего не помню об этом.
> I don't remember anything about this.

> Я вспомнил об этом в последнюю минуту.
> I remembered about that at the last minute.

9.2b   ВСПОМИНАТЬ (impfv.) — TO REMINISCE, RECOLLECT, THINK ABOUT
ВСПОМНИТЬ (pfv.) — TO REMEMBER, RECOLLECT
ВСПОМИНАЙ+

кого-что?   Acc.

> Она очень часто вспоминает о своих родителях.
> She reminisces about her parents very often.

о ком-чём?   О+Prep.

> Я всегда вспоминаю о счастливых днях, проведённых в Италии.
> I always think about (reminisce about) the happy days I spent in Italy.

> Я часто вспоминаю своё детство (о своём детстве).
> I often remember (reminisce, think about) my childhood.

9.2c   ЗАПОМИНАТЬ:ЗАПОМНИТЬ
TO COMMIT TO MEMORY, REMEMBER, KEEP IN MIND

кого-что?   Acc.

> Запомните мой телефон!
> Remember my telephone number!

> Я это запомнил на всю жизнь.
> I'll remember that as long as I live.
> (Lit.: I have committed that to memory for the rest of my life.)

9.2d НАПОМИНÁТЬ:НАПÓМНИТЬ
TO RESEMBLE, REMIND:TO REMIND

когó-чтó?   Acc.

Он сúльно напоминáет своú мать.
He really looks like his mother (he bears a strong resemblance to her).

комý+о чём?/комý+инф.+соúзы что, чтóбы
Dat.+O+Prep./Dat.+Inf. or conjunctions что, чтóбы

Хочý напóмнить вам о сегóдняшнем заседáнии.
I want to remind you about today's meeting.

Напóмните мне купúть хлéба!
Remind me to buy bread!

Напоминáю вам, что у нас зáвтра собрáние.
I'm reminding you that we've a meeting tomorrow.

Напóмните Ивáнову, чтóбы он пришёл.
Remind Ivanov to come!

9.2e УПОМИНÁТЬ:УПОМЯНÝТЬ — TO MENTION, REFER TO
УПОМИНÁЙ+:УПОМЯНÝ+

когó-чтó?   Acc.

Он и вáше úмя упомянýл.
He mentioned your name, too.

о ком-чём?   O+Prep.

Он не упомянýл о вчерáшних собúтиях.
He didn't make any mention of yesterday's events.

Note the following expressions which are related to these words:

Лёгок на помúне. Легкá на помúне (fem.).
Speak of the devil.

Помянú моё слóво (from the verb помянýть).
Mark my words.

ORAL DRILLS

1. Я вас не по́мню.
   Погоди́те, сейча́с вспо́мню!

   Бори́с тебя́ не по́мнит.
   Погоди́, сейча́с вспо́мнит!

   > Я вас не по́мню.
   > Бори́с тебя́ не по́мнит.
   > Мы вас не по́мним.
   > Ребя́та тебя́ не по́мнят.
   > Брат тебя́ не по́мнит.
   > Мать тебя́ не по́мнит.
   > Они́ вас не по́мнят.

2. У меня́ хоро́шая па́мять.
   Я всё бы́стро запомина́ю.

   У Бори́са хоро́шая па́мять.
   Бори́с всё бы́стро запомина́ет.

   > У меня́ хоро́шая па́мять.
   > У Бори́са хоро́шая па́мять.
   > У э́тих ребя́т хоро́шая па́мять.
   > У нас хоро́шая па́мять.
   > У вас хоро́шая па́мять.
   > У на́ших сестёр хоро́шая па́мять.
   > У на́ших дете́й хоро́шая па́мять.
   > У его́ сынове́й хоро́шая па́мять.
   > У её дочере́й хоро́шая па́мять.
   > У тебя́ хоро́шая па́мять.

3. Он забу́дет купи́ть хлеб.
   Напо́мните ему́ купи́ть хле́б!

   Ка́тя забу́дет купи́ть хлеб.
   Напо́мните Ка́те купи́ть хле́б!

   > Он забу́дет купи́ть хлеб.
   > Ка́тя забу́дет купи́ть хлеб.
   > Пётр забу́дет купи́ть хлеб.
   > Йгорь забу́дет купи́ть хлеб.
   > Па́вел забу́дет купи́ть хлеб.
   > Ю́рий забу́дет купи́ть хлеб.
   > Ребя́та забу́дут купи́ть хлеб.
   > Я забу́ду купи́ть хлеб.
   > Мы забу́дем купи́ть хлеб.
   > Лари́са забу́дет купи́ть хлеб.
   > Мари́я забу́дет купи́ть хлеб.

TRANSLATION DRILL

1. "Do you remember his name?" "Hold on a second, it'll come to me (i.e. I'll remember).
2. He loves to tell jokes, and he remembers (i.e. learns them, memorizes them) very easily.
3. I wanted to tell you something, but I can't remember what I wanted to say.

4. Remember your duties!
5. Here's my telephone number. Do you think you can remember it?
6. She really resembles her mother.
7. My grandmother loves to reminisce about her childhood.
8. I can't recollect where I've seen you before.
9. You'll remember this forever.
10. Why recollect the past?
11. He said that Sobakevich resembled a bear and that everything about him resembled a bear.
12. Is it easy for you to remember names?
13. He'll be back, mark my words.
14. I've seen that face before, but I can't remember where or when.
15. Do you remember how we used to make fun of your Uncle Kolya?
16. I don't remember anything about that.
17. He didn't mention anything about the past.
18. They hadn't seen each other for fifty years, but they remembered each other right away.
19. Remember what I told you about him. He can get you in trouble (Translate: He is a harmful person).
20. I hope you've remembered everything I've told you about him.
21. These rules are very important. Remember them!

RELATED WORDS & EXPRESSIONS

помѝнки wake
поминѝльный funeral (adj.)
на помѝн душѝ in remembrance of the dead
в помѝне нет there's no trace of it
лёгок на помѝне speak of the devil
воспоминѝние recollection, memory
опѝмниться come to one's senses (pfv. only)

вспоминѝть:вспѝмнить   to remember, to reminisce:

словѝ, пѐсни words, songs
стихѝ verses
собѝтие an event
своѝ мѝлодость one's youth
своё дѐтство one's childhood
прѝшлое the past
о прѝшлом about the past

запоминѝть:запѝмнить   to memorize:

ѝдрес an address
телефѝн a telephone number
дѝту a date
дорѝгу the way
собѝтие an event
цитѝты a quote
стихѝ verses
анекдѝт a joke

по́мнить   to remember:

> **свои́ обя́занности**   one's duties
> **о свои́х обя́занностях**
> **о друзья́х**   about friends
> **стихотворе́ние**   a poem

напомина́ть   to look like:

> **отца́**   one's father
> **знако́мого**   an aquaintance
> **дворе́ц**   a palace

напомина́ть:напо́мнить   to remind:

> **това́рищу о про́шлом**   a comrade about the past
> **бра́ту о встре́че**   one's brother of a meeting
> **кому́-н. о ста́ром знако́мстве**   someone of an old friendship
> **дру́гу о далёком про́шлом**   a friend of a distant past

9.3a   ГОДИ́ТЬСЯ (impf.) — TO BE FIT (FOR) TO BE SUITED (FOR), TO SERVE (FOR)
ГОДИ́+СЯ

Э́ти боти́нки не годя́тся.
These shoes aren't any good (they don't fit).

Э́то никуда́ не годи́тся.
This isn't any good at all.

9.3b   ПРИГОДИ́ТЬСЯ (pfv. only) — TO BE USEFUL COME IN HANDY, BE OF VALUE

кому́-чему́?   Dat.

Кома́нде пригоди́лись сове́ты тре́нера.
The coach's advice was useful for the team.

9.3c   The verbal pair **угождáть:угодúть** — to satisfy — is used mainly in the expressions:

Всем не угодúшь.

or: На всех не угодúшь.

You can't satisfy everyone.

You can't keep them all happy.

ORAL DRILLS

1. Мой совéт тебé бýдет полéзен.
   Мой совéт тебé óчень пригодúтся.

   Ваш совéт мне бýдет полéзен.
   Ваш совéт мне óчень пригодúтся.

   Мой совéт тебé бýдет полéзен.
   Ваш совéт мне бýдет полéзен.
   Егó совéт нам бýдет полéзен.
   Наш совéт емý бýдет полéзен.
   Ваш совéт ей бýдет полéзен.
   Их совéт всем бýдет полéзен.
   Мой совéт им бýдет полéзен.

2. Онá жáлуется на всё.
   Ей никáк не угодúшь.

   Борúс жáлуется на всё.
   Борúсу никáк не угодúшь.

   Онá жáлуется на всё.
   Борúс жáлуется на всё.
   Егó мать жáлуется на всё.
   Твой дя́дя Вáня жáлуется на всё.
   Вáши друзья́ жáлуются на всё.
   Эти лю́ди жáлуются на всё.
   Егó тёща жáлуется на всё.
   Твои бáбушка и дéдушка жáлуются на всё.
   Вáши дóчери жáлуются на всё.
   Егó сéстры жáлуются на всё.
   Ты жáлуешься на всё.
   Вы жáлуетесь на всё.
   Онú жáлуются на всё.

TRANSLATION DRILL

1. Remember my advice, it will come in handy to you.
2. Will these books be of any use to you?
3. If you can't use these shirts, give them to someone else.
4. Don't throw away these magazines. Someday they'll come in handy.
5. I hope these clothes will be all right for you.
6. Thanks for your advice, it really came in handy for me.

7. This rug is absolutely no good at all.
8. Your brother isn't fit for anything.
9. He's impossible to satisfy. He complains about everything.
10. His mother-in-law is one of those rare people whom it is very easy to satisfy.
11. Do it however you wish.
12. Take as much as you like.
13. You may sit wherever you want.
14. You can tell anyone you want. I don't care. It's no secret.

RELATED WORDS & EXPRESSIONS

го́дный   fit, suitable
   го́дность
него́дный   unfit, unsuitable
   него́дность
никуды́шный =никуда́ не го́дный

как уго́дно   as much as you wish
кто уго́дно   whoever you wish
куда́ уго́дно   wherever you wish
где уго́дно   wherever you wish
ско́лько уго́дно   as much as you wish

9.4a ДЕ́ЙСТВОВАТЬ:ПОДЕ́ЙСТВОВАТЬ
TO HAVE AN EFFECT UPON, TO WORK ON
ДЕ́ЙСТВ-ОВА+

Её аргуме́нты не поде́йствовали—он стоя́л на своём.
Her arguments had no effect; he held his ground.

на кого́-что?   НА+Acc.

Лека́рство на него́ поде́йствовало хорошо́ (благотво́рно).
The medicine had a good effect on him.

де́йствовать кому́-нибудь на не́рвы   to get on someone's nerves

The verb **влия́ть:повлия́ть** (to influence, to have an influence upon) is used with the same government as **де́йствовать**:

на кого́?   НА+Acc.

Её слова́ на него́ не повлия́ли.
Her words had no effect on him.

ORAL DRILL

Зачём тебё было говори́ть с ни́ми?
Ничего́ (ничто́) на них не поде́йствует.

Зачём тебё было говори́ть с Соколо́вым?
Ничего́ (ничто́) на Соколо́ва не поде́йствует.

Зачём тебё было говори́ть с ни́ми?
Зачём тебё было говори́ть с Соколо́вым?
Зачём тебё было говори́ть с И́горем Сергѐевичем?
Зачём тебё было говори́ть с его́ друзья́ми?
Зачём тебё было говори́ть с Любо́вью Васи́льевной?
Зачём тебё было говори́ть с ней?
Зачём тебё было говори́ть с Ивано́вым?
Зачём тебё было говори́ть с ним?

TRANSLATION DRILL

1. Don't pay any attention to him. He gets on everyone's nerves.
2. If he gets on your nerves just tell me.
3. Do you think this will have any effect on him?
4. Your words didn't have any effect on him at all.
5. Rainy weather always has a bad effect on me.
6. Aspirin has no effect on me at all.
7. Try this medicine. Maybe it will be effective.
8. You should take vitamins. They will have a good effect on your health.
9. Enough sitting around! It's time to act!
10. Our father's death affected all of us strongly.
11. Get out of here! You're getting on my nerves!
12. Do you think that you could have some influence on him?

RELATED WORDS & EXPRESSIONS

де́йствие   act
действи́тельный   real, actual
действи́тельность   reality, actuality
в действи́тельности = на са́мом де́ле
влия́ние   influence
влия́тельный   influential
ока́зывать:оказа́ть влия́ние   to influence, exert influence
име́ть влия́ние   to have influence
попа́сть под чьё-н. влия́ние   to fall under someone's influence
находи́ться под чьим-н. влия́нием   be under someone's influence

де́йствовать   to act on:

на челове́ка   a person
на здоро́вье   one's health
на се́рдце   the heart
на не́рвы   nerves
на дыха́ние   breathing
на настрое́ние   one's mood

на самооблада́ние one's self-control
на ход собы́тий the course of events

влия́ть to influence:

на ма́ссы the masses
на дете́й children
на собы́тия events

9.5a ЖЕЛА́ТЬ:ПОЖЕЛА́ТЬ — TO WISH, DESIRE, HOPE
ЖЕЛА́Й+:ПОЖЕЛА́Й+

чего́? Gen.

Роди́тели жела́ли э́того бра́ка.
The parents desired this marriage.

Глу́по жела́ть невыполни́мого.
It's stupid to wish for the unfulfillable.

чего́+кому́-чему́? Gen.+Dat.

Жела́ю вам всего́ наилу́чшего.
I wish you all the best.

Пе́ред отъе́здом нам всем пожела́ли счастли́вой доро́ги (счастли́вого пути́).
Before our departure they wished all of us bon-voyage.

кому́-чему́+инф. Dat.+Infinitive

Жела́ю вам ско́ро попра́виться.
I hope you get well soon.

Note the following expressions in which the verb жела́ть is omitted (all are used when parting with someone):

Всего́ до́брого.
Всего́ хоро́шего (used to close friendly letters).
Всего́-всего́ хоро́шего (All the very best).

Счастли́вой доро́ги.
Счастли́вого пути́.
Счастли́вого.

Споко́йной но́чи.
(До́брой но́чи.)

ORAL DRILL

1. уда́ча — Мы хоти́м пожела́ть вам уда́чи.
   успе́х — Мы хоти́м пожела́ть вам успе́ха.

   (уда́ча, успе́х, сча́стье, счастли́вое бу́дущее, счастли́вый путь, счастли́вая доро́га, всевозмо́жные успе́хи, вся́кое благополу́чие, всё хоро́шее)

TRANSLATION DRILL

1. I hope you have a good time there (Translate: to spend time well).
2. That's just what I wanted.
3. Best wishes!
4. I wish you the best of everything.
5. Why do you always have to desire the impossible?
6. What would you like, vodka, cognac, or champagne?
7. Don't ever wish anyone anything bad!
8. I wish you all sorts of well-being (happiness and good things, etc.)
9. They wished us good night and left.
10. I hope you're successful.
11. I wish you the best of everything from the bottom of my heart.
12. We wish you a safe arrival.
13. All I desire is peace and happiness.
14. I hope you all have a good trip.
15. I never wish anyone anything bad.
16. I hope you get there safely.
17. We wish all of you good health.

RELATED WORDS & EXPRESSIONS

жела́тельный desirable
жела́тельно desirable
пожела́ние wish
Прими́те мои́ наилу́чшие пожела́ния! Accept my best wishes
жела́ние desire
  исполне́ние жела́ний   the fulfillment of desires
  после́днее жела́ние   the last wish
  заве́тное жела́ние   a cherished desire
жела́нный = ожида́емый
  жела́нный гость
  жела́нная весть

жела́ть кому́-нибудь to wish someone:

  сча́стья happiness, luck
  успе́ха success
  здоро́вья good health
  поко́я peace
  уда́чи success

благополу́чия well-being, happiness
дое́хать благополу́чно a safe and sound arrival

жела́ть to wish:

от души́ from your soul
от всего́ се́рдца from the bottom of your heart
невозмо́жного the impossible
невыполни́мого that which cannot be done (fulfilled)

9.6a ЗАСЛУ́ЖИВАТЬ — TO BE WORTHY OF (used with Genitive complement)
ЗАСЛУЖИ́ТЬ — TO DESERVE, EARN, GAIN (used with Accusative complement)
ЗАСЛУ́ЖИВАЙ+:ЗАСЛУЖИ́+

чего́?   Gen.

Его́ прое́кт заслу́живает внима́ния.
His project deserves (is worthy of) attention.

что?   Acc.

За что ты его́ руга́ешь? Он заслужи́л э́то.
What are you scolding him for? He deserves it.

Профе́ссор заслужи́л уваже́ние студе́нтов.
The professor earned the respect of his students.

9.6b ЗАРАБА́ТЫВАТЬ:ЗАРАБО́ТАТЬ+ACC. — TO EARN MONEY

Ско́лько вы зараба́тываете в неде́лю?
What do you make (earn) per week?

зарпла́та (за́работная пла́та) salary, wages
за́работок earnings
полу́чка payday

Сего́дня полу́чка.
Today's payday.

9.6c   NOTE THE TRANSLATIONS OF THE FOLLOWING SENTENCES AND THE USE OF CASE:

Я всё э́то заслужи́л.
I earned (deserved) all this.

Я всё э́то зарабо́тал.
I earned all this (speaking of money).

Он заслужи́л на́ше дове́рие.
He gained our trust.

Он заслу́живает на́шего дове́рия.
He is worthy of our trust.

ORAL DRILL

Бори́су мо́жно доверя́ть.
Бори́с заслу́живает ва́шего дове́рия.

Нам мо́жно доверя́ть.
Мы заслу́живаем ва́шего дове́рия.

Бори́су мо́жно доверя́ть.
Нам мо́жно доверя́ть.
На́шим ребя́там мо́жно доверя́ть.
Мои́м друзья́м мо́жно доверя́ть.
Моему́ бра́ту мо́жно доверя́ть.
Мои́м сёстрам мо́жно доверя́ть.
Ей мо́жно доверя́ть.
Им мо́жно доверя́ть.

TRANSLATION DRILL

1. He got just what he deserved.
2. His work deserves a reward.
3. It was very easy for him to earn everyone's trust.
4. I don't think I deserve that kind of treatment.
5. He's not worthy of your respect.
6. He only earns $75 per week. I believe he deserves more.
7. If they were worthy of our trust, we'd trust them. I don't trust them.
8. I think he deserves such a harsh punishment.
9. He deserves the punishment he got.
10. Do you really think he is worthy of your love?
11. I don't think he deserves such praise.
12. "How much do you earn a week?" "This week I earned $150."
13. Last year I made $21,000.

RELATED WORDS & EXPRESSIONS

заслу́га merit, desert
  по заслу́гам
слуга́ (m) servant, manservant
служа́нка servant (female)
прислу́га maid, servant, attendant
раб slave
рабо́тник worker
рабо́тница
домрабо́тница maid
рабо́чий worker
заслу́женный meritorious
  заслу́женный арти́ст Honored artist
  заслу́женная арти́стка
обслу́живать to attend, serve
самообслу́живание self-service

заслу́живать to be worthy of:

  награ́ды a reward
  уваже́ния respect
  дове́рия trust
  внима́ния attention
  любви́ love
  наказа́ния punishment
  похвалы́ praise
  благода́рности gratitude

заслужи́ть to earn:

  награ́ду
  уваже́ние
  дове́рие
  внима́ние
  любо́вь
  наказа́ние
  похвалу́
  благода́рность
  пре́мию a prize
  симпа́тию sympathy

9.7a ИЗДЕВА́ТЬСЯ:ПОИЗДЕВА́ТЬСЯ — TO MOCK, TAUNT, TEASE
HAVE FUN WITH SOMEONE AT THEIR EXPENSE, MAKE FUN OF
ИЗДЕВА́Й+СЯ

Вы что, издева́етесь?
What are you doing, making fun (of us)?

над кем-чем?   НАД+Inst.

Ива́н реши́л поиздева́ться на́до мной.
Ivan decided to have some fun at my expense.

9.7b The verbs **смея́ться:посмея́ться** (to laugh) and **насмеха́ться** (to deride — impfv. only) are used with the same government as **издева́ться:**

СМЕ́Й+СЯ

Не сме́йтесь, я всё равно́ добью́сь своего́.
Don't laugh, I'll get what I want anyhow.

Не на́до смея́ться над ним — он зна́ет, что он де́лает.
You shouldn't laugh at him; he knows what he's doing.

Он насмеха́ется на́до мной, над мои́ми оши́бками.
He's ridiculing me, my mistakes.

9.7c To make someone laugh: **смеши́ть:рассмеши́ть, насме-
ши́ть**+Acc.

СМЕШИ́+

Вы нас так насмеши́ли!
You really made us laugh!

ORAL DRILLS

1. Он сде́лал глу́пую оши́бку.
   Все засмея́лись над ним.

   Бори́с сде́лал глу́пую оши́бку.
   Все засмея́лись над Бори́сом.

   Он сде́лал глу́пую оши́бку.
   Бори́с сде́лал глу́пую оши́бку.
   Ли́я сде́лала глу́пую оши́бку.
   Па́вел сде́лал глу́пую оши́бку.
   Твои́ сёстры сде́лали глу́пую оши́бку.
   Ва́ша мать сде́лала глу́пую оши́бку.
   Твой дя́дя сде́лал глу́пую оши́бку.
   Я сде́лал глу́пую оши́бку.
   Га́ля сде́лала глу́пую оши́бку.
   Пётр сде́лал глу́пую оши́бку.
   И́горь сде́лал глу́пую оши́бку.

2. Заче́м он Бори́су э́то сказа́л?
   Он над Бори́сом издева́ется, что ли?

Зачём вы мне э́то сказа́ли?
Вы на́до мной издева́етесь, что ли?

Зачём он Бори́су э́то сказа́л?
Зачём вы мне э́то сказа́ли?
Зачём они́ ей э́то сказа́ли?
Зачём вы Ю́рию э́то сказа́ли?
Зачём она́ нам э́то сказа́ла?
Зачём вы их семье́ э́то сказа́ли?
Зачём вы Га́ле э́то сказа́ли?
Зачём он на́шим бра́тьям э́то сказа́л?
Зачём вы э́тим лю́дям э́то сказа́ли?
Зачём вы Любо́ви Ива́новне э́то сказа́ли?

TRANSLATION DRILL

1. Don't make me laugh! Stop making me laugh!
2. You shouldn't have made fun of them. Now they'll be mad at you for the rest of the day.
3. It isn't nice to make fun of others.
4. Has anyone ever been able to make you laugh?
5. We wanted to have a little fun with her.
6. If you make her start laughing, she won't be able to stop.
7. If you keep on laughing at me like that, I'll get even with you.
8. Don't ever make fun of anything or anyone!
9. Just who do you think you're making fun of?
10. Just who do you think you're laughing at!
11. Don't laugh, Vanya, I think it's a splendid idea.
12. Don't you remember the way they used to make fun of us when we were kids?
13. It isn't nice to laugh at other people.
14. Sasha, don't you ever laugh at Pasha and Masha again!
15. Why are you laughing at my accent? Does it seem funny to you?
16. Please, don't laugh at me. I know that I don't speak Russian well yet.
17. They just wanted to have a bit of fun at your expense.
18. The Russian writer Kuprin wrote a story about a little girl who wouldn't laugh. No one could make her laugh. Have you ever heard of this story? The name of it is "The Elephant." In this story the elephant makes the little girl laugh.
19. Why do you always have to make fun of others?

RELATED WORDS & EXPRESSIONS

издева́тельство   mocking, mockery
издёвка = издева́тельство
издева́тельский   mocking (adj.)
насме́шка   ridicule
насме́шливый   derisive
смех   laughter
смехота́   matter for laughter
смешно́й   funny
   смешно́
смешли́вый   easily amused, risible
смехотво́рный   ludicrous, ridicule
Смех сквозь слёзы.   Laughter through tears.

Покати́ться со́ смеху.   To rock with laughter.
И смех и грех.   It's funny and it's sinful.

9.8a   ИЗМЕНЯ́ТЬ:ИЗМЕНИ́ТЬ — TO CHANGE (transitive)
ИЗМЕНЯ́Й+:ИЗМЕНИ́+

кого́-что?   Acc.

Програ́мму измени́ли в после́днюю мину́ту.
The program was changed at the last minute.

Он измени́л о́браз жи́зни.
He turned over a new leaf (changed his way of life).

Note the exceptional stress of the Past Passive Participle of the verb
измени́ть and the Past Passive Participles of other verbs with the root
мени́ть:

изменённый   измене́н, изменено́, изменена́, изменены́

заменённый   замене́н, заменено́, заменена́, заменены́

отменённый   отмене́н, отменено́, отменена́, отменены́

Why is this stress pattern exceptional?

9.8b   ИЗМЕНЯ́ТЬСЯ:ИЗМЕНИ́ТЬСЯ — TO CHANGE, BECOME CHANGED
(intransitive)

Всё измени́лось к лу́чшему.
Everything changed for the better.

Он здо́рово измени́лся!
Boy, has he changed!

9.8c   ИЗМЕНЯ́ТЬ:ИЗМЕНИ́ТЬ — TO DECEIVE, BETRAY, BE UNFAITHFUL TO

кому́-чему́?   Dat.

Все зна́ли, что он изменя́ет жене́.
Everyone knew he was unfaithful to his wife.

Па́мять мне изменя́ет.
My memory is deceiving me.

ORAL DRILL

Мне бу́дет пло́хо.
Е́сли я не изменю́ о́браз жи́зни, мне бу́дет пло́хо.

Бори́су бу́дет пло́хо.
Е́сли Бори́с не изме́нит о́браз жи́зни, ему́ бу́дет пло́хо.

Мне бу́дет пло́хо.
Бори́су бу́дет пло́хо.
Твоему́ отцу́ бу́дет пло́хо.
Ва́шим сыновья́м бу́дет пло́хо.
Твои́м бра́тьям бу́дет пло́хо.
Ва́шим друзья́м бу́дет пло́хо.
Ему́ бу́дет пло́хо.
Нам бу́дет пло́хо.
Вам бу́дет пло́хо.

TRANSLATION DRILL

1. The years have really changed him.
2. He wasn't even unfaithful to her once.
3. Who is the most famous American traitor?
4. In our country that's considered treason.
5. You can't change anything here.
6. If you think you should change anything, please say so.
7. I think you'll like him now; he's really changed.
8. He was unfaithful to his spouse. She was unfaithful to her spouse.
9. People like to think that in the old days spouses were never unfaithful to each other.
10. "If he hadn't been unfaithful to her, she wouldn't have divorced him." "But he insisted that he had never been unfaithful to her."
11. She wouldn't have been unfaithful to him if he hadn't been unfaithful to her.
12. "If my memory doesn't fail me, I saw her last about 25 years ago." "Your memory is always mistaken."
13. Her luck finally ran out.

14. I hope that this will soon change.
15. Everything there had been changed.
16. Don't worry so much! Everything will change for the better.
17. You're a traitor to the cause!
18. I would really like to turn over a new leaf (i.e. change my way of life.)
19. I never expected him to go back on his word (Translate: I didn't expect that he would go back on his word.)

RELATED WORDS & EXPRESSIONS

измéна Рóдине   treason
измéнник Рóдины   traitor
заменя́ть:замени́ть   substitute
  заме́на   substitution, replacement
сменя́ть:смени́ть   replace
  сме́на   replacement, shift
разме́нивать:разменя́ть   to make change
  разменя́ть чек, дóллар   to cash a check, to change a dollar

измени́ть   to change:

    план   a plan
    мне́ние   opinion
    проéкт   project
    поведе́ние   behavior
    расписа́ние   a schedule
    конститу́цию   a constitution
    закóн   a law
    реше́ние   a decision
    хара́ктер   one's character

обме́нивать:обменя́ть   to exchange
обме́ниваться:обменя́ться   to exchange
  обменя́ть де́ньги   to convert money
  обменя́ться впечатле́ниями, óпытом   to exchange impressions, experience
  обме́н   exchange
  обме́н преподава́телями   teacher's exchange

измени́ть   to deceive/betray:

    Рóдине   one's Motherland
    дру́гу   a friend
    Па́ртии   the Party
    своему́ слóву   to go back on one's word
    семье́   one's family

9.9a   КРАСТЬ:УКРА́СТЬ — TO STEAL
КРА́Д+:УКРА́Д+

Ты не зна́ешь, что красть сты́дно?
Don't you know that it's a shame to steal.

что?   Acc.

Он не раз крал я́блоки и мали́ну.
He stole apples and raspberries more than once.

что+у кого́?   Acc.+ИЗ+Gen.

У моего́ бра́та укра́ли велосипе́д.
My brother had his bike stolen.

что+из чего́?   Acc.+ИЗ+Gen.

Из моего́ карма́на укра́ли сто до́лларов.
A hundred dollars was stolen from my pocket.

9.9b   Other words for stealing that are used with similar government are:

воровать:своровать — to filch, pilfer

no impfv.

:сви́стнуть — to snatch, swipe
:спере́ть /спёр, спёрла/ — to rip off
:заграба́стать — to grab, appropriate
:стяну́ть — to swipe
:стащи́ть — to swipe

NOTE: гра́бить:огра́бить (кого) to rob
(What English verb is this verb related to?)

ORAL DRILL

1. У меня́ в портфе́ле бы́ли две но́вые кни́ги.
   Из моего́ портфе́ля укра́ли две но́вые кни́ги.

   У него́ в портфе́ле была́ но́вая ру́чка.
   Из его́ портфе́ля укра́ли но́вую ру́чку.

   У меня́ в портфе́ле бы́ли две но́вые кни́ги.
   У него́ в портфе́ле была́ но́вая ру́чка.
   У неё в портфе́ле бы́ло сто до́лларов.
   У них в портфе́ле бы́ли все экза́мены.
   У нас в портфе́ле была́ буты́лка во́дки.
   У него́ в портфе́ле бы́ло два но́вых журна́ла.
   У неё в портфе́ле бы́ло два ва́жных письма́.

TRANSLATION DRILL

1. I didn't steal anyone's money.
2. I never expected him to steal my idea from me.
3. It wasn't he who stole their money.
4. "Have you ever stolen anything from anyone?" "Are you kidding? I've never stolen anything in my life."
5. Someone stole two books from my briefcase.
6. Someone robbed their house and stole all her furs and jewels.
7. Yesterday I had my stereo stolen.
8. Some writers often steal each others ideas.
9. So it was you who stole those books from the library!

RELATED WORDS & EXPRESSIONS

кра́жа   theft
кра́сться + куда   to sneak, creep
грабёж   robbery, theft
ограбле́ние   burglary
граби́тель   robber
   граби́тельский   predatory, exorbitant
вор   thief
воро́вка
   Соро́ка-воро́вка
воровско́й   thievish

кра́сться   to sneak:

   в дом   into a house
   в ко́мнату   into a room
   на своё ме́сто   to one's place

9.10a ЗАКРИЧА́ТЬ — TO BEGIN SHOUTING
КРИЧА́ТЬ:КРИ́КНУТЬ — TO SHOUT, SCOLD
КРИЧА́+:КРИ́КНУ+

Почему́ ты кричи́шь так гро́мко?
Why are you shouting so loudly?

на кого́-что?   НА+Асс.   (with крича́ть)

Что же ты на меня́ кричи́шь?
What the hell are you shouting at me for?

что+кому́-чему́?   (with крича́ть и кри́кнуть)   Acc.+Dat.

«Иди́ сюда́!» — кри́кнул он свое́й до́чери.
"Come here!" he shouted to his daughter.

ORAL DRILL

Почему́ он так гро́мко с на́ми разгова́ривает?
Почему́ он на нас кричи́т?

Почему́ вы так гро́мко с Бори́сом разгова́риваете?
Почему́ вы на Бори́са кричи́те?

Почему́ он так гро́мко с ни́ми разгова́ривает?
Почему́ вы так гро́мко с Бори́сом разгова́риваете?
Почему́ вы так гро́мко с Га́лей разгова́риваете?
Почему́ вы так гро́мко со мно́й разгова́риваете?
Почему́ ты так гро́мко со все́ми разгова́риваешь?
Почему́ они́ так гро́мко с на́ми разгова́ривают?
Почему́ они́ так гро́мко с э́тими людьми́ разгова́ривают?
Почему́ все так гро́мко со мно́й разгова́ривают?
Почему́ я так гро́мко с тобо́й разгова́риваю?

TRANSLATION DRILL

1. "Don't ever come back here again!" she shouted after him.
2. "Why are you shouting at them like that?" "I'm not shouting at anyone."
3. Just who do you think you're shouting at?
4. They often spend the whole night shouting at each other.
5. It was so painful that he started shouting from the pain.
6. If you keep on shouting at me like that, I'm going to go home.
7. "Stop shouting at me so loudly! You'll wake up the children!"
8. Forgive me, I shouldn't have shouted at you like that.
9. Don't shout at him any more!
10. Don't ever shout at anyone!
11. Why do you always have to shout at everyone? Can't you speak calmly?
12. I shouldn't have shouted at him like that, now he's angry with me.

RELATED WORDS & EXPRESSIONS

крик shout
вскрикивать:вскрикнуть to cry out
  вскрик cry
крикливый clamorous, loud
крикун shouter, screamer
вскричать (pfv. only) = воскликнуть to exclaim
кликать:кликнуть to call
  клик call, cry
  клич call
  кличка nickname
восклицать:воскликнуть to exclaim
  восклицание exclamation
  восклицательный exclamatory
  восклицательный знак !

кричать на to shout at:

  людей people
  детей children
  учеников students
  студентов students
  собаку a dog

9.11a ЛИШÁТЬСЯ:ЛИШИ́ТЬСЯ — TO LOSE, FORFEIT BECOME DEPRIVED OF
ЛИШÁЙ+СЯ:ЛИШИ́+СЯ

кого́-чего́?   Gen.

Как тяжело лиши́ться дру́га.
How difficult it is to lose a friend.

Он лиши́лся зре́ния по́сле ава́рии.
He lost his sight after the accident.

9.11b ЛИШÁТЬ:ЛИШИ́ТЬ — TO DEPRIVE OF, TAKE AWAY

кого́-что+чего́?   Acc.+Gen.

Его́ лиши́ли гражда́нских прав.
He was deprived of his civil rights.

Колониза́торы лиша́ют населе́ние коло́ний элемента́рных челове́ческих прав.
Colonizers deprive the population of the colonies of elementary human rights.

ORAL DRILL

Брат у него́ пропа́л во вре́мя войны́.
Он лиши́лся бра́та во вре́мя войны́.

Сестра́ у неё пропа́ла во время́ войны́.
Она́ лиши́лась сестры́ во вре́мя войны́.

Брат у него́ пропа́л во вре́мя войны́.
Сестра́ у неё пропа́ла во вре́мя войны́.
Роди́тели у ни́х пропа́ли во вре́мя войны́.
Семья́ у меня́ пропа́ла во вре́мя войны́.
Бра́тья у на́с пропа́ли во вре́мя войны́.
Сёстры у ни́х пропа́ли во вре́мя войны́.
Дя́дя и тётя у на́с пропа́ли во вре́мя войны́.
Двою́родные бра́тья у меня́ пропа́ли во вре́мя войны́.

TRANSLATION DRILL

1. If you drive drunk, you'll lose your driver's license.
2. He was deprived of the right to live in the following cities.
3. I didn't expect him to lose his citizenship.
4. My friend lost his right arm in an automobile accident.
5. He lost his last chance to go there.
6. I didn't know that she lost her sight after the accident.
7. He lost his parents during the war.
8. We've lost the support of a good friend.
9. You've simply lost all sense of reason!
10. You can't imagine how difficult it is to lose your best friend.
11. When she heard the bad news, she lost all sense of feeling.
12. I've completely taken leave of my senses (i.e., common sense).

RELATED WORDS & EXPRESSIONS

лише́ние deprivation
ли́шний superfluous
  ли́шний челове́к superfluous man

лиша́ть:лиши́ть to deprive:

  това́рища сло́ва a comrade of the right to speak
  врага́ свобо́ды an enemy of his or her freedom
  кого́-нибу́дь пре́мии someone of a prize
  свобо́ды of his or her freedom

водительских прав   of a driver's license
гражданских прав   civil rights
слова   the opportunity to speak

лишаться:лишиться   to lose, be deprived of:

сына, дочери, отца, матери   a son, daughter, father, mother
семьи   family
работы   one's work
крова   the roof over your head
помощи   aid
покоя   peace
сна   sleep
слуха   hearing
голоса   voice
зрения   sight
памяти   memory
чувств   feelings
сознания   consciousness
рассудка   common sense

9.12a   ОПАЗДЫВАТЬ:ОПОЗДАТЬ — TO RUN LATE, BE RUNNING LATE
TO ARRIVE LATE
ОПАЗДЫВАЙ+:ОПОЗДАЙ+

Наш товарищ вечно опаздывает.
Our friend is always late.

Боюсь, что опоздаем.
I'm afraid we'll get there late.

куда?   НА+Acc.   В+Acc.   К+Dat.

Я сегодня опоздал на работу.
I was late for work (got to work late) today.

на сколько времени?   на+Acc.

Вы опоздали на полчаса.
You're a half hour late.

ORAL DRILL

1. он — по́езд
   Бори́с — конце́рт

   Поторопи́те его́, а то он опозда́ет на по́езд!
   Поторопи́те Бори́са, а то он опозда́ет на конце́рт.

   он — по́езд
   ва́ши сёстры — кино́
   Пётр — уро́к
   она́ — столо́вая
   они́ — ле́кция
   ребя́та — конце́рт
   ва́ши бра́тья — фильм
   э́ти па́рни — авто́бус
   ва́ши до́чери — самолёт
   ва́ши сыновья́ — собра́ние

TRANSLATION DRILL

1. I'll be a few minutes late.
2. He's always late for supper.
3. Does your teacher get mad with you when you're late for class?
4. I shouldn't have gotten there late; now they're all mad at me.
5. Don't ever be late to class again!
6. If you're late for the beginning of the performance, they won't let you in.
7. He won't be late anymore.
8. The meeting is set for 8 p.m. Make sure you're not late.
9. If you're late, we'll start without you.
10. Hurry up, you're late!
11. Hurry up, we'll get there late!
12. He's never late for class.
13. You were a whole hour late for work today.

RELATED WORDS & EXPRESSIONS

опозда́ние   lateness
по́здний   late
   по́здно   (too) late
   по́зже   later
запа́здывать:запозда́ть = немно́го опозда́ть
запозда́лый   belated

опа́здывать:опозда́ть   to be late:

   в теа́тр   for the theatre
   в шко́лу   for school
   на заседа́ние   for a meeting
   к обе́ду   for dinner
   к нача́лу конце́рта   for the beginning of a concert
   на час   to be an hour late
   на две мину́ты   to be two minutes late
   на су́тки   to be a day late

9.13a   ПРЕДПОЧИТА́ТЬ:ПРЕДПОЧЕ́СТЬ — TO PREFER
ПРЕДПОЧИТА́Й+:ПРЕДПОЧТ+

кого́-чего́?   Acc.

Что вы предпочита́ете: компо́т и́ли кисе́ль?
What do you prefer, compote or Jello?

кого́-что+кому́-чему́?   Acc.+Dat.

Она́ предпочла́ Ивано́ва всем остальны́м.
She prefered Ivanov to all the others.

с инф.   with Inf.

Я предпочита́ю оста́ться на све́жем во́здухе.
I'd rather remain outside.

ORAL DRILLS

1. Я люблю́ Достое́вского бо́льше, чем Толсто́го.
Я предпочита́ю Достое́вского Толсто́му.

Он лю́бит Толсто́го бо́льше, чем Достое́вского.
Он предпочита́ет Толсто́го Достое́вскому.

Я люблю́ Достое́вского бо́льше, чем Толсто́го.
Он лю́бит Толсто́го бо́льше, чем Достое́вского.
Мы лю́бим Пу́шкина бо́льше, чем Ле́рмонтова.
Она́ лю́бит Ле́рмонтова бо́льше, чем Пу́шкина.
Мно́гие лю́бят Есе́нина бо́льше, чем Маяко́вского.
Не́которые лю́бят Маяко́вского бо́льше, чем Есе́нина.
Она́ лю́бит Ри́мму Казако́ву бо́льше, чем Бе́ллу Ахмаду́лину.
Не́которые лю́бят Рожде́ственского бо́льше, чем Евтуше́нко.
Мы лю́бим Че́хова бо́льше, чем всех остальны́х писа́телей.

2. Бори́с э́то сде́лает сейча́с и́ли пото́м?
Бори́с предпочёл бы э́то сде́лать пото́м.

Ка́тя э́то сде́лает сейча́с и́ли пото́м?
Ка́тя предпочла́ бы э́то сде́лать пото́м.

Вы э́то сде́лаете сейча́с и́ли пото́м?
Мы предпочли́ бы э́то сде́лать пото́м.

Бори́с э́то сде́лает сейча́с и́ли пото́м?
Ка́тя э́то сде́лает сейча́с и́ли пото́м?
Вы э́то сде́лаете сейча́с и́ли пото́м?
Ты э́то сде́лаешь сейча́с и́ли пото́м?
Твоя́ сестра́ э́то сде́лает сейча́с и́ли пото́м?
Его́ брат э́то сде́лает сейча́с и́ли пото́м?

Ребя́та э́то сде́лают сейча́с и́ли пото́м?
Де́ти э́то сде́лают сейча́с и́ли пото́м?
Ва́ша мать э́то сде́лает сейча́с и́ли пото́м?

TRANSLATION DRILL

1. I actually prefer Dostoevsky to Tolstoy.
2. A lot of people prefer life in the city to life in the country.
3. I think a lot of people prefer ballet to opera.
4. I'd rather have coffee than tea.
5. I'd rather work tonight.
6. I'd rather not know what he's doing there.
7. Why do you always prefer fish to meat?
8. Why do you always prefer chicken to beef?
9. "What do you prefer, the movies or the theater?" "Actually I'd prefer to stay at home tonight."
10. If you'd rather stay at home we can play cards.
11. I never expected you to prefer Lermontov to Pushkin.
12. Do you prefer to walk or take a taxi?

RELATED WORDS & EXPRESSIONS

предпочте́ние   preference
предпочти́тельно   preferable
предпочти́тельный   preferable, pleasant

предпочита́ть:предпоче́сть   to prefer:

полéзное прия́тному   the useful to the pleasant
экску́рсию в музе́й пое́здке за́ город   an excursion to the museum to the trip
теа́тр ци́рку   the theater to the circus
поэ́зию про́зе   poetry to prose
учи́ться   to study
рабо́тать   to work
жить в го́роде   to live in the city

9.14a   ПРЯ́ТАТЬ:СПРЯ́ТАТЬ — TO HIDE (transitive and concrete)
СКРЫВА́ТЬ:СКРЫ́ТЬ — TO CONCEAL
(transitive, abstract and concrete)
ПРЯ́ТА+:СПРЯ́ТА+
СКРЫВА́Й+:СКРО́Й+

кого́-что?   Acc.

Не прячь глаза́!
Don't hide your eyes.

Он скрыва́л свои́ чу́вства.
He concealed (hid) his feelings.

кого́-что от кого́-чего́?   Acc.+OT+Gen.

Вы чтó-то от меня́ пря́чете.
You're hiding something from me.

Она́ скрыва́ла свои́ наме́рения от нас.
She concealed her intentions from us.

с сою́зом что   with Conj. что   with скрыва́ть (only)

Она́ скрыва́ла, что собира́ется уе́хать.
She hid (the fact) that she was going to leave.

что+куда́ и́ли где?   Acc. +Acc. or Prep.

Он спря́тал де́ньги в стол.
He hid his money in the desk.

9.14b ПРЯ́ТАТЬСЯ:СПРЯ́ТАТЬСЯ — TO HIDE (intransitive)
СКРЫВА́ТЬСЯ:СКРЫ́ТЬСЯ — TO HIDE, DISAPPEAR, CONCEAL ONESELF
(intransitive)

Престу́пник скры́лся.
The criminal hid (disappeared).

где и куда́?   Prep. or Acc.

Де́ти спря́тались в шкаф (в шкафу́).
The children hid in the closet.

Ко́шка скры́лась на де́реве.
The cat hid in the tree.

от кого́-чего́?   OT+Gen.

Они́ пря́чутся от нас.
They're hiding from us.

ORAL DRILLS

1. Вы нам не всё рассказа́ли.
   Вы что́-то от нас скрыва́ете (пря́чете).

   Он Бори́су не всё рассказа́л.
   Он что́-то от Бори́са скрыва́ет (пря́чет).

   Вы нам не всё рассказа́ли.
   Он Бори́су не всё рассказа́л.
   Она́ на́шим това́рищам не всё рассказа́ла.
   Он своему́ адвока́ту не всё рассказа́л.
   Они́ на́шим де́тям не всё рассказа́ли.
   Вы мне не всё рассказа́ли.
   Они́ твоему́ дя́де не всё рассказа́ли.
   Ты свои́м друзья́м не всё рассказа́л.
   Я им не всё рассказа́л.

2. Де́ти побежа́ли в лес.
   Де́ти спря́тались от нас в лесу́.

   Де́ти побежа́ли за дива́н.
   Де́ти спря́тались от нас за дива́ном.

   Де́ти побежа́ли в лес.
   Де́ти побежа́ли за дива́н.
   Де́ти побежа́ли в шкаф.
   Де́ти побежа́ли за шкаф.
   Де́ти побежа́ли в подва́л.
   Де́ти побежа́ли под стол.
   Де́ти побежа́ли за дверь.
   Де́ти побежа́ли за занаве́ски.
   Де́ти побежа́ли в кусты́.
   Де́ти побежа́ли за де́рево.
   Де́ти побежа́ли за дом.
   Де́ти побежа́ли за́ угол.

3. Вот лес.
   Спря́чься от них в лес!

   Вот дива́н.
   Спря́чься от них за дива́н!

   Вот лес.
   Вот дива́н.
   Вот шкаф.
   Вот подва́л.
   Вот стол.
   Вот у́гол.
   Вот дверь.
   Вот занаве́ски.
   Вот кусты́.
   Вот де́рево.
   Вот дом.
   Вот кре́сло.

TRANSLATION DRILL

1. "I hope you're not hiding anything from me." "I'm not hiding anything from anyone."
2. "Why did he hide the fact that he was leaving?" "He likes to hide everything from everyone."
3. Where do you usually hide your valuables?
4. Here comes Uncle Vanya again. Hide the vodka in the cupboard!
5. Whenever our landlord comes, we always hide our puppies in the bedroom.
6. Why do ostriches hide their heads in the sand?
7. Hide these matches somewhere from the children!
8. Don't hide your intentions from me!
9. Hide these keys in the top drawer!
10. The old lady was hiding a political criminal from the police in her basement.
11. During the war, we hid our silver and gold in the earth.
12. Grandmother usually hides her money under her mattress.
13. Every night she checks under her bed to make sure no one's hiding there.
14. It's no fun to play hide-and-seek with him. He always hides in the same place.
15. Where are the children hiding?
16. Don't hide there! He'll find you right away.
17. I know you're hiding something from me. What is it?
18. Are you hiding something from us?
19. You shouldn't have hidden anything from your lawyer.
20. Don't hide there, he'll find you right away!
21. There's no place for us to hide.
22. There wasn't anywhere for us to hide.

RELATED WORDS & EXPRESSIONS

пря́тки   hide and seek

пря́тать:спря́тать   to hide:

> де́ньги   money
> спи́чки   matches
> кни́гу   a book
> ве́щи   things
> ключи́   keys

скры́тный   secretive, reticent
скры́тность   secretiveness
  скры́тный челове́к

SECTION 9   REVIEW TRANSLATIONS

1. It's about time to get to work.
2. We've got to get down to studying.
3. I never think about (recollect) my childhood.
4. Do you remember her telephone number? No, I don't. Wait a second! I remember (I've remembered). It's 25-239-47.
5. I remember his face.

6. She really resembles her father.
7. Remind him to come tomorrow.
8. These clothes aren't any good at all.
9. Your gloves came in handy.
10. You really get on my nerves.
11. Well, I wish you success.
12. Good night.
13. Why did you change their itinerary?
14. No one knew that he was unfaithful to his wife.
15. Someone stole my briefcase.
16. She was beaten and robbed.
17. During the war my father lost his right leg.
18. My parents never shout at each other.
19. I wanted to be (get there) on time, but unfortunately I was late again.
20. I prefer coffee.
21. I'll hide this money in a safe (надёжный) place.
22. I finally remembered his patronymic.

Section 10

Review Translations

10.1a ВЛЮБЛЯ́ТЬСЯ:ВЛЮБИ́ТЬСЯ — TO FALL IN LOVE (WITH)
ВЛЮБЛЯ́Й+СЯ:ВЛЮБИ́+СЯ

в кого́-что?   В + Acc.

Они́ влюби́лись друг в дру́га с пе́рвого взгля́да.
They fell in love with each other at first sight.

10.1b ВЛЮБЛЁН (ВЛЮБЛЕНА́, ВЛЮБЛЕНЫ́) — IN LOVE (WITH)

в кого́-что?   В+ Acc.

Неуже́ли вы не зна́ете, что она́ в вас стра́шно была́ влюблена́?
Don't tell me (is it possible that) you didn't know she was madly in love with you?

ВЛЮБЛЁН ПО́ УШИ   Head over heels in love (with).

ORAL DRILL

1. И́горь влюби́лся в Мари́ю.
    Мари́я влюби́лась в И́горя.

    Мари́я влюби́лась в Бори́са.
    Бори́с влюби́лся в Мари́ю.

    И́горь влюби́лся в Мари́ю.
    Мари́я влюби́лась в Бори́са.
    Ю́рий влюби́лся в Гали́ну.
    Гали́на Петро́вна влюби́лась в Ю́рия Па́вловича.
    Я влюби́лся в неё.
    Она́ влюби́лась в тебя́.

2. И́горь влюблён в Мари́ю.
    Мари́я влюблена́ в И́горя.

    Мари́я влюблена́ в Бори́са.
    Бори́с влюблён в Мари́ю.

    Use same cues as in above drill.

TRANSLATION DRILL

1. They fell in love with each other as soon as they met. It was love at first sight.
2. I'll never be able to understand why she fell in love with him.
3. Don't worry about him. He's always in love with someone.
4. When he was in Russia, he fell in love with Russia, the Russian language, and the Russian people.
5. It's common knowledge that she's head over heels in love with him.
6. Everyone says it's impossible not to fall in love with her.
7. We all thought that he would fall in love with her, but he never did.
8. This summer when I was at the beach, I really did fall in love with the ocean.
9. "Who are you in love with now?" "Nobody."
10. I never expected anyone to fall in love with him.
11. Watch out now and don't fall in love with her!
12. There's no one to fall in love with here.
13. I shouldn't have fallen in love with her, but I did anyway.

RELATED WORDS & EXPRESSIONS

влюби́вчивый   amorous, capable of falling in love easily
влюблённость   love, state of being in love

влюбля́ться:влюби́ться в

му́зыку   music
мо́ре   the sea, ocean
приро́ду   nature
теа́тр   the theater
де́вушку   a girl

10.2a ВОЗМУЩА́ТЬСЯ:ВОЗМУТИ́ТЬСЯ—TO BE INDIGNANT OUTRAGED, EXASPERATED
ВОЗМУЩА́Й+СЯ:ВОЗМУТИ́+СЯ

Все мы возмути́лись, когда́ услы́шали о его́ посту́пках.
We were all outraged when we heard of his deeds.

кем-чем?   Instr.

Нельзя́ не возмуща́ться э́тим челове́ком.
It's impossible not to be exasperated at such a person.

Я возмуща́юсь ва́шей тру́состью.
I'm outraged at your cowardice.

10.2b ВОЗМУЩА́ТЬ:ВОЗМУТИ́ТЬ
TO OUTRAGE, EXASPERATE, DISTURB

кого́-что?   Acc.

> Меня́ возмуща́ет его́ поведе́ние.
> His behavior makes my blood boil.

кого́-что+чем?   Acc. +Instr.

> Она́ возмути́ла всех свое́й гру́бостью.
> She outraged everyone by her coarse behavior.

10.2c СМУЩА́ТЬ:СМУТИ́ТЬ—TO CONFUSE, TO EMBARRASS

кого́-что?   Acc.

> Меня́ смуща́ют такие вопросы.
> Such questions bother (embarrass) me.

кого-что+чем?   Acc. +Instr.

> Он смути́л докла́дчика неожи́данным вопро́сом.
> He got the speaker confused with his unexpected question.

10.2d СМУЩА́ТЬСЯ:СМУТИ́ТЬСЯ
TO BECOME EMBARRASSED, CONFUSED

> Она́ смути́лась и покра́снела.
> She got embarrassed and blushed.

Note: Я возмущён/возмущена́/ =Я возмуща́юсь

ORAL DRILL

Кóлино поведéние прóсто возмутѝтельно.
Я возмущáюсь Кóлиным поведéнием.

Такáя халтýра прóсто возмутѝтельна.
Я возмущáюсь такóй халтýрой.

Кóлино поведéние прóсто возмутѝтельно.
Такáя халтýра прóсто возмутѝтельна.
Сáшино отношéние к рабóте прóсто возмутѝтельно.
Нáдина грýбость прóсто возмутѝтельна.
Вáша небрéжность прóсто возмутѝтельна.
Бóрин постýпок прóсто возмутѝтелен.
Вáлино упрямство прóсто возмутѝтельно.
Твоё недобросóвестное отношéние к рабóте прóсто возмутѝтельно.
Егó хáмство прóсто возмутѝтельно.
Твоя манéра разговáривать со взрóслыми прóсто возмутѝтельна.
Такѝе нóвости прóсто возмутѝтельны.

TRANSLATION DRILL

1. I am simply outraged at your behavior.
2. All of us were disturbed by his lack of respect for elders.
3. You should never get exasperated about anything.
4. You should never let anything exasperate you.
5. Such an irresponsible attitude towards one's work always makes me indignant.
6. In my opinion, there's nothing for you to be so outraged about.
7. Don't be so indignant!
8. I'm positive that you'll be outraged at his coarseness.
9. The decision of the young judge outraged everyone.
10. He's such a calm person. Nothing ever exasperates him.
11. Every single one of us is deeply outraged at his dishonesty.
12. I can't stand her way of speaking to others.
13. I can't stand the way you speak to me.
14. Do you always blush like that when you're embarrassed?
15. He never blushes when he gets embarrased; he turns pale instead.

RELATED WORDS & EXPRESSIONS

возмущéние indignation
возмутѝтельный disgraceful, scandalous
  возмутѝтельно
смущéние embarrassment
смýта discord
смýтный vague, dim
Смýтное врéмя Time of Troubles
мутѝть upset, stir
мутнéть to grow muddy
мýтный turbid, dull
муть murk, sediment

возмуща́ться:возмути́ться   to be indignant at:

тру́состью   cowardice
гру́бостью   coarseness, rudeness
несправедли́востью   injustice
реше́нием су́да   the court's decision
недобросо́вестным отноше́нием к рабо́те   an unscrupulous attitude toward work
упря́мством   stubbornness

10.3a   ГОЛОСОВА́ТЬ:ПРОГОЛОСОВА́ТЬ—TO VOTE: (pfv.)
TO TAKE A VOTE, TO CAST A BALLOT
ГОЛОС-ОВА́:ПРОГОЛОС-ОВА́

Ка́ждый челове́к голосу́ет та́йно.
Each person votes secretly.

Мы проголосова́ли и пое́хали на да́чу.
We took a vote and set out for our dacha.

за кого́-что? or: ЗА+Acc.
про́тив кого́-чего?   ПРО́ТИВ+Gen.

Мы все голосова́ли за предложе́ние Никола́я.
All of us voted for Nicholas' proposal.

Мы бу́дем голосова́ть против ва́шей резолю́ции.
We're going to vote against your resolution.

голосова́ть can also mean to hitch a ride, i.e., to stand by the road and raise your hand in order to stop a car.

Note:
баллоти́роваться   to run for an office
вы́боры   election or elections
вы́бор   choice or selection
все "за" и "про́тив"   all the pros and cons

ORAL DRILL

Все голосова́ли за Мари́ю.
Все голосова́ли про́тив Мари́и.

Все голосова́ли за неё.
Все голосова́ли про́тив неё.

Все голосова́ли за Мари́ю.
Все голосова́ли за неё.
Все голосова́ли за мою́ кандидату́ру.
Все голосова́ли за Ю́рия Па́вловича.

Все голосовáли за мою́ резолю́цию.
Все голосовáли за добавлéние к моéй резолю́ции.
Все голосовáли за егó предложéние.
Все голосовáли за Любóвь Андрéевну.
Все голосовáли за мою́ сестру́.
Все голосовáли за их учи́тельницу.

TRANSLATION DRILL

1. I always vote at elections. Do you?
2. How many times a year do you usually vote?
3. We're not going to vote for anyone or anything until we get all these questions discussed.
4. Not everyone voted for the addition to the resolution.
5. What party do you normally vote for?
6. He voted against every single one of our proposals.
7. "Tomorrow is election day. Who are you going to vote for?" "I don't like any of the candidates, and I'm not going to vote for anyone."
8. We always vote secretly.
9. Don't vote for him, vote for me!
10. Vote for Ivanov instead of Kovalyov.
11. If you don't vote for me, I'll never speak to you again.
12. We all know now that we shouldn't have voted for that idiot.
13. You won't be sorry if you vote for him.
14. We all voted for him, and now we're sorry.
15. Everyone voted for Ivanov, and no one voted for Kozlov.
16. Let's vote for Comrade Sokolova.
17. There's just not anyone to vote for.

RELATED WORDS & EXPRESSIONS

гóлос   voice, vote
голосовóй   vocal
   голосовы́е свя́зки   vocal cords
   во весь гóлос   at the top of your lungs, as loudly as possible
глас   voice (poetic)
голосовáние   vote, ballot
   тáйное голосовáние   secret ballot
голоси́ть   to sing loudly

голосовáть   to vote for/against:

     за кандидáта   a candidate
     за кандидату́ру   candidacy
     за предложéние   a proposal
     за резолю́цию   a resolution

     прóтив кандидáта
     прóтив кандидату́ры
     прóтив предложéния
     прóтив резолю́ции

10.4   ДОБАВЛЯ́ТЬ:ДОБА́ВИТЬ—TO ADD (to)
ДОБАВЛЯ́Й+:ДОБА́ВИ+

Прое́кт у вас неплохо́й, —доба́вил дире́ктор.
"Your project isn't bad," added the director.

чего́ и что?   Gen. and Acc.

Ну́жно доба́вить ещё са́хару (ещё стака́н воды́).
You need to add more sugar (another glass of water).

чего́ +кому́?/что +кому́?   Gen. +Dat./Acc. +Dat.

Даба́вьте мне, пожа́луйста, ещё су́пу (ло́жку смета́ны).
Please give me some more soup (another spoonful of sour cream).

что+к чему?   Acc.+K+Dat.

К э́той су́мме ну́жно доба́вить еще рубль.
You need to add another ruble to this sum.

Note that the adverb ещё is used to indicated more of something or more of
the same thing:

Хоти́те ещё? / Дать вам ещё?
Would you like some more?

Я хочу ещё ча́ю (щей, борща́, моро́женого).
I want some more tea (shchi, borshcht, ice-cream).

ORAL DRILL

1. Я о́чень люблю́ суп.
   Доба́вьте мне ещё су́пу, пожа́луйста.

   Бори́с о́чень лю́бит карто́шку.
   Доба́вьте Бори́су ещё карто́шки, пожа́луйста.

   Я о́чень люблю́ суп.
   Бори́с о́чень лю́бит карто́шку.
   Мы о́чень лю́бим щи.
   Она́ о́чень лю́бит борщ.
   Я о́чень люблю́ моро́женое.
   На́ши де́ти о́чень лю́бят пече́нье.
   Са́ша о́чень лю́бит макаро́ны.
   Мы о́чень лю́бим икру́.
   Ю́рий о́чень лю́бит сёмгу.
   Мы все о́чень лю́бим бифште́кс.
   Я о́чень люблю́ кофе.

TRANSLATION DRILL

1. What can I add to that which has already been said?
2. Would you like to add a couple of words to this letter?
3. "Would you like to add something to this?" "I have nothing to add to this."
4. Add two rubles, please!
5. I shouldn't have added any more salt.
6. "And just where were you last night?" she added.
7. He said if I would add some more money, everything would be all right.
8. This shchi isn't very good. What do you think I should add to it?
9. We have nothing to add to that which has already been said.

RELATED WORDS & EXPRESSIONS

доба́вочный extra
  доба́вочный уро́к supplementary lesson
  доба́вочный нало́г surtax
  доба́вочный 305 extension 305
доба́вка seconds
добавле́ние addendum
вдоба́вок +к+ Dat. in addition to
сбавля́ть:сба́вить to lose
  сба́вить 5 фунтов to lose 5 pounds
прибавля́ть:приба́вить to add
  приба́вка raise
  приба́вить жа́лованье to raise one's salary
  приба́вить 5 фу́нтов to add 5 pounds
разбавля́ть:разба́вить dilute
  разба́вить спирт to dilute liquor

добавля́ть:доба́вить to add:

    два рубля́ two rubles
    су́пу some soup
    ка́ши some kasha
    са́хару в чай sugar to the tea
    де́нег some money
    не́сколько слов к письму́ several words to a letter
    к ска́занному сле́дующее the following to that which has been said

10.5a НАСТА́ИВАТЬ:НАСТОЯ́ТЬ—TO INSIST ON (impfv.)
TO GAIN, GET ONE'S WAY (pfv.)
НАСТА́ИВАЙ+:НАСТО́Й-+

на чём? НА+ Prep.

Меня́ отгова́ривали, но я настоя́л на своём.
They tried to dissuade me, but I got my way.

Нача́льник наста́ивал на своём реше́нии.
The boss insisted on his decision.

с сою́зами что́бы/что   w/conj. что́бы, что

Я наста́иваю, что́бы брат верну́лся домо́й.
I insist that brother return home.

10.5b   The verb **стоя́ть**+**на**+Prep. may also mean to insist on, stick to:

Он упря́мо стоя́л на своём (мне́нии).
He stubbornly stuck to his opinion.

When used with the preposition **за**+ Acc., the verb **стоя́ть** means to stand for something or to be for something.

Все мы стои́м за мир.
We're all for peace.

The transitive verb **наста́ивать:настоя́ть**+что+на чём (Acc. +на+Prep.) has the meaning of to brew or to make an infusion:

Наста́ивать чай.
To brew tea.

Настоя́ть во́дку на ви́шне.
To make cherry-flavored vodka (with cherries).

The verb **наста́иваться:настоя́ться** to be brewed:

Чай хорошо́ настоя́лся.
The tea has brewed well.

ORAL DRILL

Она́ о́чень насто́йчивый челове́к.
Она́ всегда́ наста́ивает на своём.

Бори́с и Ви́ктор о́чень насто́йчивые лю́ди.
Бори́с и Ви́ктор всегда́ наста́ивают на своём.

(она́, Бори́с и Ви́ктор, на́ша мать, мой дя́дя, мои́ дя́дя и тётя, его́ бра́тья, её сёстры, моя́ жена́)

TRANSLATION DRILL

1. I am going to insist on a reconsideration (review) of this matter.
2. Our director is insisting on a new way of teaching Russian to foreigners.
3. My doctor simply insisted that I take a rest.
4. Just stick to your guns! Don't let anyone persuade you to do otherwise!
5. I'm not insisting on anything.
6. I'm going to stick to my former opinion.
7. Are you satisfied now that you've gotten your way?
8. Who isn't for peace?
9. We all insist on the abolition of nuclear weapons.
10. Don't insist on anything, or else he'll just get mad at you.
11. I must insist upon an answer to these questions.

RELATED WORDS & EXPRESSIONS

насто́йчивый persistent
насто́йчивость persistence
настоя́ние insistence
настоя́тельный pressing
насто́й infusion
насто́йка liqueur, tincture
стоя́нка stop, parking lot
сто́йка counter, bar
сто́йкий stable, firm
сто́йло stall
стоя́лый stagnant, stale, old
стоя́чий upright, standing

наста́ивать:настоя́ть на to insist on:

       пересмо́тре заявле́ния the reexamination of an application
       необходи́мости о́тдыха/лече́ния the necessity of rest/treatment
       своём реше́нии one's decision
       заключе́нии ми́рного догово́ра the conclusion of a peace treaty
       своём предложе́нии one's proposal
       но́вом мето́де преподава́ния a new way of teaching

10.6a ОДА́ЛЖИВАТЬ:ОДОЛЖИ́ТЬ — TO LEND
      ОДА́ЛЖИВАЙ+:ОДОЛЖИ́+

что? Асс.

Вам ну́жно мно́го де́нег, а я могу́ одолжи́ть то́лько 25 рубле́й.
You need a lot of money, but I can only lend you 25 rubles.

что+комý?   Acc.+Dat.

> Я могý вам одолжи́ть 100 рублéй.
> I can lend you 100 rubles.

> Вы не мóжете одолжи́ть мне э́ту кни́гу дня на два?
> Can you lend me that book for a couple of days?

Remember: to borrow — **занима́ть:заня́ть** что+у когó (see 1.5).

The adverb **взаймы́** is used in expressions meaning both to borrow and to lend.

> дава́ть:дать взаймы́—to lend
> брать:взять взаймы́—to borrow

ORAL DRILL

Бори́с за́нял у Петра́ 25 дóлларов.
Пётр одолжи́л Бори́су 25 дóлларов.

Я за́нял у негó 25 дóлларов.
Он мне одолжи́л 25 дóлларов.

Бори́с за́нял у Петра́ 25 дóлларов.
Я за́нял у негó 25 дóлларов.
Ребя́та за́няли у нас 25 дóлларов.
Егó бра́тья за́няли у мои́х сестёр 25 дóлларов.
Э́ти па́рни за́няли у нас 25 дóлларов.
Мы за́няли у них 25 дóлларов.
Она́ заняла́ у моéй ма́тери 25 дóлларов.
Её дочь заняла́ у меня́ 25 дóлларов.

TRANSLATION DRILL

1. Don't you dare lend him any money! He always borrows money from everyone and never returns it.
2. I wanted to borrow a thousand dollars from him, but he said that he never lends anything to anyone.
3. Could you lend me $50 for a week?
4. Could I borrow $25 from you?
5. "Could I borrow this book from you?" "I can lend it to you for a couple of days."
6. He never lends his books to anyone.
7. Lend him the money! He'll pay you back.
8. He lends money to everyone, but no one ever pays him back.
9. I don't have any money to lend you.
10. I'd like to lend you the money, but I have nothing to lend you.
11. Do you think the bank will lend him the money?
12. Ask your Uncle Vanya; he'll lend you the money.
13. If you don't lend me these books, I'll never speak to you again.

RELATED WORDS & EXPRESSIONS

одолже́ние favor, service
  Сде́лайте одолже́ние. Бу́дьте добры́. Do a favor. Be so kind.
долг debt
  быть в долгу́
долги́ vs. счета́ debts vs. bills
до́лжен, должна́, должны́
должно́ быть must (parenthetical)
до́лжность duty

одолжи́ть to lend:

  де́ньги това́рищу a friend money
  кни́гу студе́нту a book to a student

10.7a ПОДОЗРЕВА́ТЬ:ЗАПОДО́ЗРИТЬ—TO SUSPECT, SUPPOSE, EXPECT
ПОДОЗРЕВА́Й+:ЗАПОДО́ЗРИ+

кого?   Acc.

Я давно́ подозрева́ю их, но пока́ молчу́.
I've suspected them for a long time, but I'm not saying anything for the time being.

кого́+в чём?   Acc.+В+Prep.

Она давно́ подозрева́ет му́жа в изме́не.
She has suspected her husband of being unfaithful for a long time.

что?   Acc.

Мы подозрева́ли заса́ду.
We expected (suspected) the ambush.

о чём?   О+Prep.

Он и не подозрева́л о существова́нии э́того до́ма.
He didn't even suspect the existence of that house.

с сою́зом что   With conj. что

Я подозрева́ю, что он ничего́ об э́том не зна́ет и не хо́чет знать.
I suspect that he neither knows nor wants to know anything about that.

10.7b   **ОБВИНЯ́ТЬ:ОБВИНИ́ТЬ**—TO ACCUSE, BLAME (impfv.)
TO FIND GUILTY, CONVICT (pfv.)
ОБВИНЯ́Й+:ОБВИНИ́+

кого́+В+чём?   Acc. +В+Prep.

Его́ обвиня́ли (обвини́ли) в пяти́ преступле́ниях.
He was accused (found guilty) of five crimes.

ORAL DRILLS

1.   Говоря́т, что он соверши́л э́то преступле́ние.
Его́ подозрева́ют в э́том преступле́нии.

Говоря́т, что Бори́с соверши́л два преступле́ния.
Бори́са подозрева́ют в двух преступле́ниях.

Говоря́т, что он соверши́л э́то преступле́ние.
Говоря́т, что Бори́с соверши́л два преступле́ния.
Говоря́т, что ваши́ друзья́ соверши́ли четы́ре преступле́ния.
Говоря́т, что э́ти па́рни соверши́ли пять преступле́ний.
Говоря́т, что его́ оте́ц соверши́л ма́ссу преступле́ний.
Говоря́т, что Пётр соверши́л три преступле́ния.
Говоря́т, что Па́вел и И́горь соверши́ли э́ти три преступле́ния.

2.   Говоря́т, что он соверши́л э́то преступле́ние.
Его́ обвини́ли в э́том преступле́нии.

Говоря́т, что Бори́с соверши́л два преступле́ния.
Бори́са обвини́ли в двух преступле́ниях.

Use the same cues as in No. 1

TRANSLATION DRILL

1. They suspected him of a lot of things.
2. People accuse me of a lot of things, but they can't prove anything.
3. Don't suspect me, I didn't do anything wrong!
4. "I blame you for everything that has happened to me." "You shouldn't blame me for anything."
5. They suspect that he has pneumonia.
6. Don't worry, I'm not accusing you of anything.
7. Just what are you accusing me of? Just what am I guilty of?
8. Don't pay any attention to him. He's suspicious of everyone.
9. Relax, I don't suspect any of you of anything.
10. My brother, an innocent man, was suspected of treason.
11. I am accusing you of insincerity.
12. You can accuse me of anything you like. I don't care.
13. "How many crimes was he found guilty of?" "I believe only four, but he was accused of six."
14. Don't blame anyone for anything! It's all your fault.

15. All of us suspect him of being a spy.
16. I've been accused of a lot of things before, but never of something like this.

RELATED WORDS & EXPRESSIONS

подозре́ние suspicion
подозри́тельный suspicious
  подозри́тельность suspiciousness
зреть to see
зре́ние vision
зре́лище sight, show
зри́тельный visual, optic
зри́мый visible
зо́ркий sharp-sighted
  дальнозо́ркий farsighted
  близору́кий nearsighted
зрачо́к pupil (of the eye)
вина́ guilt
вини́ть to accuse
винова́тый guilty
вино́вник/ица guilty person
вино́вность guilt
вино́вный guilty
обвине́ние accusation
обвини́тель prosecutor
обвини́тельный accusatory
обвиня́емый defendant

10.8a ПРИЗНАВА́ТЬСЯ:ПРИЗНА́ТЬСЯ—TO CONFESS, ADMIT
ПРИЗНА-ВА́+СЯ:ПРИЗНА́Й+СЯ

Он призна́лся, но уже́ бы́ло по́здно.
He confessed, but it was already too late.

в чём?   В+Prep.

Они призна́лись в свои́х оши́бках.
They admitted their mistakes.

кому́+в+чём?   Dat.+В+Prep.

Он призна́лся ей в любви́.
He told her he loved her.

с сою́зом что   With conj. что

Са́ша призна́лся, что уро́к не чита́л.
Sasha admitted that he hadn't read the lesson.

10.8b ПРИЗНАВА́ТЬ:ПРИЗНА́ТЬ—TO ADMIT, ACKNOWLEDGE RECOGNIZE, CONSIDER

Призна́йте же: вы не пра́вы.
Admit (it), you're wrong.

что?   Acc.

Он призна́л свою́ оши́бку.
He acknowledged his mistake.

с сою́зом что   with conj. что

Он призна́л, что я прав.
He admitted that I was right.

ORAL DRILLS

1. Она́ ска́жет, что оши́блась.
   Она призна́ется в свое́й оши́бке.

   Бори́с ска́жет, что оши́бся.
   Бори́с призна́ется в свое́й оши́бке.

   Она́ ска́жет, что оши́блась.
   Бори́с ска́жет, что оши́бся.
   Я скажу́, что оши́бся/оши́блась.
   Мы ска́жем, что оши́блись.
   Все ска́жут, что оши́блись.
   Ты ска́жешь, что оши́бся/оши́блась.
   Тётя Ля́ля ска́жет, что оши́блась.
   Вы ска́жете, что оши́блись.
   Ка́ждый из них ска́жет, что оши́бся.

2. Она́ ска́жет, что оши́блась.
   Она́ всегда́ признаётся в свои́х оши́бках.

   Бори́с ска́жет, что оши́бся.
   Бори́с всегда́ признаётся в свои́х оши́бках.

   Use the same cues as in No. 1

TRANSLATION DRILL

1. The criminal confessed to four crimes, but he was found guilty of five.
2. He won't admit to his indecisiveness.
3. None of us expected him to tell her he loved her.
4. He confessed everything to us.
5. The USA recognized the Soviet Union only in the 1930s and the People's Republic of China only in the 1970s.
6. He admitted a lot of things to me.
7. If they catch you, don't confess to anything.
8. There's nothing to confess to. I didn't do anything.
9. Never admit your mistakes to others!
10. Has he admitted anything yet?
11. Did the teacher admit his error to the students?
12. "This author wasn't recognized during his lifetime." "That frequently happens."
13. He finally admitted his guilt.
14. Why don't you come on and admit that I'm right and you're wrong.
15. If you think he's going to admit anything, you're deeply mistaken.
16. You shouldn't have admitted anything; now life is going to be miserable for you.
17. In the 1930s a lot of writers had to admit their past errors or the "mistakenness of their views."
18. No one ever confessed to this crime, and it, of course, remained unsolved.
19. We all had to admit to the correctness of their decision.
20. Come on now and admit it, you fell in love with her as soon as you saw her.

RELATED WORDS & EXPRESSIONS

призна́ние   confession
при́знанный   acknowledged
призна́тельность   gratitude
призна́тельный   grateful

признава́ться:призна́ться   to confess, admit:

    друг дру́гу в любви́   that you love each other
    в свои́х оши́бках   one's mistakes
    в оши́бочности свои́х взгля́дов   the wrongness of one's views
    учи́телю в свое́й оши́бке   one's mistake to a teacher
    в преступле́нии   a crime
    в свое́й неправоте́   that you are wrong

признава́ть:призна́ть   to recognize, acknowledge:

    но́вое госуда́рство/прави́тельство   a new state, govt.
    нейтралите́т   neutrality
    свою́ оши́бку/вину́   one's mistake, guilt
    пра́вильность реше́ния   the correctness of a decision
    молодо́го писа́теля   a young writer

10.9a   **РЕША́ТЬСЯ:РЕШИ́ТЬСЯ**—TO MAKE UP ONE'S MIND
BRING ONESELF TO
РЕША́Й+СЯ:РЕШИ́+СЯ

Он хо́чет уе́хать, но не реша́ется.
He wants to leave, but can't bring himself to do so.

на что?   На+Acc.

Как вы могли́ реши́ться на тако́й посту́пок?
How could you bring yourself to such a deed?

с инф.   With inf.

По́сле до́лгих колеба́ний он реши́лся поки́нуть ро́дину.
After a lot of hesitation, he decided to leave (abandon) his native
country.

ORAL DRILL

1. Сперва́ Бори́су не хоте́лось покупа́ть дом.
    По́сле до́лгих колеба́ний, Бори́с реши́лся купи́ть дом.

    Сперва́ нам не хоте́лось е́хать в Евро́пу на ле́то.
    По́сле до́лгих колеба́ний, мы реши́лись пое́хать в Евро́пу на ле́то.

    Сперва́ Бори́су не хоте́лось покупа́ть дом.
    Сперва́ нам не хоте́лось е́хать в Евро́пу на ле́то.
    Сперва́ Петру́ не хоте́лось покупа́ть но́вую маши́ну.
    Сперва́ на́шим друзья́м не хоте́лось покида́ть ро́дину.
    Сперва́ Ма́ше не хоте́лось выходи́ть за́муж за него́.
    Сперва́ Па́влу не хоте́лось жени́ться на ней.
    Сперва́ мне не хоте́лось принима́ть таки́е ме́ры.
    Сперва́ их до́чери не хоте́лось уезжа́ть.
    Сперва́ ему́ не хоте́лось поступа́ть в университе́т.

TRANSLATION DRILL

1. Whatever made him have recourse to such a desperate act?
2. He can never make up his mind to do anything.
3. I simply don't know what to decide on.
4. He finally made up his mind to marry her, but it turned out that she had already made up
    her mind not to marry him.
5. Why don't you make up your mind to tell him that his wife has been unfaithful to him?
6. I never thought that I could make up my mind to buy a house.
7. If you make up your mind to buy a new car, let me know. I'll help you.
8. Because of their behavior, I had to decide on extreme measures.
9. I just can't bring myself to do this.
10. Whatever made him decide to leave his native land?
11. Come on now and make up your mind!

RELATED WORDS & EXPRESSIONS

реша́ть:реши́ть   to decide
реше́ние decision
реши́мость   resolution
  нереши́мость indecision
реши́тельный   decisive
  реши́тельно   resolutely, definitely
реши́тельность   resoluteness, determination
  нереши́тельность indecisiveness
  быть в нереши́тельности   to be undecided

реша́ться:реши́ться на   to make up your mind:

  посту́пок   to a deed
  усту́пку   to concede
  пое́здку   to take a trip
  отча́янный посту́пок   to a desperate step
  самоуби́йство   to commit suicide
  чрезвыча́йные ме́ры   to extraordinary measures

10.10a   СОВЕРШЕ́НСТВОВАТЬСЯ:УСОВЕРШЕ́НСТВОВАТЬСЯ
TO IMPROVE ONESELF, PERFECT ONESELF, MAKE ONESELF BETTER
СОВЕРШЕНСТВ-ОВА+СЯ:УСОВЕРШЕНСТВ-ОВА+СЯ

Челове́к до́лжен постоя́нно совершѐнствоваться.
People should constantly try to better themselves.

в чём?   В+ Prep.

Учи́тель до́лжен постоя́нно совершѐнствоваться в своём предме́те.
A teacher should constantly try to become better in his subject.

ORAL DRILL

Заче́м они́ пое́хали в А́нглию?
Они́ пое́хали в А́нглию, чтобы усовершѐнствоваться в англи́йском языке́.

Заче́м они́ пое́хали в Испа́нию?
Они́ пое́хали в Испа́нию, чтобы усовершѐнствоваться в испа́нском языке́.

Зачём они́ пое́хали:

в А́нглию; в Испа́нию; во Фра́нцию; в СССР; в Югосла́вию; на Ку́бу; в А́встрию; в Ю́жную Аме́рику; в Брази́лию; в Ира́н; в Чи́ли; в Норве́гию; в Да́нию; на Тайва́нь; в Таила́нд; в Ме́ксику; в Герма́нию; в Чехослова́кию; в По́льшу; в Гре́цию?

TRANSLATION DRILL

1. Who wouldn't like to perfect his or her Russian?
2. I would like to become better at French, but I don't know how to go about doing so.
3. They told me they would give me a job if I could perfect my French.
4. Instead of perfecting his Russian in the Soviet Union, he learned Ukrainian.
5. Nowadays those few people who know Chinese would like to perfect it.
6. A lot of Chinese come to the USA to perfect their English, but few Russians do so.
7. I would love to be able to perfect my German, but it has been years since I spoke it.
8. If you could perfect your Chinese, you'd be a very valuable person.
9. How can I perfect my Russian?
10. If I can ever perfect my Russian, I'll be a very happy person.
11. I'd love to improve my Russian.
12. If I go to the Soviet Union, do you think I'll be able to improve my Russian?

RELATED WORDS & EXPRESSIONS

соверше́нствовать:у-   to perfect, make perfect
соверша́ть/ся:соверши́ться   to accomplish, happen
соверше́нный vs. **соверше́нный**   accomplished, done vs. absolute, perfect
  соверше́нно   absolutely, completely
соверше́нство   perfection
  в соверше́нстве   perfectly
совершенноле́тие   majority
  совершенноле́тний   of age
несовершенноле́тие   minority
  несовершенноле́тний   minor
верх   top, summit
верши́на   top, peak
ве́рхний   upper
верхо́вный   supreme
  верхо́вный суд   Supreme Court
наве́рх vs. **наве́рху**   upstairs (direction vs. location)
све́рху   from above

соверше́нствоваться в   to improve oneself:

    свое́й о́бласти   in one's field
    нау́ке   in science
    ру́сском языке́   in Russian
    иску́сстве   in art

10.11a   **СОВЕТОВАТЬ:ПОСОВЕТОВАТЬ** — TO ADVISE, RECOMMEND
            СОВЕТ-ОВА+:ПОСОВЕТ-ОВА+

что+кому?

Врач посоветовал мне отличное средство от гриппа.
The doctor recommended an excellent flu medicine to me.

с инф.   with Inf.

Советую вам побольше гулять.
I advise you to walk more.

с союзом чтобы   with conjunction

Он мне советовал, чтобы я прочитал эту статью.
He recommended that I read this article.

10.11b   **СОВЕТОВАТЬСЯ:ПОСОВЕТОВАТЬСЯ** — TO TALK THINGS OVER,
            SEEK COUNSEL, MEET

Рабочие посоветовались и решили бастовать.
The workers met and decided to strike.

с кем-чем?   C+Inst.

Больной советовался с врачом.
The sick person met with a doctor.

с кем-чем+о ком-чём?   C+Inst.+O+Prep.

Мать посоветовалась с учителем о сыне.
The mother talked with the teacher about her son.

The following words are also used to indicate meeting and talking things over:

поговорить — с кем о ком-чём?   to have a (little) talk with
консультироваться:про- — с кем; у кого?   to consult
совещаться — с кем-чем о чём?   to meet, deliberate, confer
консультация consultation
совещание meeting, conference

ORAL DRILLS

1. Борис хочет купить новую машину.
   Но все советуют Борису не покупать новую машину.

   Марина хочет выйти замуж за Бориса.
   Но все советуют Марине не выходить замуж за Бориса.

   Борис хочет купить новую машину.
   Марина хочет выйти замуж за Бориса.
   Я хочу сказать ему об этом.
   Любовь Андреевна хочет купить новый дом.
   Мы хотим уехать на юг.
   Наши друзья хотят покинуть родину.
   Их дочь хочет поступить в университет.
   Юрий Павлович хочет жениться на Любови Андреевне.
   Пётр хочет поехать в Советский Союз.

2. (адвокат — твой вопрос)
   Посоветуйся с адвокатом о твоём вопросе!

   (учитель — ваш сын)
   Посоветуйтесь с учителем о вашем сыне!

   адвокат — твой вопрос; учитель — ваш сын; врач — ваша болезнь; психиатр — твои проблемы; декан — твоё будущее; профессор Иванов — ваш доклад; Игорь — твоя работа; ваша семья — ваше решение; Любовь Андреевна — ваша статья.

TRANSLATION DRILL

1. You should consult us more often about such problems.
2. She went ahead and got married without seeking anyone's advice.
3. I did read the book which you recommended to me.
4. You shouldn't have sought his advice.
5. I never seek anyone's advice.
6. I'd like to help you, but I have nothing to advise you.
7. Please advise me! I don't know what I am going to do.
8. He goes to a psychiatrist once a week for advice.
9. Ask Lyubov Andreevna for some advice. She'll help you.
10. I advise you to leave here immediately.
11. I advise you not to tell your parents about this.
12. If he advises you to leave, you'd better listen to his advice.
13. Before doing anything, they always talk things over with each other.
14. Everyone advises me to go to college, but I don't want to go to college.
15. My doctor advised me to take up some kind of sport.
16. He'll definitely advise you not to take that job.
17. I would advise you not to say a single word to anyone about this.
18. If I were you, I would consult a lawyer about such problems.
19. Why don't they ever consult with each other about anything?
20. What should I advise you to do?

RELATED WORDS & EXPRESSIONS

совéт   advise, counsel; council
совéтник   adviser
совéтчик   adviser
совéтский   Soviet
советóлог   Sovietologist
советовéд   Sovietologist
советовéдение   Sovietology

совéтоваться:посовéтоваться   to consult with:

> **с врачóм**   a physician
> **друг с дрýгом**   each other
> **с друзьями**   friends
> **с руководúтелем**   a leader
> **с родúтелями**   parents

10.12a   УПРАВЛЯ́ТЬ
ПРА́ВИТЬ—TO RULE, GOVERN, STEER
УПРАВЛЯ́Й+
ПРА́ВИ+

кем-чем?   Inst.

Когдá-то корóли управлли стрáнами.
At one time kings ruled countries.

Госудáрством прáвит нарóд.
The people run (govern) the country.

Вы умéете прáвить машúной?
Do you know how to drive a car?

Какúм падежóм управлет тот глагóл?
What case does this verb govern?

ORAL DRILL

1. Глагóл «занимáться».
   Глагóл «занимáться» управлет творúтельным падежóм.

   Глагóл «бояться».
   Глагóл «бояться» управлет родúтельным падежóм.

   Глагóл: «занимáться», «бояться», «доверть», «интересовáться», «удивлться», «руководúть», «касáться», «грубúть», «явлться», «одевáть», «прощáться».

TRANSLATION DRILL

1. Transitive verbs take the accusative case.
2. What case does this verb take?
3. Nowadays almost anyone knows how to drive a car.
4. My uncle is learning to fly a plane.
5. Our country is governed by the people.
6. Name five verbs which take the instrumental case.
7. I don't know what case this verb takes.
8. Did you know that the verb благодарить takes the accusative case, but the preposition благодаря takes the dative?
9. My eighty-year-old grandmother still drives her car.

RELATED WORDS & EXPRESSIONS

прави́тель   ruler
прави́тельство   government
прави́тельственный   governmental
управле́ние   management, administration
управля́ющий   foreman
   управдо́м   superintendent
   управля́емый снаря́д   guided missile
   ЦРУ   Центра́льное разве́дывательное управле́ние, i.e., the CIA
поправля́ться:попра́виться   to correct oneself; gain weight
   попра́вка   correction
   попра́вка к Конститу́ции   amendment to the Constitution
расправля́ть/ся:распра́вить/ся   to deal
   распра́ва   reprisal
справля́ть/ся:спра́вить/ся   to manage, cope
   спра́вка   information, certification
   спра́вочник   reference book
   спра́вочный   inquiry (adj.)
   спра́вочное бюро́   information bureau

пра́вить или управля́ть   to manage, guide, drive, rule, direct:

   страно́й   a country
   маши́ной   a car
   госуда́рством   a country
   ло́дкой   a boat
   тра́ктором   a tractor
   самолётом   a plane
   произво́дством   production
   лошадьми́   horses
   орке́стром   an orchestra

управля́ть   to govern:

   роди́тельным падежо́м
   да́тельным падежо́м
   вини́тельным падежо́м
   твори́тельным падежо́м
   предло́жным падежо́м

SECTION 10   REVIEW TRANSLATIONS

1. He was head over heels in love with her. He fell in love with her (translate two ways).
2. We were outraged by his behavior (by his comments).
3. Why are you so embarrassed?
4. Who(m) are you going to vote for?
5. This is fine. You don't need to add anything else.
6. What else do you want? What else did she say? Who else was there?
7. Would you like some more cabbage soup? No, but I'd like some more mushrooms and sour cream.
8. He always insists on getting his own way.
9. Could you lend me $150.00? I'll pay you back (вернуть деньги) next week.
10. The police suspect him of murder.
11. What do you suspect them of?
12. I must confess that I'm wrong. I confess that I'm wrong.
13. Sometimes authors admit (confess) their mistakes and the incorrectness of their views. This is called self-criticism.
14. A lot of people decide on suicide.
15. Who wouldn't like to improve his or her **Russian**?
16. Everyone advised him to quit Russian, but he didn't.
17. After talking with the doctor he decided to quit smoking.
18. You should really see a lawyer about such problems.
19. I need to speak to you. I need to see you.
20. Who runs your country?
21. You should know what cases these verbs take (govern).
22. I'll drive and you sleep.

INDEX